国 際 法

水上 千之
臼杵 知史 編
吉井　淳

加藤信行　高田 映　山本 良　池島大策
高村ゆかり　熊谷 卓　吉田 脩

不磨書房

編者 水上千之
　　　 臼杵知史
　　　 吉井　淳

執筆者　　　　　　　　　　　　　　　　　　　（担当箇所）

水上千之（広島大学教授）　　　　　　　　第1章, 第9章
臼杵知史（明治学院大学教授）　　　　　　第10章
吉井　淳（明治学院大学教授）　　　　　　第11章, 第12章
加藤信行（北海学園大学教授）　　　　　　第5章, 第7章
高田　映（東海大学助教授）　　　　　　　第13章
山本　良（埼玉大学助教授）　　　　　　　第2章
池島大策（同志社女子大学助教授）　　　　第8章
高村ゆかり（静岡大学助教授）　　　　　　第4章
熊谷　卓（新潟国際情報大学専任講師）　　第6章
吉田　脩（筑波大学大学院専任講師）　　　第3章

はしがき

　本書は，主として，大学で国際法を学ぶ際の教科書として作られたものである。編集方針として，まず，初めて国際法を学ぶものにとってもわかりやすいよう，基礎的知識の習得を第1の目標とし，第2に，さらに進んで，より深く国際法を学ぼうとする学生にとっても十分対応することのできる内容であることを念頭においている。
　このような方針の下で，次のような工夫がなされている。
① 初めて国際法を学ぶ読者が理解しやすく，興味をもって学習ができるように，各セクションの冒頭に〔設問〕をおき，それに続く基本講義の中で〔設問〕に関連する説明を含めながら，講義をすすめている。
② 基本講義の部分では，各セクションで学ぶべき基本的事項を説明をしている。
③ さらに，より深く国際法を学ぶ読者のために，必要に応じ◇**発展・研究**◇を設け，各セクション内で関連する特定の問題について，発展的に説明をしている。
④ また，随時カコミケイのなかで重要語句，重要概念の説明をしている。

読者諸氏が学習するにあたっては，次の点に留意して，より効果的な学習を進めていただきたい。
① 各セクションで〔設問〕が設けられているが，〔設問〕を読むことによってそのセクション内の具体的問題を認識し，イメージを描きながら，そのうえで，そのセクションの学習に取り組む。
② 必ずしも最初から◇**発展・研究**◇を読む必要はない。初めて国際法を学ぶ人は，それらを省いて通読し，国際法の基本を一応理解した上で◇**発展・研究**◇を読む。あるいは，国際法の基本をある程度理解した上で，◇**発展・研究**◇を読むと効果的である。

本書は，わかりやすさ，教科書としての使いやすさにこころがけた。

　国際法の分野は，動きが早く，新しい問題が次々に生じているが，このような新しい問題についても説明の中に含めるように努めた。

　さらに，読者が一歩進んで，激動する国際法・国際社会への興味・関心を喚起することができれば望外の喜びである。

　最後に，本書は，10名の執筆者の協力で出来上がっているが，編集上の責任は，水上，臼杵，吉井の3名にある。

2002年3月

執筆者を代表して
水　上　千　之

目　　次

はしがき

第1章　国際社会と国際法
§1　国際法とはどのような法か …… 3
〔設問〕
1　国際社会の法 …… 3
2　国際法の特徴 …… 4
◇発展研究◇　国際機構，個人の法主体性 …… 5
§2　国際法と国内法はどのような関係にあるか …… 8
〔設問〕
1　国際法と国内法の関係に関する学説 …… 8
2　国際法における国内法の地位 …… 10
3　国内法における国際法の地位 …… 11
◇発展研究◇　シベリア抑留捕虜補償請求事件 …… 14

第2章　国際法の成立
§1　法　源 …… 16
〔設問〕
1　国際法の法源 …… 16
2　形式的法源 …… 17
3　実質的法源 …… 18
◇発展研究◇　「衡平と善」について …… 19
§2　条　約 …… 20
〔設問〕
1　条約の概念 …… 20
2　条約の名称と分類 …… 21

◇発展研究◇　国家以外の国際法主体間の合意 ··22
　§3　慣習国際法 ···22
　　〔設問〕
　　　　1　慣習国際法の成立要件 ···23
　　　　2　国家慣行の「多義性」と法的確信の「擬制的性格」 ··································24
　　　　3　慣習国際法形成の現代的傾向 ···25
　　◇発展研究◇　① ニカラグアに対する軍事的活動事件（慣習国際法） ···············26
　　　　　　　　　② 一貫した反対国の理論 ··27
　§4　法源相互の関係 ···28
　　〔設問〕
　　　　1　一般的効力関係 ···28
　　　　2　上位規範の導入 ···29
　　◇発展研究◇　① 国連憲章第103条における国連憲章上の義務の優位 ···············30
　　　　　　　　　② 一般国際法上の強行規範 ··31
　§5　国際機関の決議 ···32
　　〔設問〕
　　　　1　国連総会決議の法的効果に関する問題提起 ···32
　　　　2　国連総会決議の類型化 ···34
　　　　3　法原則宣言決議の法的効果 ···35
　　◇発展研究◇　ソフトローについて ···37

第3章　国　　家 ···39
　§1　承認（国家承認・政府承認） ···39
　　〔設問〕
　　　　1　国家承認 ···39
　　　　2　政府承認 ···41
　　◇発展研究◇　国際機構（とくに国際連合）への加盟と承認 ···············42
　§2　国家承継 ···44
　　〔設問〕
　　　　1　意　義 ···44

　　　　2　条約の国家承継 ································· 44
　　　　3　債務の国家承継 ································· 45
　　　　4　政府承継 ······································· 46
　◇発展研究◇　光華寮事件 ···························· 47
　§3　国家の基本的権利義務 ································· 48
　　〔設問〕
　　　　1　国家の基本的権利義務 ······················· 48
　　　　2　国家主権の概念 ······························· 48
　　　　3　国内問題不干渉の原則 ······················· 49
　　　　4　干　渉 ··· 49
　◇発展研究◇　① 人道的干渉 ························· 51
　　　　　　　② いわゆる人民（または民族）の自決権について ······ 52
　　　　　　　③ 国家の主権免除原則 ··················· 54

第4章　国際法における個人 ····································· 57
　§1　国　籍 ··· 57
　　〔設問〕
　　　　1　「国籍」とは何か ····························· 57
　　　　2　国籍に関する国際法と国内法 ················· 57
　　　　3　外交的保護権行使の根拠としての国籍 ······· 58
　◇発展研究◇　① 無国籍者（アンデレ事件） ········· 59
　　　　　　　② 法人の国籍 ··························· 61
　§2　外国人の地位 ··· 62
　　〔設問〕
　　　　1　外国人の出入国 ······························· 62
　　　　2　外国人の権利と義務 ························· 63
　　　　3　外国人の権利を保護する領域国の義務 ······· 65
　◇発展研究◇　① 国有化とコンセッション協定 ······· 66
　　　　　　　② 日米友好通商航海条約 ··············· 68
　§3　犯罪人引渡（政治犯を含む） ························· 69

〔設問〕
　　　1　犯罪人引渡 …………………………………………………………69
　　　2　政治犯罪人不引渡の原則 …………………………………………70
　　　3　犯罪人引渡と国際人権条約 ………………………………………72
　◆発展研究◆　フジモリ元ペルー大統領引渡請求 ………………………73
§4　難　民 …………………………………………………………………74
　〔設問〕
　　　1　「難民」とはどのような人か ………………………………………75
　　　2　「難民」に与えられる待遇 …………………………………………76
　◆発展研究◆　①　庇護について ……………………………………………78
　　　　　　　　②　ノン・ルフールマンについて …………………………79
§5　人権の国際的保護 ……………………………………………………80
　〔設問〕
　　　1　人権の国際的保障の展開
　　　　　──「国内問題」から「国際関心事項」へ──………………80
　　　2　国連憲章における人権保障関連規定 ……………………………80
　　　3　国際人権規約のもとでの人権保障のしくみ ……………………81
　　　4　国連のもとでの人権保障のしくみ ………………………………83
　　　5　欧州人権条約とその履行確保のしくみ …………………………86
§6　個人の国際犯罪 ………………………………………………………87
　〔設問〕
　　　1　個人の国際法主体性 ………………………………………………87
　　　2　「国際犯罪」の概念と類型 …………………………………………87
　　　3　国際刑事裁判所 ……………………………………………………89
　◆発展研究◆　①　東京・ニュルンベルク軍事裁判 ……………………90
　　　　　　　　②　旧ユーゴとルワンダの国際刑事裁判所 ……………91
　　　　　　　　③　国際刑事裁判所 ……………………………………92

第5章　条約法 …………………………………………………………………94
　§1　条約の締結と効力発生 ……………………………………………94

〔設問〕
  1 条約の概念と条約法 …………………………………………………94
  2 条約の締結手続 ………………………………………………………96
  3 条約の発効と登録 ……………………………………………………99
◇発展研究◇ ① 多数国間条約の締結手続，後からの署名，加入 …………100
   ② 国会承認条約について ………………………………………101
§2 条約の留保と解釈宣言 …………………………………………………102
〔設問〕
  1 留保の意義と許容性 …………………………………………………102
  2 条約法条約における留保制度 ………………………………………103
  3 解釈宣言 ………………………………………………………………105
◇発展研究◇ ジェノサイド条約留保事件 ………………………………………106
§3 条約の解釈 …………………………………………………………………107
〔設問〕
  1 条約解釈の方法 ………………………………………………………107
  2 複数の言語と条約解釈 ………………………………………………109
§4 条約の効力 …………………………………………………………………110
〔設問〕
  1 条約の遵守と適用 ……………………………………………………110
  2 条約の無効 ……………………………………………………………111
◇発展研究◇ ① 条約の第三者に対する効力 ……………………………………113
   ② 条約の改正と終了 ……………………………………………114
   ③ 事情変更の原則 ………………………………………………115

第6章 外交・領事関係 …………………………………………………………117
 §1 外交官・領事の派遣と接受 …………………………………………117
  〔設問〕
   1 外交使節制度と領事制度の沿革 …………………………………117
   2 外交使節と領事機関の長の派遣と接受 …………………………119
   3 外交使節の任務と階級 ……………………………………………120

4　領事の任務と階級 ………………………………………………121
　　　5　外交使節団の構成員 ………………………………………………122
　　　6　領事機関の構成員 …………………………………………………123
　◇発展研究◇　逮捕・拘禁された自国民への援助 ………………………………123
　§2　外交使節の特権免除（その他の国家機関を含む）………………124
　　〔設問〕
　　　1　外交特権の意義と根拠 ……………………………………………124
　　　2　外交使節団の特権免除 ……………………………………………125
　　　3　外交官の特権免除 …………………………………………………127
　　　4　外交官以外の職員と家族の特権免除 ……………………………129
　　　5　特権免除の享有期間 ………………………………………………129
　　　6　裁判権からの免除の放棄 …………………………………………129
　◇発展研究◇　①　自己完結的制度について ……………………………………130
　　　　　　②　ピノチェト事件――元国家元首の犯した人権侵害は外国
　　　　　　　で裁かれうるのか …………………………………………130
　§3　領事の特権免除 ……………………………………………………131
　　〔設問〕
　　　1　領事機関の特権免除 ………………………………………………132
　　　2　領事官の特権免除 …………………………………………………132
　◇発展研究◇　特権免除を享受するその他の者や機構 ……………………………134

第7章　国家の国際責任 …………………………………………………136

　§1　国家責任の概念 ……………………………………………………136
　　〔設問〕
　　　1　国際責任と国家責任 ………………………………………………136
　　　2　国家責任法の発展とその法典化 …………………………………136
　　　3　国家責任の法的性格 ………………………………………………138
　◇発展研究◇　国際社会全体に対して負う義務について …………………………139
　§2　国家責任の成立 ……………………………………………………139
　　〔設問〕

　　　　1　一般的成立要件 ……………………………………………………140
　　　　2　行為の国家への帰属 ………………………………………………140
　　　　3　国際義務の違反 ……………………………………………………142
　◇発展研究◇　無過失責任原則，危険責任主義 ………………………………143
　§3　国家責任の解除 ……………………………………………………………143
　　〔設問〕
　　　　1　責任解除の諸手段 …………………………………………………144
　　　　2　原状回復と金銭賠償 ………………………………………………144
　　　　3　精神的満足 …………………………………………………………145
　◇発展研究◇　レインボー・ウォーリヤー号事件 ……………………………145
　§4　国際請求 ……………………………………………………………………146
　　〔設問〕
　　　　1　外交的保護とその国家的性格 ……………………………………146
　　　　2　外交的保護の行使要件 ……………………………………………147
　◇発展研究◇　民衆訴訟について ………………………………………………148

第8章　国家領域と国際化地域 ……………………………………………………150
　§1　国家領域の構造 ……………………………………………………………150
　　〔設問〕
　　　　1　国家領域とそれ以外の地域・空間の区分 ………………………150
　　　　2　領域主権と国家の基本的権能 ……………………………………151
　　　　3　国家領域の具体的な構造 …………………………………………152
　§2　領域権原の取得 ……………………………………………………………154
　　〔設問〕
　　　　1　領域権原とは何か …………………………………………………154
　　　　2　領域権原の取得の態様 ……………………………………………154
　◇発展研究◇　隣接性の原則・セクター主義 …………………………………156
　§3　国際河川と国際運河 ………………………………………………………157
　　〔設問〕
　　　　1　国際河川 ……………………………………………………………157

xii　目　　次

　　　　2　国際運河 ……………………………………………………………158
　◇発展研究◇　国際水路の非航行的利用に関する条約 …………………………159
§4　南極と宇宙 …………………………………………………………………160
　〔設問〕
　　　　1　南　　極 …………………………………………………………160
　　　　2　宇　　宙 …………………………………………………………162
　◇発展研究◇　①　宇宙基地 …………………………………………………163
　　　　　　　②　ミール落下事件 …………………………………………164

第9章　海　洋　法 ………………………………………………………165
§1　通　航 ……………………………………………………………………165
　〔設問〕
　　　　1　領海の通航 ………………………………………………………165
　　　　2　接続水域 …………………………………………………………168
　　　　3　国際海峡 …………………………………………………………168
　　　　4　群島水域 …………………………………………………………170
　　　　5　排他的経済水域 …………………………………………………171
　　　　6　公　　海 …………………………………………………………171
　◇発展研究◇　①　非核三原則とソ連原潜の領海通航事件 …………………174
　　　　　　　②　海上犯罪の規制 …………………………………………175
§2　資　源 ……………………………………………………………………177
　〔設問〕
　　　　1　大陸棚 ……………………………………………………………177
　　　　2　排他的経済水域 …………………………………………………179
　　　　3　深海底 ……………………………………………………………181
　◇発展研究◇　公海漁業規制 …………………………………………………184
§3　環　境 ……………………………………………………………………186
　〔設問〕
　　　　1　個別条約による海洋汚染の規制 ………………………………186
　　　　2　国連海洋法条約の規制措置 ……………………………………187

◇発展研究◇　トリー・キャニオン号事件……………………………………189
　§4　紛争解決……………………………………………………………190
　　〔設問〕
　　　　1　多様な海洋紛争……………………………………………190
　　　　2　国連海洋条約における紛争解決手続……………………191
　　　◇発展研究◇　国際海洋法裁判所………………………………………193

第10章　環境の国際的保護……………………………………………………195
　§1　国際環境法とは何か………………………………………………195
　§2　環境損害とは何か…………………………………………………196
　　　　1　保護される環境を基準とする分類………………………196
　　　　2　損害発生の態様を基準とする分類………………………196
　　　　3　実害と危険を区別する分類………………………………197
　§3　国際環境損害と国家責任…………………………………………197
　　〔設問〕
　　　　1　領域使用の管理責任………………………………………198
　　　　2　環境保護に関する国家の管理責任の強化………………199
　　　◇発展研究◇　トレイル熔鉱所事件……………………………………201
　§4　国際環境法の発展…………………………………………………205
　　　　1　地球環境保護と南北問題…………………………………205
　　　　2　地球環境保護条約の実体的義務…………………………206
　　　　3　地球環境保護条約の手続的義務…………………………208
　　　◇発展研究◇　①　持続可能な開発と予防的アプローチ……………210
　　　　　　　　　　②　枠組み条約方式……………………………………211
　　　　　　　　　　③　原子力事故に関する早期通報と援助……………212
　§5　地球環境保護条約の履行確保……………………………………213
　　　　1　国家報告制度………………………………………………214
　　　　2　不遵守手続…………………………………………………215
　　　◇発展研究◇　不遵守手続の意義………………………………………218

第11章　国際経済関係と国際法 …………………………………221
§1　国際経済法の発展 …………………………………221
〔設問〕
1　国際経済活動 …………………………………221
2　国際経済の発展 …………………………………223
3　伝統的国際経済紛争と国際法 …………………………………227
4　通商航海条約 …………………………………232
◆発展研究◆　① 国際経済法の概念 …………………………………233
　　　　　　　② 社会主義国家と第三世界の成立 …………………………………234
　　　　　　　③ 国家管轄権 …………………………………236
§2　経済自由化原則 …………………………………237
〔設問〕
1　関税貿易一般協定 …………………………………238
2　WTOの構造 …………………………………241
3　WTOの紛争解決手続 …………………………………242
4　現代国際経済法の基本構造 …………………………………245
◆発展研究◆　セーフ・ガード（緊急輸入制限）…………………………………245
§3　南北問題と新国際経済秩序 …………………………………246
〔設問〕
◆発展研究◆　① 新国際経済秩序樹立宣言 …………………………………248
　　　　　　　② 一般特恵制度 …………………………………249
　　　　　　　③ 発展の権利に関する宣言 …………………………………250

第12章　紛争の平和的処理 …………………………………252
§1　国際紛争の平和的処理手続にはどのようなものがあるか ……252
〔設問〕
1　国際紛争とは何か …………………………………252
2　非裁判手続と裁判手続 …………………………………254
§2　非裁判手続による平和的処理 …………………………………255
1　交　渉 …………………………………255

　　　　2　周旋・仲介および審査 …………………………………………256
　　　　3　調　停 ……………………………………………………………257
　　　　4　国際連合による紛争処理 ………………………………………258
　　　　5　地域的機関による紛争処理 ……………………………………260
　◇発展研究◇　① 国際紛争の分類 …………………………………………261
　　　　　　　② ドッガー・バンク事件 …………………………………262
　　　　　　　③ アラバマ号事件 …………………………………………263
§3　国際裁判による紛争の処理 ………………………………………………264
　〔設問〕
　　　　1　国際紛争の司法的解決 …………………………………………264
　　　　2　司法裁判と仲裁裁判所の区別 …………………………………266
　　　　3　仲裁裁判 …………………………………………………………266
　　　　4　仲裁裁判所の構成 ………………………………………………267
　　　　5　仲裁裁判の基準 …………………………………………………268
　　　　6　仲裁判決の効力 …………………………………………………268
　　　　7　司法裁判 …………………………………………………………269
　　　　8　国際司法裁判所 …………………………………………………270
　◇発展研究◇　① 選択条項（国際司法裁判所規程36条2項）……………273
　　　　　　　② 先決的抗弁 ………………………………………………275
　　　　　　　③ 仮保全措置 ………………………………………………275
　　　　　　　④ 勧告的意見 ………………………………………………277
　　　　　　　⑤ 複数の国際裁判所の並存 ………………………………278

第13章　国連による集団安全保障と武力行使 …………………………280
§1　国連による集団安全保障 ………………………………………………280
　〔設問〕
　　　　1　勢力均衡による安全保障と集団安全保障 ……………………280
　　　　2　国際連盟の集団安全保障 ………………………………………282
　　　　3　国際連合の集団安全保障 ………………………………………283
　　　　4　国連の実行と発展 ………………………………………………284

◇発展研究◇　1　平和に対する脅威，平和の破壊，侵略 …………………285
　　　　　　2　朝鮮戦争 ……………………………………………288
§2　国連による平和維持活動 ……………………………………289
　〔設問〕
　　1　平和維持活動，平和創造，平和強制 ……………………289
　　2　平和維持活動 …………………………………………290
　　3　冷戦後の国連平和維持活動の発展 ………………………291
◇発展研究◇　1　国連経費事件 ………………………………………293
　　　　　　2　国連平和維持活動協力法 …………………………294
§3　自衛権 …………………………………………………………296
　〔設問〕
　　1　憲章の自衛権と一般国際法上の自衛権 …………………296
　　2　現在の国際法における自衛権 ……………………………298
　　3　国家以外の集団による武力攻撃 …………………………300
◇発展研究◇　1　エンテベ空港事件 …………………………………301
　　　　　　2　集団的自衛権 ………………………………………302
§4　武力紛争法 ……………………………………………………305
　〔設問〕
　　1　武力紛争法 ……………………………………………305
　　2　武力紛争法の適用される紛争の拡大 ……………………307
　　3　戦闘の手段と方法の規制 …………………………………308
　　4　武力紛争犠牲者の保護 ……………………………………309
　　5　履行の確保 ……………………………………………310
◇発展研究◇　1　ニカラグアに対する軍事的活動事件（武力紛争法）……311
　　　　　　2　核兵器使用の合法性に関する国際司法裁判所の勧告的意見…311

索　引 …………………………………………………………………315
事件・事例索引 ………………………………………………………324
条約・その他索引 ……………………………………………………328

ファンダメンタル 法学講座

国 際 法

第1章　国際社会と国際法

§1　国際法とはどのような法か

〔設問〕「社会あるところに法あり」といわれるが,「国際社会の法」と定義される国際法は,国内法と比較してどのような特徴を持っているか。

1　国際社会の法

　世界の諸国は,それぞれ憲法を頂点とする国内法を有し,国内法がそれぞれの国の国内社会を規律している。一方,それらの諸国で構成される国際社会には,国際法が存在し,国際社会を規律している。

　国際法は,国際社会の法であり,主として,国家相互間の関係を規律するが,限定された範囲において,国際機構と個人(自然人,法人)についても規律する。

　国際社会において国家は相互に関係・交流を維持しながら生存している。政治的分野における関係・交流もあれば,経済的社会的文化的その他の関係・交流もある。平和的友好的な協力もあれば,対立的敵対的関係もある。このような関係・交流によって諸国が国際社会という一つの社会を形成しているが,諸国がこの社会で平和的で秩序ある生活を営むための,また,紛争の場合の解決のためのルール(規範)が国際法である。

　国際法と国内法の相違は,国際社会と国内社会の相違を反映する。高度に組織化された国内社会では権力が国家に中央集権化され,社会秩序の維持が進ん

でいる社会であるのに対して，国際社会は，その構成要素である国家が並存する社会であり，国家が独立した権力である主権を有し，中央集権化せず，権力が分散した社会であり，社会秩序の維持が未成熟である。国家が主権の一部を移譲して成立する世界政府は，現在の国際社会では存在しない。

2 国際法の特徴

　国際法の特徴は，こうした国際社会の構造から指摘することができる。

　まず，国際社会では法を定立する立法機関が存在せず，国際法上の権利義務の主体である国家が同時に法創造者である。国際法は条約と慣習国際法という形で成立するが，条約はもちろん慣習国際法も国家の意思にもとづいて形成される。条約起草採択の過程で国連のような国際機構が条約の主題の選定や条文の作成，条約案の採択で重要な役割を果たす場合もあるが，国家間の条約であることには変わりはなく，各国によって署名・批准が行われる。また，立法機関が存在せず，権力が分散化した国際社会の法である国際法では，国内法に比べ，不文法である慣習法の占める割合が大きく，国家の基本的地位を示す原則・規則をはじめ，多くの慣習法の原則・規則が存在する。

　このように国際法は国家の意思によってその関係を規律するが，最近では，強行規範 (*jus cogens*) などが存在し，個別国家の意思は，国際社会の一般利益のために制約されるようになっている。

　国際社会の法である国際法の特徴は，国際法の適用の面にもあらわれている。国際社会では，法の適用は，一般的に，それぞれの国家を通じて行われる。その場合に国際機関が関与することがあるが，それは調整機関であって必ずしも強制的権限を有するものではない。また，法の適用の一側面である裁判についても，国際法にも裁判制度は存在するが，国内法のような強制的管轄権をもち一方的付託によって成立する裁判は存在しない。国際法では，裁判への事件の付託は紛争当事国間の付託合意にもとづき，一方の紛争当事国が提訴しても他方の当事国には応訴の義務はない。国際司法裁判所規程第36条2項の「選択条項」による「強制的管轄権」や海洋法に関する国際連合条約（国連海洋法条約，1982年）の強制的紛争解決手続も，当事国が合意管轄をあらかじめ設定するものである。

◇ **発展・研究** ◇

国際機構，個人の法主体性

　国際法の基本的な主体は国家であるが，国家のほかに，国際機構，個人もまた国際法上の法主体となる。

　国際機構は，過去1世紀の間に急速に増加した。世界の大多数の国が参加している普遍的国際機構として，国際連合や国連専門機関があり，地域的国際機構として，欧州連合（EU），北大西洋条約機構（NATO），東南アジア諸国連合（ASEAN）などがあり，また，特定の目的のために設立された国際機構として，経済協力開発機構（OECD）などがある。国際機構は，その目的，性格，加盟国に対する権限がさまざまである。このような国際機構は国際社会の組織化に重要な役割を果たしている。

　多くの国際機構は，国際法主体性を有している。すなわち，国際法上の権利義務が直接に帰属する資格・能力が認められている。しかし，国際機構は，国際法の主体性が一般的に認められる国家の場合とは異なり，機構の目的や任務の遂行の範囲内で認められている。このような国際機構の権利義務は，機構の設立条約や関連条約の規定によって認められているが，それらの条約の条文で明記されていなくても，目的や任務を実現するために不可欠であるという「黙示的権能」（implied power）にもとづいて認められる場合もある。国際機構が法主体性を有する場合として，①条約締結権限，②使節権と特権免除，③領域的管轄権，④国際請求権限・国際責任能力がある。

　① 条約締結権限　　国際機構の条約締結権限は，機構の設立条約や規則によって規定され，その内容は機構によって異なる。たとえば，国連の場合には，国際連合憲章（国連憲章，1945年）で，国連軍への兵力の派遣に関する特別協定（43条），専門機関との協定（63条），信託統治協定（81条）が規定されているが，黙示的権限にもとづいて，任務の遂行に必要な条約を締結している（本部協定）。他の機構も条約締結権限が認められている場合がある（たとえば，世界保健機関憲章19条）。

　② 使節権と特権免除　　国際機関が国家や他の機関に常駐のあるいは臨時の使節団（代表部）・機関を置く場合がある（たとえば，欧州委員会代表部）。ま

た，国際機構は，自己または使節団等の存在する国家の領域において，任務の遂行上，一定の特権や免除を享有する（国連憲章105条，国連の特権免除条約（1946年），専門機関の特権免除条約（1947年））。

③　領域的管轄権　　国際機構が一定の領域的管轄権を行使することがある（国際連盟によるザール地域やダンチッヒ自由市の統治，国連による西イリアン，ナミビア，カンボジアの暫定統治）。

④　国際請求権限・国際責任能力　　国際機構は，自らが被った損害について，加害者である国家や他の国際機構を相手に国際請求しうる場合がある。1948年にパレスチナ国連調停官ベルナドッテ伯がエルサレムで殺害された事件について勧告的意見を求められた国際司法裁判所は，国連は職員に対する加害行為により国連自身が被った損害の賠償について国際請求しうることは明らかであり，また遺族などの受けた損害に対して国連が国際請求しうるかについても一般に国際法上，国連はその任務遂行に不可欠な権限を黙示的に与えられているとみられると述べている（勧告的意見，1949年）。また，国際機構が国際違法行為を行う場合には，国際責任の主体となりうる。

国際機構のほかに，個人もまた，国際法主体性を有する。

条約や慣習法で個人の権利を規定する例としては，たとえば，通商航海条約で締約国国民に入国，居住，営業の権利を与えたり，国際人権保障諸条約で個人の人権を規定したりする例があり，また，義務としては海賊については，国際法上，どの国の軍艦も抑圧しうることとされている。そのほか条約，慣習法が個人の権利義務を定める例は多い。

個人の国際法主体性について，個人の権利義務が条約，慣習法で規定されている場合に，個人の国際法主体性が認められるという考え方もある（ローターパクト（Lauterpacht, H.））。また，国際法主体性というためには，個人が直接国際的な手続で権利義務を主張することができ，あるいは，国際的な手続で処罰される場合でなければならないという考え方もある。法人格あるいは法主体性という概念は相対的概念であり，基準の相違によって概念の内容が異なりうるが，ここでは，国際法体系の中で行動する資格つまり権利義務の実現のための国際的に合意された手続において個人が，当事者資格を認められる場合の観点（上記の二つの考え方の後者の観点）からみることにする。

§1 国際法とはどのような法か

　個人が国際法上の権利を実現するために国際裁判所において出訴権が認められた例としては，1907年に中米5カ国（コスタリカ，グアテマラ，ホンジュラス，ニカラグア，エルサルバドル）の間で署名された中米司法裁判所設置条約第2条が締約国の国民が他の締約国の政府を相手どって裁判所に出訴することを認めていた。第一次大戦後のベルサイユ条約等の平和条約で設けられた混合仲裁裁判所は，連合国国民に戦時に被った財産上の損害に関して旧敵国政府を相手に賠償請求の訴えを提起することを認めた。1922年のドイツ・ポーランド間の協定で，上部シレジアにおける少数民族に属する個人の既得権の締約国による停止・縮小について賠償を求める訴えを仲裁裁判所に提起しうることとした。第二次大戦後には，欧州共同体の司法裁判所は，私人または法人も自己に対して下された共同体の決定について訴訟を提起することが認められている（欧州経済共同体条約（1957年）173条，現在は欧州共同体条約230条）。また，国際機構への個人の申立，請願，通報の権利が認められる場合がある。国連憲章第87条は，信託統治地域住民に信託統治理事会に請願を提出しうることを定めている。1950年人権及び基本的自由保護のための条約（ヨーロッパ人権条約，1950年）は，条約締約国による人権侵害に対して加盟国だけでなく，侵害を受けた個人，民間団体もヨーロッパ人権委員会に請願を提出することが認められていた（旧25条）が，1998年に人権裁判所と人権委員会を人権裁判所に統合し，個人等もヨーロッパ人権裁判所等に提訴できることとされた。投資紛争解決条約は，投資から直接生ずる法律上の紛争について個人が投資紛争解決国際センター（所在地，ワシントンD.C.）に調停または仲裁を付託することを認めている。

　個人の義務についても，第二次大戦後個人の国際法上の違反に対して個人が直接国際的手続で処罰される例がみられる。ニュルンベルク国際軍事裁判および極東軍事裁判において通常の戦争犯罪のほかに，「平和に対する罪」，「人道に対する罪」についての個人の責任が問われた。「集団殺害罪の防止及び処罰に関する条約」（ジェノサイド条約，1948年）は，集団殺害罪を国際法上の犯罪であり，行為者個人を処罰することとし，行為地の国内裁判所のほかに，国際刑事裁判所もその管轄権を受諾する締約国に関して管轄権を有すると予定していた。この条約は，1951年に国際刑事裁判所未成立のまま発効したが，1998年に採択された国際刑事裁判所規程は，集団殺害罪，人道に対する罪，戦争犯罪，

侵略の罪を犯したものを，審理，処罰するための国際刑事裁判所の設置を定めている。また，国連安全保障理事会は1993年に，ユーゴ国際刑事裁判所および1994年にルワンダ国際刑事裁判所を設置し，これらの裁判所は，それぞれ，ボスニア・ヘルツェゴビナ紛争における民族浄化，集団レイプの責任者個人，ルワンダ内戦での部族間のジェノサイドの責任者個人を審理している。

§2　国際法と国内法はどのような関係にあるか

〔設問〕　日本国憲法第98条2項は国際法規の遵守義務を規定しているが，一般に，国際法と国内法はどのような効力関係にあるか。

1　国際法と国内法の関係に関する学説

　国際法と国内法の関係に関する理論として，従来，二元論，国内法優位の一元論，国際法優位の一元論があった。
　(1)　二　元　論
　二元論は，ドイツのトリーペル（Triepel, H.）によって1899年に出版された書物（Völkerrecht und Landesrecht）によって提唱され，また，1905年にイタリアのアンツィロッティ（Anzilotti, D.）によって出版された書物（Il diritto internazionale nei giuridici interni）によって，展開され，バルツ（Walz, G. A.），クラウス（Kraus, H.）等によって引き継がれた。
　二元論は，国際法と国内法が別個独立の法体系であるとする。規律内容として，国内法は，個人相互間の関係または個人と国家の関係を規律するのに対し，国際法は国家相互間の関係を規律する。法の妥当根拠として，国内法は国家の単独の意思にもとづいて成立するのに対して，国際法は複数の国家の共同意思にもとづいて成立する。こうして，国内法と国際法は別個独立の法秩序であり，したがって，国際法が国内法にそのままの形で効力をもつことはありえず，

法論理の観点からみて，両者が抵触することもありえない。両者の間に規定内容について相違があっても，それは事実上の相違にすぎない。国際法が国内的領域で妥当するためには，国内法に「変型」されること，すなわち，国内法につくりかえられることが必要である。

(2) **国内法優位の一元論**

この説は，ベンツェル（Wenzel, M.）やツォルン（Zorn, P.）によって唱えられた。この説は，国際法と国内法がそれぞれ別個の妥当根拠にもとづくことを否定し，国際法も国内法と同じく国家の単独の意思にもとづいて成立し，国家が認めた限りで成立するという。この説は，国際条約は憲法の授権を基礎として成立しており，国際法は国内法そのものにもとづいて妥当しているという。しかし，この説では，たとえば，革命やクーデターで国内法が変更されても国家は同一性を保つが，条約関係に変更がないことなどの国際関係の現実を説明することができない。

(3) **国際法優位の一元論**

この説は二元論に対するアンチテーゼとして第一次大戦後にいわゆるウィーン学派に属する人々によって提唱された（ケルゼン（Kelsen, H.），フェアドロス（Verdross, A.），クンツ（Kunz, J.））。なお，わが国では，横田喜三郎がこの説を主張した。この説は，国際法と国内法と統一的にとらえ，その中で，国際法が国内法よりも優位であるという。国内法は，地域的・事項的範囲を国際法から委任されて妥当しているのであり，この「委任の優位」によって，国際法が国内法に優位するという。

(4) **等位理論（調整理論）**

国際関係の緊密化と国際法の発展により国際法と国内法の「抵触」現象が多くなる状況の中で，国際法と国内法を現実の事象に照らして考えようとする学説として等位理論あるいは調整理論と呼ばれる学説が登場している（イギリスのフィッツモーリス（Sir Fitzmaurice, G.），フランスのルソー（Rousseau, Ch.））。フィッツモーリスによれば，国際法と国内法がそれぞれ別個の独立の妥当根拠をもち，互いに従属関係にない別個の法体系であり，それらは異なった次元で作用しているので法体系として抵触することはないとされ，この限りでは二元論と同様の見方をする。しかし，国際法と国内法の間で義務の衝突または国家

が国内的領域で国際法によって要求された方法で行動できない事態が生じうる。この場合にそれに対処するためにいかなる立法的，行政的措置が必要かが問題となり，また，国際的領域では国家は国際法違反を犯すことになり，国際的に責任が生ずることになる。

2 国際法における国内法の地位
(1) 国際法優位の原則

国際的領域においては，国際法は国内法に優位し，国家は国際法上の義務の履行において，自国の憲法その他の国内法と国際法の抵触を理由として，国際法上の義務の履行を免れることはできない。国内法を理由として国際法が免れれば，国際法自体の存在を否定することになり，この国際法優位の原則は当然のことといえる。この国際法優位の原則は，国際裁判において確認されている。たとえば，常設国際司法裁判所のダンチッヒにおけるポーランド系住民の待遇に関する事件（勧告的意見，1932年）で，裁判所は，「国家は，国際法または現行条約により自国に課された義務を免れるために，他国に対して自国の憲法を援用することができない」と述べている。国際司法裁判所も，国際連合本部協定にもとづく仲裁裁判義務（勧告的意見，1988年）において同様な見解を述べている。また，条約法に関するウィーン条約（条約法条約）第27条も「当事国は，条約の不履行を正当化する根拠として自国の国内法を援用することができない」と規定する。

しかし，この原則は，国際法に反する国内法を当然に無効とするものではない。国家が国際義務と両立するように行動することを義務づけたものであり，国内法の実施により国際義務を履行できない場合には，国家は国家責任を負わなければならない。

(2) 国際裁判所における事実としての国内法

国際裁判所は国際法を適用して裁判するが，国家の行為を判断する際に，国家の行為としての国内法を検討する場合がある。このような場合として，収用や人権などに関する国家の権限の範囲，国家領域・管轄権の範囲，自然人・法人の国籍などがある。

常設司法裁判所は，上部シレジアのドイツ人の利益に関する事件（本案，判

決，1926年）で，つぎのように述べている。「国際法およびその機関であるこの裁判所の観点からは，国内法は判決または行政措置と同様に国家の意思を表明しその活動を構成する単なる事実にすぎない。裁判所は確かにポーランドの法自体を解釈することを要求されない。しかし，ポーランドがポーランド法を適用して，ジュネーブ条約にもとづくドイツに対する義務に従って行動しているかどうかの問題に関して裁判所が判断することを妨げるものではない。」このように，裁判所は，国内法がその国に帰せられる行為の単なる証拠である，いいかえれば，国際法の立場からは国内法はその国に意思を表明する単なる事実にすぎない，という判断を示している。

国際裁判において，国内法が単なる事実であるという考えは，他の国際裁判の判決にも示されている。

3 国内法における国際法の地位
(1) 条約の国内的効力と国内的効力の順位

条約内容をどのように国内的に編入し，国内的に実施可能なものとするかは，各国の憲法体制による。

イギリスでは，国民の権利義務に変更を生ずる条約や国家の財政負担を伴う条約は，その内容が国内法に変型されることにより，つまり，法令に作りかえられることにより，国内的に実施される。イギリスでは，条約の締結・批准は国王の権限であり，変型方式が適用されなければ，国王は，議会の同意なしに国民に対して立法しうることになり，その結果，条約は法令（enabling Act）が制定されてのみイギリス法の一部となる。このような体制をとる国としては，英連邦のカナダ，オーストラリアがあり，その他，ノルウェー，スウェーデン，デンマークあるいはドイツなどでも条約の国内実施のためには法令の制定が必要となる。

今日大多数の国は，条約は，個別の変型手続を経ることなく，憲法に従って適正に署名，批准され，公布・公表された場合は，憲法体制にもとづいて国内的効力を有するものとされる（一般的受容方式）。このような方式をとる国として，アメリカはじめ，フランス，ベルギー，ギリシア，オランダなどがある。わが国憲法第98条2項で「日本国が締結した条約……は，これを誠実に遵守す

ることを必要とする」と規定しているが，これも同様の趣旨と解されている。

　このような条約の一般的受容は，条約締結過程への議会の参加（いわゆる民主的コントロール）の傾向と一致する。すなわち，行政府が締結した条約を立法機関である議会が承認し，その後行政府が批准し，公布するという過程をとる場合に，条約の国内効力を認める場合が多い。

　条約が国内的効力を有するといっても，すべての条約あるいは条約規定が国内裁判所で直接適用可能であるわけではない。条約の国内的効力の問題に関連して，アメリカにおいて，セルフ・エクゼキューティングな条約（自動執行条約）の概念が最高裁判所の判決を通じて発展した（フォスター対ネイルソン事件（判決，1829年）など）。セルフ・エクゼキューティングな条約は，条約規定の内容が，国内の法律と同じように，国民の法律関係，権利義務関係としてそのまま適用しうるもので，締約国だけでなく，個人や企業に対しても向けられたとみなしうるものである。このようなセルフ・エクゼキューティングな条約の概念は，わが国を含めて一般的受容方式をとる他の国においても採用されている。セルフ・エクゼキューティングな条約でも一つの条約が全体としてセルフ・エクゼキューティングではなく，一般的に条約規定の中に直接適用可能なものとそうでないものがある。

　上記のような性質を有さないノン・セルフ・エクゼキューティングな条約は，国内裁判所において事件に直接適用されないという意味においてそれ自体国内的効力を有さない。

　国内的領域で条約と国内法（憲法，法律）が抵触した場合にいずれが優先して適用されるか。これも結局は憲法体制による。

　法律と条約に同等の効力を認める国として，アメリカがあり，アメリカでは，判例上，条約に連邦法と同等の効力が認められており，それらの間では，優先関係は，「後法は前法を破る」の原則で処理されている。ベルギーでも条約は法律と同等の効力をもつことが判例上認められている。

　条約に法律よりも優位する効力を憲法上認めている国として，フランス，ギリシア，スペイン等があり，わが国の判例・学説も憲法第98条2項の「条約を……誠実に遵守することを必要とする」等の規定を根拠に条約に法律に優位する効力を認めている。

条約に憲法と同等の効力または憲法に優位する効力を認める国としては，オーストラリア，オランダがある。オーストラリアでは，条約は法律と同等の効力を有するとされるが，憲法の規定と抵触する条約は，憲法改正に必要な多数によって議会で承認された場合，憲法と同等の効力を有するものとされる（たとえば，ヨーロッパ人権条約）。

オランダでは，憲法に抵触する条約は，両院の3分の2の多数によってのみ承認される（なお，オランダでは，憲法と条約の抵触を判断するのは議会である）。オランダでは，条約は，国内法に優先して適用され，国内法に対する条約の優位性は，すべての国内法に対して適用され（憲法を含むと解釈されている），国内法が条約よりも前に制定されるか後に制定されるかにかかわらず，条約に優位性が与えられている。

わが国では，条約が法律に優位することについては異論はないが，条約と憲法との関係については憲法に直接の明文の規定はなく，憲法の関連規定（憲法81条・98条2項など）の解釈として，憲法優位説と条約優位説に分かれている。戦後に国際協調主義を徹底させる意味で条約優位説も有力であったが，その後の国際関係の実状とわが国の地位に照らして憲法優位説が多数説となっている。

(2) 慣習国際法の国内的効力と国内的効力の順位

慣習国際法の国内法への編入も各国の憲法体制によるが，慣習国際法の場合，一般的に国内的受容が認められている。

イギリスでは，慣習国際法は，判例上，制定法または裁判所の判決（最終判決）と矛盾しない限り国内的に編入され，国土の法の一部とみなされている。アメリカでは，パケット・ハバナ事件（判決，1900年）で「国際法はアメリカの法の一部であり，適当な管轄権を有する裁判所によって確認され実施されなければならない」として，最高裁は，沿岸漁船を戦時捕獲から免除する慣習国際法規則を適用した。

慣習国際法の一般的受容を憲法で定めている国もある。1919年のドイツのワイマール憲法第4条は，国際法の承認された規則がドイツ法の拘束力ある構成要素として効力があることを規定し，これがいくらかの国に受け継がれた。

現在，慣習国際法の一般的受容を憲法で規定するものとして，ドイツ連邦基本法第25条（なお，同条の「国際法の一般原則」は慣習国際法を意味する），イタ

リア憲法第10条，オーストリア憲法第9条，スペイン憲法第7条などがある。

わが国の憲法第98条2項は，「確立された国際法規」の誠実な遵守義務を規定するが，これも慣習法の一般的受容を定めたものと解されている。外国企業による日本の大陸棚掘削活動に対する日本の課税権が問題となった法人税等課税処分取消請求事件（いわゆるオデコ・ニホンS.A.事件）の控訴審判決は，この事件当時，確立した慣習国際法により日本の大陸棚には海底・その下の鉱物資源を探査開発する主権的権利が及び，課税権もそれに含まれるとして，「確立された国際法規は，なんらそれに副った国内法の制定をまたずとも当然に国内的効力を有する（98条2項）」として，法人税法の適用を認めた（東京高判昭59・3・14）。

慣習国際法が一般的に受容されるといっても，慣習法規則のすべてが国内的な直接適用可能性をもつわけではなく，直接適用可能性を有するのは，その目的が国内的に法的効果を生ぜしめるようなものであり，国内立法等による措置を必要としない場合である。

◇ 発展・研究 ◇

シベリア抑留捕虜補償請求事件

第二次大戦の終わりのときに，日本は，ポツダム宣言を受諾し，対ソ戦線に対し戦闘行為の停止を命じ日本軍はソ連軍による武装解除を受け，約70万人の将兵がシベリア，中央アジア等の収容所に捕虜として分散抑留され，強制労働に従事させられ，苛酷な労働条件の下で死傷者が続出した。

本件は，ソ連に捕虜として抑留され，強制労働を課せられた元軍人，軍属が国に対して強制労働にもとづく貸方残高の支払および身体障害に対する補償を求めた事件である。この事件で，第一審（東京地判平元・4・18），控訴審（東京高判平5・3・5），最高裁（最判平9・3・13）ともに，シベリア抑留当時に，1949年の捕虜の待遇に関するジュネーブ条約第66条および第68条の内容（自国民捕虜補償原則）が，慣習国際法として成立していたと認めるのは困難であるとの判断を示した。また，第一審判決および控訴審判決は，傍論として，慣習国際法の国内的効力の問題をとりあげている。

第一審判決は，「今日多くの国の憲法において，慣習国際法は，国内法への

変型などの格別の措置をとらなくても,自動的且つ包括的に国内法の一部となり,国内法上直接適用が可能なことが定められている」が,わが国の憲法第98条2項もこの趣旨であるとする。そして,慣習国際法が国内で自動執行力をもつためには,慣習国際法の存在とその内容が格段に明確でなければならず,とりわけ,「慣習国際法が個人に個別的に具体化された請求権を付与するというのであれば,法規範の内容としての権利の発生要件と効果が明確且つ詳密でなければならない」と判示した。

控訴審判決は,「権利の発生,存続及び消滅等に関する実体的要件や権利の行使等についての手続的要件,更に国内における既存の各種制度との整合性等細部にわたり詳密に規定されていない場合には,その国内適用可能性を否定せざるをえない」と判示した。

条約については,これまで,裁判所において実際の事件に直接適用あるセルフ・エグゼキューティングなものと国内で事件に適用するために立法措置を必要とするものとの区別がなされていた。この事件の第一審判決,控訴審判決は,慣習国際法についても,このように区別が必要であることを明確に示したわが国最初の判例である。

〔参考文献〕

高野雄一『憲法と条約』(東京大学出版会,1960年)

広部和也「国際法における国内裁判所についての一考察」国際法外交雑誌75巻2号(1976年)

岩沢雄司『条約の国内適用可能性』(有斐閣,1985年)

広部和也=田中忠編『国際法と国内法—国際公益の展開—』(山本草二先生還暦記念)(勁草書房,1991年)

水上千之「条約の国内的編入と国内的効力」広島法学16巻4号(1993年)

山本草二『国際法(新版)』(有斐閣,1994年)

広部和也「慣習国際法の自動執行性——シベリア長期抑留補償請求事件——」山本草二ほか編・国際法判例百選(別冊ジュリスト156号)(2001年)

第2章　国際法の成立

§1　法　　　源

〔**設問**〕　国家間の関係に適用される法はどのような形式で存在するか。

1　国際法の法源

　国家間の関係を規律する規範には，さまざまなものが存在する。その中には，法という名前で呼ばれるものがあるが，他方で法という名前がふさわしくないものもある。また，国際社会の進展にともない，かつては法でなかったものが，やがて法に転化することもある。つまり，国際社会と国際法の間にはフィードバックが存在し，国際社会のあり方が変容すればそこにおける法の存在形態も変化すると考えることができるだろう。

　〔**設問**〕にある国家間に適用される法の存在の形式という問題は，通常国際法の「形式的法源」の問題として扱われる。すなわち，「法源」という言葉は多義的であり，多くの議論の混乱を招いてきた。しかし，今日では大別してつぎの二つの意味で用いられる。一つは，法の形式的存在形態という意味での「形式的法源」という意味である（→2参照）。もう一つは，法を発生させるより根元的な原因という意味での「実質的法源」という意味である（→3参照）。もっとも，統一的立法機関を欠く国際社会では，形式的法源と実質的法源の峻別は相対的であることも認識しておく必要があるだろう。

　国際法の黎明期において，グロティウス（Grotius, H., 1583-1645）などの国際法学の「創始者」たちは，自然法に依拠して議論を展開した。しかし，その

後19世紀以降，法実証主義の考え方が優勢になるとともに，国際法の形式的法源は条約と慣習国際法であるとされるようになった。今日では，一般的に，国際司法裁判所規程第38条1項(a)〜(c)が国際法の形式的法源を列挙したものと考えられている。

2 形式的法源

(1) 条　　約

条約とは，国際法主体の間の合意であって国際法により規律されるものをいう。したがって，国際法主体間の合意であっても国際法により規律されないものや，一部の資源開発合意のように，国際法により規律される合意であっても国家と企業の間に結ばれる合意はいずれも条約ではない（→§2参照）。

条約は，締約国間に適用される規則を創設する。慣習国際法とは異なり，基本的に成文であるため，規範内容が明晰である点が特徴である。国際司法裁判所規程第38条1項(a)でいう「一般」の条約とは多数国間条約を意味し，「特別」の条約とは二国間条約など締約国が限られているものを意味している。なお，地球上のすべての国家を締約国とする条約は，いままで存在していない。

(2) 慣習国際法

慣習国際法（「国際慣習法」ともいう）は，多くの国家が長い期間にわたって同じような行動を繰り返すことにより成立する不文の規範である。公海自由の原則や領空主権などの国際社会の基本的な原則は，もともと慣習国際法として成立したものである。

慣習国際法は不文法であるため，個々の法規則の成立時期が明らかではないことが少なくない。また，その規範内容が必ずしも明確でないこともある。もっとも，条約とは異なり，伝統的に，国際社会のすべての国家に適用する法とされてきた。その意味で，慣習国際法は一般国際法としての重要な地位を今なお占めている。

(3) 法の一般原則

(a) 法の一般原則の具体例　　法の一般原則（「文明国が認めた法の一般原則」）とは，一般的に，各国の国内法に共通の原則で国際関係に適用可能なものと定義することができる。具体的には，違法行為による責任発生の原則や信

義則，禁反言（estoppel），挙証責任，既判力の原則などをあげることができる。

(b) 法の一般原則の由来　もともと法の一般原則は，国際司法裁判所の実質的な前身である常設国際司法裁判所の規程を作成するときに挿入された。国内社会とは異なり，統一的立法機関を欠く国際社会では，法の欠缺が存在し，そのため裁判を行うことができないことが危惧された。こうした「裁判不能」（*non liquet*）を回避するために，法の一般原則が裁判の準則として規定されたのである。現在の国際司法裁判所規程は，若干の文言を付加したうえで，常設国際司法裁判所規程をそのまま引き継いだものである。

(c) 法の一般原則の法源性　もっとも，法の一般原則が国際法の形式的法源に該当するかどうかに関しては争いがあり，今日でも定説があるわけではない。否定説は，法の一般原則はもともと国内法上の原則であり，条約に受容された限りで国際法の法源としての性格を獲得するにすぎないという。これに対して，肯定説は，法の一般原則が国際司法裁判所だけでなく他の仲裁裁判の準則などでも取り入れられていることや，国際司法裁判所規程第38条1項が付託される紛争を「国際法に従って」裁判するとしている点を重視して，国際法の法源としての性格を肯定する。

3　実質的法源

(1) 判　例

国際司法裁判所規程第38条1項(d)は，法則決定の補助手段として判決をあげている。すなわち，条約や慣習国際法を具体的事案に対して解釈適用する際に，判例を参照するという趣旨である。国際司法裁判所は，先例拘束性を否定しており（規程59条），その意味で，判例は形式的な法源には該当しない。もっとも，国内裁判と同様に，実際には判例がはたしている役割は非常に大きい。国際司法裁判所が自らの判例に言及したり，直接に引用することも決して少なくない。

このような判例は，代表的には以下の機能をもっているということができよう。第一に，既存の条約規定の解釈を確定する機能である。第二に，従来必ずしも明晰ではない慣習国際法の規則を結晶化する機能である。そして第三に，新たな法規則を創造する機能である。

(2) 学説

国内法と同様に、国際法の解釈適用においても学説は一定の役割をはたしている。米西戦争のときに、沿岸漁業に従事する船舶が海上捕獲から免れるかどうかが争われた1900年のパケット・ハバナ号事件判決は、この点に関するリーディング・ケースである。米国連邦最高裁判所は、適用法規が不存在の場合は慣習に依拠する必要を認め、「慣習または慣行の証拠として、多年にわたる研究、経験により当該問題に精通している学者の著作」が参照されるべきだと述べた。判決自体は国内裁判所によるものだが、国際法の解釈適用に関して学説の機能にふれたものとして名高い。

(3) 国際組織の決議

国際司法裁判所規程は、国際組織の決議についてはふれていない。しかし、国連総会決議などのなかには、一定の規範的な作用をもつものもあり、それは国際司法裁判所の判例においても認められている。こうした点については、§5でまとめて検討することにする。

◇ **発展・研究** ◇

「衡平と善」について

国際司法裁判所規程第38条2項は、当事者の合意を前提として、裁判所が「衡平と善」（*ex aequo et bono*）にもとづく裁判を行うことも認めている。一般に、司法裁判は国際法を裁判準則とするのに対し、仲裁裁判はより柔軟な準則にもとづき裁判を行うことができるとされる。こうした仲裁裁判の慣行をもとに、衡平と善は実定法から相対的に自由に判断を行うために規定されたものである。その意味内容は、正義、衡平などの超法的基準とされ、実定法を無条件に適用することによる不都合な結果を回避するものとされる。なお、国際司法裁判所が衡平と善にもとづき裁判を行うように求められた事案は、今までにない。

§2 条 約

〔設問〕 国際法上,「合意は守られなければならない」といわれるが, 国家間の合意はすべて条約として国家を拘束するか。

1 条約の概念
(1) 条約法条約上の定義

条約法に関するウィーン条約(「条約法条約」)によれば, 条約とは国家間の文書の形式の合意であり, 国際法により規律されるものをいう(2条1項(a))。もっとも, 国家間の合意の中には口頭で行われるものもあり, 条約法条約の規定はそれを排除する趣旨をもつのではない。たとえば, 常設国際司法裁判所の1933年の東部グリーンランドの法的地位に関する事件判決では, ノルウェー外相イーレンがデンマーク公使に対して行った口頭の回答(「イーレン宣言」とよばれる。グリーンランドに対する主権の問題に関してノルウェーは障害をもたらさないとのべた)の拘束力が認められた。

また, 条約が締結されるときに, その条約の解釈や運用に関して口頭で了解がなされることもある。いずれにせよ, 条約法条約が文書の形式よる合意に限定して法典化を行ったのは, 便宜上の理由にもとづくものであって, それ以外の理由はない。ただ, 国家間の重要な合意であれば, 通常は文書の形式をとるということができよう。

(2) 条約以外の国家間の合意

国家間の合意であっても条約には該当しないものもある。古くは1917年に締結された石井ランシング協定や1942年の連合国共同宣言がある。これらは, 通常「紳士協定」と呼ばれる。また, 1975年にアルバニアを除くすべてのヨーロッパ諸国と米国, カナダの全35カ国が参集して合意したヘルシンキ宣言(全欧州安全保障協力会議最終議定書)は, 当時の東西関係を規定するきわめて重要な文書であった。しかし, 同宣言は, 国連憲章第102条のもとに登録できる条

約ではないことが了解された。

これらの合意は条約に該当しない以上，遵守しなくても国際違法行為が生じるわけではない。しかし，実際にはこうした合意もきわめてよく尊重されている。このことは，国家の行為を規律する成文規範は，条約だけではないことをあらわしている。

2 条約の名称と分類

(1) 形式的基準による分類

(a) 条約の諸類型　条約はいくつかの基準により分類できる。たとえば締約国の数を基準にして，二国間条約（特別条約）と多数国間条約（一般条約）に区別される。締約国が特定の国家に限定されているかどうかを基準として，閉鎖条約と開放条約に区別される。さらに，内容に注目して，政治的条約と技術的条約に区別されることもある。

(b) 条約に用いられる名称　また，実際に条約に冠せられる名称はきわめて多様である。たとえば，条約 (treaty) のほかに，協定 (agreement)，議定書 (protocol)，宣言 (declaration)，憲章 (charter)，規約 (covenant)，規程 (statute)，取極 (arrangement)，暫定協定 (*modus vivendi*)，交換公文 (exchange of notes) などさまざまである（→第5章参照）。しかし，これらはいずれも同等の効力をもち，法源としての優劣があるわけではない。

(2) 「契約的条約」と「立法条約」

条約の内容に注目した分類として，契約的条約と立法条約という区別が行われることがある。前者は，国家間の利害の調整を目指すようなタイプの条約で，たとえば領土割譲条約などが該当する。通常は二国間条約であり，ちょうど国内法上の私人間の契約に類似していると考えられるものである。

これに対し，後者は諸国家に共通の永続的な国際法規則を定めるようなもので，通常は多数国間条約の形をとるものである。

このような条約の類型化が行われる趣旨は，国際法の法源として意味をもつのは立法条約だけであり，契約的条約は法源としての性格をもたないことを主張する点にある。

しかし，契約的条約であっても，国際法上の合意であることにかわりはない。

また，契約的条約のなかに一般化可能な性格をもつ国際法規範が含まれることもある。したがって契約的条約と立法条約の区別は相対的で，両者を截然と区別するのは困難である。契約的条約と立法条約は，ともに国際法の法源としての性格をもつといえよう。

◇ 発展・研究 ◇

国家以外の国際法主体間の合意

　国家だけでなく，国際組織もその機能の範囲内で条約を締結することができる。たとえば，国連は米国との間に本部協定（「国際連合の本部に関する国際連合とアメリカ合衆国との間の協定」）を締結している。また国連憲章第43条は，加盟国が安全保障理事会の要請により「国際の平和の維持に必要な兵力，援助及び便益を安全保障理事会に利用させる」ために，国連と加盟国が特別協定を締結することを予定している。これはもともと予定されていた国連軍を作るための規定である。さらに，国連と専門機関との間には，連携協定が締結されている（憲章57条・63条）。

　こうした国家と国際組織，あるいは国際組織どうし間に締結される条約は，「国際組織締結条約」と総称される。国際法委員会は，国際組織締結条約に関する条約法についても法典化を進め，1986年に全86カ条と付属書からなる（国家と国際機関又は国際機関相互間の条約法に関するウィーン条約）（国際機関条約法条約）がウィーンで採択された（ただし現在未発効）。国家間に締結される条約のみを対象とする条約法条約といかなる点が異なっているのか検討するのも興味深い。

§3　慣習国際法

〔設問〕　国家間の一般慣行はどのようにして立証されるか。

1 慣習国際法の成立要件

(1) 「一般慣行」および「法的確信」

慣習国際法は，多くの国家が一定の状況において同じような行為（作為および不作為を含む）を繰り返しているという意味での「一般慣行」と，当該行為が法的に要請されていると国家が観念しているという意味での「法的確信」（*opinio juris sive necessitatis*）（「法的信念」ともいう）を要件として成立するとされている。前者は，客観的・事実的要素であり，後者は主観的・心理的要素である。このような考え方は，講学上，慣習国際法形成に関する「二要件論」といわれる。

(2) 国際判例における言明

慣習国際法は一般慣行と法的確信を要件として成立するという考え方は，多くの国際判例を通して確立してきた。たとえば，コロンビア大使館に逃げ込んだペルーの反体制指導者アヤ・デ・ラ・トーレをめぐってコロンビアが外交的庇護権を主張しうるかどうかが争われた1950年の庇護事件において，国際司法裁判所は判決で，つぎのように述べた。すなわち，コロンビアはみずからが援用する規則が関係国家の「継続的かつ統一的慣行」に合致するだけでなく，それが庇護国に属する権利であり領域国の義務でもあることを立証しなければならない。このように述べて，慣習国際法の成立には二つの要件を満足しなければならないことを認めた。

また，大陸棚の境界画定をめぐって西ドイツ，およびデンマーク，オランダの間で争われた北海大陸棚事件（判決，1969年）では，1958年大陸棚条約第6条2項に規定された「等距離原則」が，慣習国際法規則として大陸棚条約の締約国ではない西ドイツを拘束するかどうかが問われた。国際司法裁判所は，判決において，等距離原則が慣習国際法規則としての性格をもつためには，この原則にもとづく諸国家の大陸棚境界画定が確立した慣行を形成しているだけでなく，そうした行動を要求する法規の存在によりそれが義務的なものとされているという確信が必要であると述べた。

2 国家慣行の「多義性」と法的確信の「擬制的性格」

(1) 国家慣行とは何か

慣習国際法の成立要件のうち,一般慣行に関してさらに検討してみよう。国家のいかなる行為が一般慣行を構成するのだろうか。この点に関しては,船舶の拿捕のような物理的行為だけが慣行として意味をもつという考え方もある。

しかし,こうした立場はむしろ少数派である。一般には,物理的行為だけでなく,およそすべての国家の行為が一般慣行に含まれると考えられている。具体的には,政治的地位にある者が行った発言や,国際組織・会議での投票行動,条約の締結,国内判例などである。一般慣行がこのように「多義的」であることは,国際判例によっても確認されている。

したがって,〔設問〕にある一般慣行の立証の方法についていえば,ありとあらゆる「素材」を用いて立証が行われるといえよう。また,とくに既存の法が変動しつつあるような場合には,通常はあまり法的関連性をもつとは考えられない行為であっても,法的な意味をもつとされることがある。

(2) 法的確信の意義とその認識

(a) **慣習国際法と国際礼譲の区別** 慣習国際法のもう一つの成立要件である法的確信は,慣習国際法と国際礼譲 (international comity) を区別する役割をはたす。すなわち,国家が反復する行為のなかには,事実として反復しているだけで,法的に要請されているという観念に欠けるものもある。

この点に関してしばしば指摘されるのは,国家の代表者に対する敬称の使用や,軍艦どうしが海上ですれ違う際に交わす挨拶,外国軍隊構成員が公務遂行外で行った犯罪に対する領域国の処罰権の放棄などである。これらは国際礼譲である。したがって,それに従わなくとも法的な責任を問われるものではなく,単に「非友好的」とされるだけである。

(b) **法的確信の探求** 法的確信は,以上のように法規範と法規範以外のものを区別するために有用な基準である。もっとも,法的確信とは具体的にはなんだろうか。またそれはどのような方法で認識されるのだろうか。

慣習国際法規則の成立のために必要な心理的要素であるといっても,国家は自然人とは異なるので,自然人と同じ意味での内面的な心理を国家に対しても求めることは意味をなさない。また,国家が具体的に行動する際に,みずから

主観的な観念を明確に表明することはむしろ稀である。結局、法的確信は国家の実行から抽出されたものにほかならない。その結果、学説としては、慣習国際法は慣行だけで成立すると主張されることもある（「慣行一元論」）。

3 慣習国際法形成の現代的傾向
(1) 慣習国際法形成の「迅速化」

慣習国際法が成立するためには、伝統的に、非常に長い時間を必要とすると考えられてきた。「慣習」という言葉自体が、一定の時間の継続を含意している。また、慣行は「記憶を超えた昔から」（from time immemorial）反復される必要があると述べられたことがある。実際にも、「公海自由の原則」のように、慣習国際法は緩慢な生成をたどるものと考えられてきた。

しかし、今日では慣習国際法がきわめて迅速に成立することが認められるようになってきている。その背景には、国家間関係がかつてないほど緊密化し、科学技術やコミュニケーション手段がいちじるしく発達したことが指摘できる。先ほどふれた北海大陸棚事件で、国際司法裁判所はわずかな時間の経過は新しい慣習国際法規則の生成を妨げないと述べて、条約規定が短期間に慣習国際法規則に転化する可能性を認めた（ただし、大陸棚条約第6条2項に規定された大陸棚境界画定の方法としての「等距離原則」の慣習法的性格自体は否定した）。また、学説上の考えとして、1963年に国連総会が採択した「宇宙空間の探査及び利用における国家活動を律する法原則の宣言」（宇宙法原則宣言）を素材に「インスタント慣習法」（instant international customary law）理論が主張されたのである（→§5）。

(2) 慣習国際法の「個別化」

(a) 慣習国際法の普遍的妥当性のゆらぎ　慣習国際法のもう一つの現代的傾向として、その「個別化」という現象を指摘することができる。すなわち、条約が締約国のみを拘束するのに対して、慣習国際法はすべての国家を拘束するとされてきた。ところが、こうした説明は現代では必ずしも妥当しなくなっている。

先ほどふれた1950年の庇護事件判決において、国際司法裁判所は「地域的慣習」の存在を認めた。さらに、1960年のインド領通行権事件判決では、二国間

関係における慣習国際法がありうることも認めた。

　また、条約規定が慣習国際法化することにより第三国を拘束することを規定した条約法条約第38条は、起草の最終段階で、国際法委員会の草案に対して「(国際法の慣習的規則と) 認められるものとして」((as customary rule of international law), *recognized as such*) の文言が付加されて、現行のような規定となった。その趣旨は、当該規定の慣習国際法化の認定を、個々の国家のおおむね明示的な承認に委ねようとするものであるとされ、こうした主張は一定の支持を集めた。

　しかし、仮に条約規定が慣習国際法化しているかどうかを個々の国家が判断するのであれば、慣習国際法がもともと有していた普遍的な妥当性は崩れざるをえない。このほか、「一貫した反対国の理論」（→◇**発展・研究**◇）のように、慣習国際法からの一種の適用除外も主張されるようになっている。

　(b) **慣習国際法と条約の区別の相対化**　もとより、以上の問題すべてを同一の次元で扱うことは、必ずしも適切ではない。しかし、このような慣習国際法の現代的な特徴は、従来相対的に明確であった慣習国際法と条約の性格規定を揺るがすものである。また、それが国際法の法源に関する現代的な現象を現していることは明らかであるといえよう。他方で、慣習国際法と条約の間のダイナミズムや両者の相対化を過度に容易に認めてしまうと、国際法秩序の根幹である「合意」を突き崩してしまいかねないということもできるのである。

◇ **発展・研究** ◇

1　ニカラグアに対する軍事的活動事件（慣習国際法）

　国際司法裁判所は、1986年に判決を行ったニカラグア事件において、慣習国際法の証拠として多数の国連総会決議に言及した。裁判所がこうした手法をとったのは、米国による国際司法裁判所の管轄権受諾宣言に「多数国間条約にもとづいて生ずる紛争」を除外する旨の留保が付されており、裁判所は条約ではなく、慣習国際法にもとづいて当該事案の審理を行わなければならなかったためである。

　たとえば、国連憲章第2条4項に規定された武力行使禁止原則は慣習国際法上の同原則と一致しており、この原則に関する法的確信は友好関係原則宣言

(「国連憲章に従った諸国間の友好関係及び協力についての国際法の諸原則に関する宣言」）に対する諸国の態度から演繹されるとした。

また，武力攻撃は単に正規兵による国境を越えた行動だけではなく，他国に対して武力行為を実行するために武装した集団，団体，不正規兵または傭兵を国家が派遣することが含まれるという点に関して，国連総会が1974年に採択した「侵略の定義に関する決議」を援用し，その規定は慣習国際法を反映していると述べた。

武力行使禁止原則や不干渉義務は，現代国際法上もっとも重要な原則である。他方で，慣習国際法の成立に関する二要件論を厳格な形で用いてそれらを論証することは，困難であるといわざるをえない。判決において国連総会決議がひんぱんに援用されたのは，このためだった。もっとも，こうした手法に対しては，慣習国際法の成立要件を緩めるものであるという批判もある。

2 一貫した反対国の理論

一貫した反対国（persistent objector）の理論とは，慣習国際法が生成するときに，はじめから当該規則に対して一貫して明確に反対を唱えた国家は，当該規則が慣習国際法として成立してもその適用を免れるという考え方である。1951年のイギリス・ノルウェー漁業事件の判決傍論において，国際司法裁判所がこの原則を認めた。また，アメリカ対外関係法リステイトメント第3版もこれを取り入れたため，一躍脚光を浴びるようになった。

同事件は，ノルウェーが設定した漁業水域内で操業した英国漁船を拿捕したことに端を発する両国間の紛争である。湾口の閉鎖線は慣習国際法上10カイリまでに制限されるという英国の主張に関して，裁判所は，仮に英国の主張が認められるとしても，その規則に一貫して反対してきたノルウェーは当該規則に拘束されないと述べてこの原則を認めた。

慣習国際法は，従来普遍的に妥当するものとされてきたが，一貫した反対国の理論は「適用除外」の主張であり，例外をなす。また，この考え方は，慣習国際法の本質を「黙示の合意」と見る立場から生まれたものといえよう。すなわち慣習国際法は，黙示に合意した国家をのみ拘束し（大多数の国家の沈黙からは「黙示の合意」が推定される），明示に反対した国家は拘束しないという

のである。

　このような理論が主張されるようになった背景には，国際社会で途上国が圧倒的多数の立場を占めるようになり，先進国は自らの立場の擁護のために反対を唱える場面が増えてきたという事情がある。もっとも，一貫した反対国の理論が国際法のすべての分野において有効に機能するかに関しては議論があり，さらに検討する必要がある。

§4　法源相互の関係

〔設問〕　国際法規の一般的効力関係にはどのような原則が適用されるのか。たとえば慣習国際法と条約の内容が抵触する場合どのように処理されるか。

1　一般的効力関係
(1)　「特別法は一般法を破る」

　国内法では，憲法を頂点として，法はピラミッド型の構造を形成していると観念することができる。そのため，上位の規範に抵触する下位の規範は無効とされる。

　これに対して，国際法では，このような法の段階構造は基本的に存在しないとされてきた（→2参照）。したがって，条約と慣習国際法はその形態が異なるだけで，いずれかが上位に所在するという関係にはない（法の一般原則は，条約や慣習国際法が存在しないときに補充的に適用されるので，ここでは除外して考える）。

　このような状況において，〔設問〕にあるように，条約と慣習国際法が抵触する場合は，どのように考えればよいのだろうか。慣習国際法は通常普遍的に妥当すると考えられるので一般法であるのに対し，条約は締約国だけを拘束す

るので特別法である。したがって，この場合には「特別法は一般法を破る」（lex specialis derogat generali）の法諺（ほうげん）が適用され，条約が優先的に適用されることになる。

もっとも，特別法と一般法の関係は相対的であり，多数の締約国をもつ条約は一般法であるのに対し，二国間条約のような少数の締約国しかもたない条約は特別法である。したがって，このような抵触関係においては，後者の条約が優先適用される。

一般慣習国際法と地域的な慣習国際法の関係も同様に考えることができる。両者の間に抵触がある場合には，後者が優先適用される。

(2) 「後法は前法を破る」

また，同一の主題に関する複数の条約の間や慣習国際法どうしの間に，一般法と特別法の関係が成り立たないときがある。この場合には，それらの法の成立の時間的前後を基準として，「後法は前法を破る」（lex posterior derogat priori）の法諺が適用されて抵触が解消される。これらは，いずれも国内法での法適用の原則を，国際法にもあてはめたものである。

2 上位規範の導入

(1) 「任意規範」と「強行規範」

分権的な性格をもつ国際社会では，国家間の合意は国内法における私人間の契約に類似したものと考えられた。そのため，自然法論が優勢であった国際法学の黎明期を除き，合意に瑕疵さえなければその内容に対しては制約が存在せず，国家は何を合意しても自由であるとされた。いいかえれば，国際社会には任意規範（jus dispositium）だけが存在し，強行規範（jus cogens）は存在しないと考えられてきた。

しかし，戦間期にフェアドロス（Verdross, A., 1890-1980）が国際社会においても任意規範だけでなく強行規範が存在することを論じた。このような学説上の主張は，第二次大戦後いっそう強まった。その背景には，いうまでもなく戦争により多くの人々が被った惨害と，それを繰り返してはならないという反省や決意がある。

1969年の条約法条約において，一般国際法上の強行規範の存在が認められた

のは，こうした考え方の自然の帰結であった。これは，ちょうど国内法で「契約自由の原則」が徐々に制約を受け，現代ではその原則が完全には貫かれていないのと同じように考えることができるだろう。

(2) 国際法秩序における規範の「階層性」

従来，任意規範だけしか存在しないとされたきた国際法においても，強行規範の存在が認められるようになった。その結果，国際法の規範構造にも一定の階層性が認識されるようになったということができる。

現代国際法におけるこうした展開は，国家責任の分野で通常の国際違法行為とは区別される国際犯罪の概念が提起されたことや，国家の義務が類型化され，二国間の義務とは異なる国際社会全体に対する義務（obligation *erga omnes*）が論じられることと同じ方向性にあるものということができよう。もっとも，国際法の規範構造の階層化は，伝統的に国際法が担ってきた機能を毀損するものであるとして，学説のなかには鋭く批判を提起するものもある。

◇ 発展・研究 ◇

1 国連憲章第103条における国連憲章上の義務の優位

国連憲章第103条は，国連憲章にもとづき加盟国が負う義務と加盟国が他の条約にもとづき別途負う義務が抵触した場合には，憲章上の義務が優先すると規定している。連盟規約第20条1項は，規約と両立しない義務は廃棄されるべきものとし，規約と両立しない条約を締結してはならないと規定していた。しかし，連盟規約の規定はあまり現実的ではなかったため，実際上の観点から，国連憲章では憲章上の義務の優先を規定したのである。

たとえば，ニカラグア事件のときに，国際司法裁判所は，自らの管轄権および請求の受理可能性を認めた1984年の判決において，憲章第103条に言及して憲章義務の優越を確認した。

また，憲章第103条に関して問題とされるのは，同条の射程である。すなわち，同条が「この憲章にもとづく義務」(obligations... under the present Charter) と規定していることから，国連憲章に規定された義務だけでなく，それが国連機関の採択する決議にまで及ぶかどうかが問題とされた。

これに関連する事例としては，ロッカビー航空機事故事件がある。1988年の

英国ロッカビー上空でのパンナム機爆破の被疑者引渡を命じた安保理決議に対して，リビアは，同決議が1971年の民間航空の安全に対する不法な行為の防止に関する条約（「モントリオール条約」）によりリビアに与えられた権利を侵害すると主張した。しかし，1992年の判決において，国際司法裁判所は安保理決議に規定された義務の方がモントリオール条約を含む他のいかなる国際協定にも優越すると述べて，リビアの主張をしりぞけた。

2 一般国際法上の強行規範

条約法条約は，第53条で一般国際法上の強行規範に反する条約は無効であるとのべて，一般国際法上の強行規範（jus cogens）の存在を認めた。同条によれば，一般国際法上の強行規範とは，「いかなる逸脱も許されない規範として……国により構成されている国際社会全体が受け入れ，かつ認める規範」であると定義されている。

一般国際法上の強行規範の存在は，条約法条約が採択される以前は学説上の主張にとどまっていた。けれども，条約法条約がつくられたことにより，それはもはや学説にとどまらず，実定国際法上の規定として認められるようになった。

もっとも，強行規範に関しては，不明確な点も少なくない。たとえば，具体的に何が強行規範に該当するのかについて，条文自体はふれていない。国際法委員会が作成した草案に付された注釈によると，侵略戦争やジェノサイド，海賊行為，奴隷売買を禁止するような規則は強行規範であるとされている。しかし，これは網羅的な列挙とはされていない。そのため，最近では強行規範の考えが拡大して主張される傾向もある。

また，強行規範は，「後に成立する同一の性質を有する一般国際法の規範によってのみ変更」可能とされているが，現行の強行規範に抵触する国際法は無効なのであるから，それによって現行の強行規範を変更することは論理的には不可能なのではないかという問題もある。

一般国際法上の強行規範は，こうした「観念の世界での実定法化」という性格を免れていない。けれども，国家慣行や国際裁判所の判決を通じてその内容が精緻化されていくのであれば，それは国際社会にとって非常に重要なものであるということができよう。

§5　国際機関の決議

〔設問〕　国連総会決議は，どのような国際法上の効果をもつのか。

1　国連総会決議の法的効果に関する問題提起

(1)　国連憲章における総会決議の位置づけ

　一般に，国際組織の決議ないし決定は，対内的な事項に関するものを除き，それ以外のものは，特段の規定があるときを除いて法的拘束力をもたない。国連の場合，憲章第10条が総会の任務および権限に関して述べている。同条は，総会はこの機構の範囲内にある問題もしくは事項またはこの憲章に規定する機関の権限および任務に関する問題もしくは事項を討議し，加盟国または安保理に対して「勧告」(recommendations) することができると規定している。「勧告」という文言に示されるように，総会が採択する決議は法的拘束力をもたない。

(2)　国連総会決議をめぐる議論の背景

　(a)　さまざまな総会決議の混在　　もっとも，国連総会決議が法的拘束力や一定の法的効果をもちうるという主張は，国連創設以来たびたび行われてきた。その主たる理由としては，以下を指摘することができる。

　第一に，国連総会決議のなかには確かに法的拘束力をもつものがあることである。したがって，その限りでは国連総会決議が法的に拘束的であるということは誤りでない。しかし，特定の国連総会決議が法的拘束力をもつことと，国連総会決議全体が法的な拘束力や効果をもつことは同じではない。このことは，国連総会決議にはさまざまな類型があり，それらを区別して議論する必要性があることを示している。

　(b)　法原則宣言決議の採択　　第二に，国連総会はその活動の初期から，特定の名宛人をもたない法原則宣言を採択してきた。たとえば，ニュルンベルク裁判所条例及び当該裁判所の判決によって承認された国際法の諸原則（ニュル

ンベルク法原則宣言）(1946年）や世界人権宣言（1948年）などがその例である。国連憲章を採択したサンフランシスコ会議において，フィリピン代表が安保理における多数で承認されることを条件に国連総会に拘束力ある国際法規則を定立する権限を付与しようという提案を行ったが，それは大差で否決された。こうした経緯に照らせば，国連総会が国際法を定立する権限をもたないことは明らかである。それにもかかわらず，国連総会が採択してきた法原則宣言決議が，国際法の形成に何ら影響を及ぼしていないとはいいきれない。1971年のナミビア意見（安保理決議276（1970年）にもかかわらず南アフリカがナミビア（南西アフリカ）に居座っていることの諸国に対する法的効果に関する勧告的意見）において，国際司法裁判所は慎重な表現ながらも国連総会決議が民族自決権の確立にはたした役割を認めた。このことからも，国際法の形成に対する法原則宣言決議の効果は首肯される。

(b) 第三世界の登場と伝統的国際法に対する批判　しかし，何といっても最大の理由は，1960年を契機として多くの第三世界諸国が独立をはたし，国連に加盟したことである。これらの諸国は，一般的に，伝統的国際法に対して批判的である。なぜならば，伝統的国際法は自らのあずかり知らぬところで形成されたものだからである。また，第三世界諸国のほとんどはかつて植民地であったが，伝統的国際法は欧米諸国による植民地支配を正当化する機能をはたしてきたからでもある。そこで，第三世界諸国は，国連総会決議を通して伝統的国際法の修正や新たな国際法の定立を行おうとした。植民地諸国，諸人民に対する独立付与に関する宣言（植民地独立付与宣言）(1960年）や，天然資源に対する永久的主権に関する決議（1962年），国家の経済権利義務憲章（1974年）などはその典型的な例である。その結果，〔設問〕で述べられているような問題関心や，国連総会決議が国際法の新たな法源として認められるのではないかという疑問を多くの論者の間に引き起こしたのである。

　このような国連総会決議の採択は，国連において第三世界が占める圧倒的な数的優位を背景として実現したものである。その意味で，先進諸国の考え方が合理的に反映されたものとはいえないものもある。両者の利害が厳しく対立するような問題に関しては，決議の個々の条項に対して主要な先進諸国の多くが反対や棄権して対抗したものもある。

他方で，国際法の法源を列挙したとされる国際司法裁判所規程第38条1項が，現代の国際関係における法状況を正確に反映しているとはいい難いことも事実である。それは，実質的に，1920年につくられた常設国際司法裁判所規程を引き継いだものだからである。法の一般原則に冠せられた「文明国が認めた」という言葉自体が，何よりも20世紀初頭につくられた規程の歴史的性格を物語っている。国連総会が1974年に採択した「国際司法裁判所の役割の再検討」と題する決議は，「国際法の発展，なかんずく総会の宣言ないし決議に反映される発展がその限りにおいて国際司法裁判所の考慮に加えられる」べきことを述べたが，こうした主張は第三世界の単なる一方的主張とばかりはいいきれない面があるのである。

2　国連総会決議の類型化

(1)　対内的決議

国連総会決議の法的効果を論じる際には，前提として，決議の類型化を行うことが必要である。たとえば，新加盟国の承認（憲章4条）や加盟国の権利停止や除名（5条～6条），予算の承認（17条），補助機関の設置（22条），事務総長の任命（97条）などに関連して総会決議が採択される。これらは個別的執行に関するものであり，加盟国を法的に拘束する。

また，手続規則の採択（21条）や職員規則の採択（101条），補助機関規程の定立などのためにも決議が採択される。これらは一般的な規則の定立に関するもので，加盟国を法的に拘束する。これらの決議は，あわせて国連の「内部法」といわれることもある。

(2)　対外的決議

これに対して，対外的な事項にかかわる総会決議は，法的拘束力を持たない。安保理決議の場合は加盟国を拘束するが，これは憲章第25条の規定によるものである。

もっとも，総会決議は法的拘束力をもたないといっても，法的効果を何らもたないわけではない。たとえば国連加盟国は憲章第2条5項にもとづき，国連がとる行動にあらゆる援助を与えなければならない。この規定はもともと憲章第7章にもとづく制裁を前提とするものであるが，総会決議に対しても拡張し

て適用される傾向がある。そのため，特定の状況において，加盟国が総会決議の内容に反する行動をとることを合理的に主張しえない場合がある。また，決議の名宛人による受諾があれば，対外事項に関する総会決議といえど拘束力を持ちうることはいうまでもない。問題は，植民地独立付与宣言のように，国際法の原則を一般化可能な形で述べる法原則宣言をどのように評価するかである。これに関しては，以下の3で検討しよう。

3　法原則宣言決議の法的効果
(1)　学説における展開

国連総会が採択する法原則宣言決議に対しては，拘束力を認めようとするいくつかの主張がなされてきた。以下では，代表的なものを取り上げる。

第一に，国連総会を世界議会とみなして，そこで採択される決議は法的拘束力をもつと主張されたことがある。この立場は，国際関係に対して国内民主制をそのまま類推していこうとするものである。しかし，この主張は，発想として斬新であるとしても，空想的性格を免れてはいないといえよう。

第二に，国連にほぼ全世界の首脳が参集することから，そこで採択された決議を即時行政協定としてとらえていこうとする立場が主張された。これは，総会決議を一種の国家間の合意としてとらえ，全会一致の場合はすべての加盟国を拘束し，そうでない場合は賛成票を投じた加盟国のみを拘束するというものであった。しかし，国連の意思決定へ参加することと個別国家としての意思は理論的には区別可能であり，加盟国の投票行動は前者に属する。にもかかわらず，それを国家間合意にそのまま引き写して考えることには無理がある。また，総会決議は法的拘束力を欠くがゆえに，加盟国は相対的に自由にそれを支持するという側面もある。したがって，この立場も実証性に乏しいといえよう。

第三に，国連総会決議により慣習法が即席に定立されると考えるものがある。「インスタント慣習法」論といわれるもので，慣習国際法の成立要件から一般慣行を捨象するものである。すなわち，この立場の本質は，慣習国際法を「黙示の合意」としてとらえ（条約が「明示の合意」であることに対比される），法の定立を求める国家の意思のみを重視し，慣行の要件は不要とすることにある（「法的確信一元論」）。もっとも，1963年に国連総会が採択した「宇宙法原則宣

言」を素材としてこの立場を主張した論者は，結論的には同宣言の慣習国際法的性格を否定したのであって，その議論の趣旨は思考の枠組を提示することにあった。慣行を欠いた慣習国際法がありうるのかという根本的問題もあり，いずれにせよこの立場も実証性に欠けることは否めないであろう。

(2) 法的効果の類型

以上，学説において法原則宣言の法的拘束力を主張した立場は，いずれも説得力を欠くものであった。しかし，このことは法原則宣言がまったく法的効果や意義を欠くということではない。国連の実行や国際判例において確認された法原則宣言決議の法的効果は，以下のように述べることができよう。

第一に，決議が既存の慣習国際法を表明する場合である。この場合，慣習国際法はあらかじめ確立しており，それが国連総会決議という形で明文化されただけである。1946年に国連総会が採択したニュルンベルク法原則宣言は，その原則があらかじめ確立していたかどうかは議論がありうるが，こうした趣旨のもとに採択された決議であるといえよう。

第二に，総会決議が憲章の有権的な解釈を示す場合がある。この場合も，決議のもともとの淵源が国連憲章であるため，その解釈として採択された決議も同じように法的拘束力をもつとされる。この立場は，条約の解釈に関して考慮すべきものとされる「条約の解釈又は適用につき当事国の間で後にされた合意」や「後に生じた慣行」（条約法条約31条3項）を，実質的に総会決議の機能に対しても応用したものである。1975年に採択された友好関係原則宣言は憲章第2条の解釈とされ，この典型的な例である。

第三に，総会決議が従来必ずしも明確に確立してはいない慣習国際法の結晶化をもたらしたり，決議以後の諸国家の慣行を枠づけるという意味での後からの慣行の起点となる場合である。「植民地独立付与宣言」や「宇宙法原則宣言」はこうした例と考えられよう。

以上検討してきたように，国連総会が採択する法原則宣言決議は，実際には現代国際法の形成に深く関わっている。したがって，それは国際司法裁判所規程第38条ではふれられていないが，国際法の実質的な意味での法源として，注目する必要がある。

◇ 発展・研究 ◇

ソフトローについて

　法と法以外の境界領域にまたがる規範は国際法の従来の法源論では必ずしも十分にとらえることができない。このような規範を総称してソフトローという。条約や慣習国際法のような確立した国際法の形式的法源（ソフトロートの対比で「ハードロー」と呼ばれる）と区別する趣旨で，1970年代の前半頃からこの言葉は使われるようになった。

　国連総会決議の法的効果をめぐっては，従来から議論が存在したが，これに加えてソフトローの問題が議論されるようになったのには，主として以下の契機があったといえよう。第一に，1975年のヘルシンキ宣言のように，国家間の重要な合意でありながら条約には該当しないとされるものが出現したことである。これらは従来の紳士協定とは異なる範疇に属すとして，「非拘束的合意」あるいは「非法律的合意」ということがいわれるようになった。第二に，国際経済法の分野などで，多国籍企業に関する行動指針（code of conduct）が採択されたり，市場秩序維持協定（OMA）などが締結されるようになった。そして，それらが相当な機能を果たしている現象が注目されるようになったことである。輸出自主規制で多用される政府企業間合意や企業間合意も，こうした現象に含めて考えることができよう。第三に，条約のなかにも一般原則のみを定め，国家の具体的な権利義務に関しては後に締結される合意にゆだねるようなもの（「枠組み条約」といわれる）が増加し，現代国際法の特徴の一つとして認識されるようになったことである。

　したがって，ソフトローと総称されるものには，条約でありながら規範内容が必ずしも明確ではないものから，条約に該当しないもののきわめて明晰な規範をもつものまでが幅広く含まれることになる。つまり，ソフトローという考え方はこうした現象一般をさすために学問上主張されるようになったものであり，概念的な一義性をもつものではない。また，ソフトローという現象は否定しえないとしても，それに対する依存や多用に対しては警鐘も鳴らされている。すなわち，ソフトローは，従来明確であった法と法以外を区分する境界を曖昧にするもので，国際法の規範構造を脆弱化してしまうという批判である。

〔参考文献〕

村瀬信也「ウィーン条約法条約第38条の意義」国際法外交雑誌78巻1＝2号（1979年）

Weil, P., "Towards Relative Normativity in International Law?", 77, *AJIL* (1983).

藤田久一「現代国際法の法源」長尾龍一＝田中成明編『現代法哲学(3)』（東京大学出版会，1983年）

位田隆一「ソフトローとは何か（一）（二完）」法学論叢117巻5＝6号（1985年）

村瀬信也「現代国際法における法源論の動揺」立教法学25号（1985年）

内田久司「国際組織の決議の効力」寺沢一＝内田久司編『国際法の基本問題』（有斐閣，1986年）

小川芳彦「国際社会とユスコーゲンス」小川芳彦編『条約法の理論』（東信堂，1989年）

第3章 国　　家

§1　承認（国家承認・政府承認）

〔設問〕　1993年，エチオピアからの分離独立を決める住民投票が，国連の監視のもと，エチオピア国内のエリトリア州で実施され，独立支持が投票総数の99.8パーセントに達し，ほぼ全住民の賛成により，同州の独立が決まった。エリトリアはこの事実をもって，国際法上の「国家」として成立したことになるのであろうか。

単に承認といえば，これは，広く一方的行為の一つの形態に当たるものであり，国際法上の効果が生じる一方的行為としては，国家承認および政府承認，領海の設定（第9章参照），条約運用上の手続（第5章参照）などがあげられる。この章では，国際法の主体に関わる国家承認および政府承認の問題を考察する。

1　国家承認

国家承認とは，既存の国家が，国際社会において，新しく成立する国家を，自国と同じ国際法の主体（国家）として認めることをいう。国家承認の性格・効果については，学説が対立しており，また，国家実行上も統一性が欠けている。それゆえに，とくに問題となる〔設問〕のような分離独立の場合にも，以下のいずれかの立場をとるかによって，その国家性についての結論が異なる。また，承認の要件（後述）を満たす国家を承認すべき義務も，国際法上は存在しない（ただし，設問のエリトリアに対して，日本は，同国の独立と同時に承認を

行い，また，両国間の相互的な合意にもとづき別個に外交関係も樹立している（1961年，外交関係に関するウィーン条約（外交関係条約）2条））。

創設的効果説（わが国の多数説）によれば，承認以前の国家の国際法主体性は全面的に否定され，したがって，承認が与えられることによって初めて国家は国際法上の存在となる。この立場をとれば，〔設問〕のような事実それ自体のみ（対内的独立）では，エリトリアの国家としての成立は否定されよう。この学説の根拠は，承認とは既存国家による主権的な自由裁量行為であるという（政治的裁量説）。しかし，これに対して，承認が政治的な価値判断に左右されるならば，国際社会の法的安定性が損なわれるという批判がある。

宣言的効果説（諸外国での多数説）によれば，国家の要件（永続的人民，一定の領土，政府，外交能力）を満たした実体（新国家）は，承認以前からすでに国際法主体性を与えられており，承認はこの国際法上の地位を正式に確認するにすぎないとされる。この立場をとれば，〔設問〕のエリトリアの国家性は比較的容易に認められ，国家として観念されうる。この学説によれば，承認というものは，新国家がその成立とともに取得する権利能力を関係国相互の間で確認するものにすぎないとされる（法律的行為説）。しかし，この学説に対して，分権的な国際社会の実態になじまないとの批判もある。

国家類型：国家の形態は大きく三つに分類される
① 単一国家　一つの中央政府が，対内的かつ対外的に一つの国家を代表するもの。
② 国家結合　(a) 並列的国家結合：複数の国家同士が対等の立場で結びつくもの。CIS（独立国家共同体）のような「国家連合」や米国・カナダのような「連邦」が含まれる。
　　　　　　(b) 従属的国家結合：二つの国家が条約にもとづき結合し，その一方が対外関係の一部を行使する場合で，保護国と非保護国の関係がこれに当たる。1905年から1910年までの韓国と日本との関係など。
　　　　　　(c) 特殊な国家結合：コモンウェルス（英国および旧英帝国内植民地から独立した国家からなるもの）。
③ 特殊な形態　永世中立国やヴァチカン（市国）を指す。

創設的効果説および宣言的効果説と異なる，第三の折衷的な学説によれば，承認は新国家の個別的な成立形態によってその意味が異なるとされる。たとえば，既存の諸国家が，合意にもとづき合体し，新国家を創設するケースでは，第三国による承認は単なる宣言的な効果以上の意味をもたない。他方，新国家が分離独立を果たす場合には，本国はこの国家性を認めないのが普通であるから，承認によって国際法主体性を確立しなければならない（ただ，後者の場合，後述の◇発展・研究◇の自決権との関係で論理的な矛盾が生じうるともいえる）。

　つぎに，承認の要件には，客観的要件としての①実効的かつ安定的な政治権力の確立，主観的要件としての②国際法遵守の意思・能力が含まれる。今日では，①の実効的な政府の存在が確認され，また，国際法の存在を否定しない限りにおいて，②の意思・能力は当然に肯定される。これら承認の要件が整わずに与えられる承認は，本国に対する干渉（§3参照）であり，尚早の承認とよばれ，国際法違反となる。

　承認の方式については，主に二つの分類がある。まず，明示と黙示の承認とを区別する場合である。前者は承認の意思を対外的に察知される方法で明示的に表示するもの（宣言・通告・条約規定）であり，後者は，新国家の国際法主体性を前提として，黙示的に，外交使節の交換・条約締結・国旗承認などを行うものに当たる。つぎに，法律上（*de facto*）と事実上（*de jure*）の承認という区別がなされる。前者は，新国家が承認要件を備えていることを確認したうえでなされる正規の承認であり，取消・撤回の留保または条件を付さないものである。後者は，暫定的な承認方式であり，留保または条件を含むものを指し，新国家の国家性について何らかの疑念がある場合や政治的な配慮から正式の承認を避ける場合などに行われる。承認の撤回が許されるのは，後者の場合のみである。

2　政府承認

　政府承認とは，前述の国家承認とは異なり，一国内で中央政府が国内法によらずに旧政府にとって代わる場合（革命・クーデター）において，既存国家がこの新政府を承認する行為を指す。政府の非合法的な変更は，国家それ自体の同一性には影響がない（政府の形態が変更しても国家は変更しない）。政府承認の

効果として，新政府は正式な国家代表資格をもつと認められる。また，承認国と旧政府との間に存在した一般および特別国際法上の権利義務関係も回復することとなる。

政府承認の方式については，前述の国家承認の方式と同じものが当てはまる（すなわち明示／黙示，法律／事実の区別）。

政府承認の要件となるのが，一般的事実上の政府の確立（事実主義）である。すなわち，新政府がその国家領域および国民に対して，「一般的に実効的な支配」を確立していることである。したがって，旧政府が依然として重要な地域を支配しており，新政府の権力が不安定な場合における承認は，当該国家に対する違法な干渉となる。この要件のほかに，新政府が一定の正統性を備えるべきとする正統主義の立場がある。正統主義の有名な例として，いわゆるトバール主義（立憲主義的な正統性）がある。これは，革命・クーデターによって成立する政府を，「人民から選ばれる代表が立憲的にその国を再組織しないかぎり」，これを承認しないとするものである。しかし，このような立場は，エストラーダ主義からすれば，相手国に対する内政不干渉義務の違反に当たるものとされ，第二の追加的な要件としては定着しなかった。

> **政府承認の廃止への傾向**　エストラーダ主義は，1930年，メキシコ外務大臣のエストラーダによって唱えられたもので，政府承認制度を廃止し，単に新政府との従来の外交関係を継続すべきか否かのみを決定すべきだとする立場である。カンボジアのポル・ポト政権に対する政府承認の撤回を契機として，英国がこれを採用し，再び注目されるようになった（1980年）。近年では，わが国を除く主要国の多くが，政府承認を廃止するにいたっている。しかし，この廃止の立場に対しては，すべての場合において承認を廃止できるのか，また，実質的には従来の「黙示の承認」に当たるのではないかなどの批判がある。

◇ 発展・研究 ◇

国際機構（とくに国際連合）への加盟と承認

中央権力組織を欠く国際社会では，既存国家によって行われる国家や政府の承認は，各国による個別的な行為としてとらえられる。しかし，承認の態様は

こればかりではない。法的にも組織化されつつある今日の国際社会においては，既存の加盟国が集団として，新国家の国際組織（国連やEC/EUなど）への加盟を認めたり，また，新政府に一国を代表する地位（代表権）を付与する場合がある。

ひとたび普遍的な国際組織への加盟が認められると，加盟国の相互間において，一般国際法上の関係が適用されるとともに，既存加盟国が承認を与えるにほぼ等しい関係が発生する。たとえば，国連においては，加盟国が互いに主権を尊重するとともに，武力の行使が禁止がされ，また，これらの国の間で起こる重大な紛争を「正義及び国際法の原則に従って」解決することなどが要求されている（憲章1条および2条）。

けれども，このような国際組織への加盟や代表権の容認（集合的承認）は，はたして，そのままで国際法上の承認を意味するのであろうか。反対に，既存国家による承認（個別的承認）が，国際組織への加盟や代表権の容認の前提的な条件とされるのだろうか。

この点については，有力な学説によれば，承認は本来的には国家の個別的行為であり，また，加盟や代表権の容認は組織それ自体の決定にもとづく集合的行為であるから，両者は本質的に異なるものであり，法的には無関係とされる。国連における中国の代表権問題について，国連の事務局によって作成された国連における代表権問題の法的側面も，この「無関係説」の立場をとる。実際にも，承認する意思のない加盟国は，自国の政治的判断にもとづき，組織の新加盟国に対して，正式な外交関係の樹立を認めないことは可能であるし，また，国内裁判においても，承認国と同等の扱いをしないことはありうる。

この無関係説に対しては，加盟・代表権の容認は，承認と同じ効果をもたらしうるとする「関係説」などがある。

なお，国連の実践では，自国が承認した国家または政府については，加盟・代表権の指示を与える一方，そうでなければ，反対または棄権するケースが一般的である。たとえば，わが国も，無関係説の立場をとりつつ，実際には，国連内外の行動を一致させようとしている。

§2 国家承継

〔**設問**〕 ある従属地域が，旧（植民地）本国からの分離独立を果たす場合に，この新国家は，旧本国が締結していた条約に拘束されるのか。また，旧本国が負っていた債務を，当然に引き継ぐのか。

1 意 義

　国家承継とは，一定の地域についての国際関係上の責任が，一国（先行国）から他国（承継国）へと代わり，これら先行国と承継国との領域主権の間に法的な連続性が認められることをいう。国家承継上の問題は，〔**設問**〕のように植民地が独立する場合や，国家の統合・分離や国家領域の一部割譲などのさいに，発生する。これらの場合，承継の対象事項となるのが，条約，国家財産，公文書，国家債務，コンセッションなどである。なかでも，学説および国家実行上，もっとも争われてきたのは，先行国が第三国と締結した条約の承継問題であり，この点については，1978年の「条約についての国家承継に関するウィーン条約」（条約国家承継条約）があり，1996年に発効した。国家の財産・文書・債務については，1983年に「国家の財産，公文書及び債務についての国家承継に関する条約」（国家財産等承継条約）が採択されているが，未発効となっている（これらの条約は，発効後の継承のみについて適用される）。

2 条約の国家承継

　さて，まずは，〔**設問**〕における条約の国家承継について考えてみよう。

　条約の承継（国家承継全般にも当てはまる）については，①包括的承継説（継続原則ともいう）と②クリーン・スレート（clean slate）原則とが，古くから対立してきた。包括的承継説とは，承継国は，先行国が有していた国際法上の権利義務を，包括的に引き継ぐとする立場である。この根拠としては，人民や領域からなる国家構成要素の継続性や同質性があげられる。国際社会の法的安定

性の確保という要請からも，この説が国家承継の基本的な原則とされる。クリーン・スレート（いわゆる白紙の承継）の原則においては，これとはまったく逆に，承継国は主権的な存在として裁量の自由をもつのであるから，先行国が第三国と締結していた条約には拘束されず，承継の可否は承継国の意思次第ということになる。この原則の背景には，〔**設問**〕のような場合に，新独立国による国際社会への参入に際して，過度の法的負担が生じることのないよう，旧本国が享有・負担していた権利義務をいったんは白紙に戻そう，との配慮がある。

条約国家承継条約は，一般的な国家承継（国家の統合・分離）の場合には，①の包括的承継説にもとづくとみられる規定を置いている。しかし，〔**設問**〕のような，旧植民地本国からの新独立国による分離独立については，クリーン・スレートの理論を原則として採用している。つまり，新独立国は，自国領域に関して国家承継の日まで先行国と第三国との間で有効であった条約に拘束されない（16条）。ただし，このクリーン・スレート原則の例外として，条約内容が慣習国際法となっている場合には承継義務が課せられ（5条），また，条約により確定された「境界または境界レジーム」に関する義務および権利（boundary regimes）や「その他の領域的レジーム」（other territorial regimes）も，領域にもとづく「客観的レジーム」として，同様に引き継がねばならない（11条）。

このように，〔**設問**〕における条約の国家承継の場合には，伝統的な継続原則の例外として，クリーン・スレート原則が妥当しうるとも考えられるが，より具体的には，実際に問題となる条約の内容や法効果（*erga omnes* effect）によって，肯定または否定されるといえよう。

3　債務の国家承継

それでは次に，〔**設問**〕の債務の承継について考えてみよう。この問題についても，前述の①包括的承継説と②クリーン・スレート原則との対立がみられ，また，国家実行上も，一致していない。ただ，国家財産等承継条約では，〔**設問**〕のような新独立国については，原則として，先行国の国家債務の承継は行われないとされる（37条2項・40条1項・41条）。しかし，同条約では，合意に

もとづき別段の定めをする場合には，当該領域での先行国の国家活動に関する債務ならびに承継国に移転した財産・権利・利益との結びつきを考慮するとされた（38条）。さらに，ここでの合意は，富と天然資源に対するすべての人民の永久的主権の原則を侵害してはならず，また，その実施は，新独立国の基本的な経済上の均衡を危険にさらしてはならないとされている（38条）。したがって，同条約によれば，〔**設問**〕のような場合，とくに合意がない場合，原則として先行国の国家債務の承継は行われないが，かりに承継協定を取結ぶさいにも，一定の制約があるといえよう。なお，国家財産の承継については，同条約15条によると，承継地域に所在する先行国の不動産，当該地域に関する先行国の活動に関する動産が承継されるほか，承継地域に属していた不動産・動産で，従属期間中に先行国の財産となったもの，および当該地域に所在しその形成に従属地域が寄与したその他の不動産・動産は，移転される。

　最後に，債務の承継について，新独立国以外のケースを簡単にみておこう。まず，既存国家の相互間で領域の一部が移転するさいには，先行国による「国家債務」（33条）の移転は，原則として，承継国の合意にもとづき処理される（39条1項）。合意がなければ，先行国の国家債務は，とくにその債務に関連して承継国に移転する財産，権利および権益を考慮に入れつつ，衡平な割合で移転される（同条2項）。国家領域の一部分離や国家の分裂といった場合には，先行国の国家債務は，別段の合意がないかぎり，同様に衡平な基準により承継国に移転される（40条・41条）。国家結合のケースでは，国家債務は，承継国に移転される（39条）。

4　政府承継

　なお，政府の承継については，新政府は，旧政府が第三国と締結していた条約上の権利義務や旧政府が有していた対外財産・債務などを，原則として，そのまま承継するとされる（完全承継）。新旧二つ以上の政府が並存するケースでは，後述の「不完全（政府）承継」という現象も起こりうる（◇**発展・研究**◇光華寮事件を参照）。

◇ 発展・研究 ◇

光華寮事件

　京都市にある土地建物「光華寮」の所有権をめぐる中国と台湾（中華民国）との間の紛争であり，政府の承認・承継に関する事件である。光華寮とは，第二次大戦中，京都大学が中国人留学生の宿舎として賃借していたものであるが，日華平和条約が発効した昭和27年に至り，これを中華民国が購入し，ついで昭和36年には，所有権移転登記も完了した。この間，寮生らは，自治的組織によって，寮の管理・運営を行ってきたが，文化大革命の頃より，中華人民共和国を支持する寮生の一部が，中華民国政府の管理に服さないという事態が生じた。昭和42年，中華民国は，中華人民共和国を支持するこれらの寮生に対して，家屋の明渡しを求める訴訟を京都地裁に提起した。他方，本件係争中，昭和47年の日中共同声明により，日本政府は，中華人民共和国を，中国を代表する唯一の合法政府として承認した（日中共同声明2項）。このことにより，中華民国はかつての承認を取り消され（日華平和条約も同年失効した），日本との関係では，「台湾」という中国の一地方を実効的に支配する「地方的な事実上の政府」となった。

　現在まで，四つの判決（京都地判昭52・9・16，大阪高判昭57・4・14，京都地判昭61・2・4，大阪高判昭62・2・26）が出ている。本件の争点は，①原告の中華民国には，政府承認の切替え後も，日本の裁判所における訴訟当事者能力を認められるか，そして，②この切替えにともない，光華寮の所有権は，中華人民共和国に移転するのか，という二点である。

　①については，四判決ともに，これを認めた。②については，中華民国の支配を離れて移転されるとした差戻前第一審を除き，他の三判決は，これを否定した。すなわち，本件のような不完全承継の場合には，第三国所在の旧政府財産は，外交財産（大使館建物など）などの国家機能に関わるものを除けば，原則として，新政府には承継されない。また，旧政府が国家を代表する資格で所有していた財産については，政府承認の切替えによって，新政府に承継されるものと理解されるが，光華寮はこれに当たらないと判示した。

§3　国家の基本的権利義務

〔設問〕　国内問題不干渉原則によれば，どのような行為が法的に「干渉」とみなされるか。たとえば，他国の政策（内政）の批判や助言・忠告は，国際法が禁止する干渉に当たるか。

1　国家の基本的権利義務

　国際法上，国家がもつ権利義務というものは，厳密にいえば，それらの国が締結する個々の国際条約の内容などによって，それぞれ異なっていても当然であろう。しかし，慣習国際法上，およそ「国家」（§1，1参照）たる存在であれば，当然に有すると考えられる，国家の基本的な権利・義務（国家の基本権）がある。

　まず，伝統的な基本権として，①主権（または国家主権），②独立権，③平等権（または国家平等の原則），④国内問題不干渉義務（または国内問題不干渉原則），⑤自衛権などがあげられる。これらの多くは，国連の国際法委員会が作成した1949年の国家の権利・義務に関する宣言案や1948年の米州機構憲章でも，掲げられている。さらに，国連の総会が採択した1970年の友好関係原則宣言および1974年の国家の経済的権利義務憲章は，新事項として，国家の領土保全と政治的独立に対する武力の威嚇・行使の禁止，国際紛争の平和的解決，人民の同権と自決権の尊重，国連憲章に従って受諾された国際義務の履行などをあげている。

2　国家主権の概念

　さて，①の国家主権は，もっとも重要な法概念であるが，これは対内主権（領土主権・国内管轄権）と対外主権（独立権）という二つの側面からとらえられる。国内管轄権は，他の国家の側からすれば，〔設問〕における④の国内問題不干渉原則として観念され，また，②の独立権や③の平等権も国家主権概念

から派生するものである。

3 国内問題不干渉の原則

それでは〔**設問**〕の検討に移ろう。

国内問題不干渉の原則とは，一言でいえば，主権平等や独立権といった国家の基本的権利に対応する，国家の基本的な義務であり，国際法上，一国家が自由に処理することが許されている主に国内事項（国内管轄事項）に対して，他国や国際組織は干渉してはならないという原則である。歴史的には，ロシア皇帝のアレクサンドル一世が提唱して成立した1818年の神聖同盟（Holy-Alliance）に代表される干渉政策から，市民革命・自由主義を擁護するために，主張されてきた。

国内管轄事項とは，国際法が規律することなく個々の国の自由な処理に委ねられている事項を指し，今日では，国内的な問題のみならず，国際的な問題（対外関係の処理など）も含まれる。このような事項として，国内の政治経済体制の選択，関税，出入国管理，国籍などがあげられる。ただ，これらも，条約または一般国際法によって新たな規律を受けるようになれば，国内管轄事項ではなくなるものであるから，その内容は固定的・絶対的なものではない。国内管轄事項は，国際法の展開にともなって変化する流動的・相対的な性質をもつといえよう（当時の仏保護国，チュニス・モロッコにおいて公布された国籍法令は，もっぱら国内管轄事項には属さないとした，1923年のチュニスとモロッコの国籍法令事件勧告的意見）。

4 干　　渉

以上のことを念頭に，〔**設問**〕の干渉について考えてみよう。

干渉（不干渉義務違反）とは，前述の国内管轄事項に対する介入であって，命令的干渉（命令的・強制的な介入）に当たるものを指す。「命令的干与」といった場合，武力行使やその他の強制的手段が想起されようが，これらはすでに国連憲章第2条4項によって禁止されているので，ここでもっぱら問題となるのは，武力の行使や威嚇には至らない軍事的措置や政治的・経済的な措置ということになる。たとえば，他国政府を打倒する目的をもつ武装集団に対する

支援・援助は，国内問題への干渉となりうるし（1986年のニカラグアに対する軍事的活動事件本案，判決），また，他国領海内での機雷の掃海作業は，領域主権の相互尊重を害するものとして，違法な干渉となる（1949年のコルフ海峡事件本案，判決）。また，それ以外の命令的干与，たとえば，外交・通商関係の断絶やその他の何らかの不利益な結果をほのめかし，一定の措置を要求することなども，干渉とみなされうる。これらに対して，〔設問〕の「他国の内政に対する批判」などは，国際法が禁止する干渉には当たらないことが理解できよう（ただし，政治的・経済的な強制または威嚇の場合に，どの程度の介入が干渉となるのかは，必ずしも明確ではない。この点については，それぞれの状況に応じて判断するほかはない）。

　しかしながら，つぎの場合には，「干渉」は例外的に合法なものとされ，国家責任の追及を免れうる。まず，①条約やその他の明示的合意にもとづく干渉があげられる。つまり，干渉に対して，相手国の明示的合意が事前に示されているために，その違法性が阻却される場合である（1903年の米国・パナマ間のヘイ・ヴァリラ条約（7条）など）。つぎに，②国際法違反に対する抗議または制裁がある。つまり，被害国が，損害の救済を強制するために行う干渉は，合法である。さらに，③自国民に対する外交的保護権にもとづく干渉，④自衛権にもとづく干渉，⑤国連憲章第7章にもとづいて「平和に対する脅威，平和の破壊又は侵略行為」に対してとられる，安保理の集団的措置としての干渉，そして，⑥大規模な人権侵害を阻止するなどの人道上の理由でとられる，人道的干渉（◇**発展・研究**◇参照）があげられる。

　また，国家間における不干渉義務とは別に，国際社会の組織化にともなう，国連のような国際組織による国内管轄事項への干渉という問題がある。国連憲章第2条7項において，国連は，「本質上いずれかの国の国内管轄権内にある事項」について「干渉する」権限をもたないとされる。条文上，憲章第7章にもとづく強制措置に限り，国連の介入は許されるが，「本質上」（essentially）国内管轄事項に当たるかどうかの基準については，「国際関心事項」なる観念が定着し，国連の権限（討議・勧告など）がひろく認められてきた。

◇ 発展・研究 ◇

1 人道的干渉

　「人道的干渉」(humanitarian intervention) とは，一般に，ある国の政府がその住民一般に対して，①極度の非人道的な行為（虐待や迫害などの大規模かつ深刻な人権侵害）を行う場合に，②その他の個別国家（または国連のような国際組織）が，③それらの人々の生命・身体を保護し，また，当該の残虐行為を阻止するために，④ときには武力（暴力）を用いてでも，強制的に介入（武力干渉）をする権利を指す。なお，「人道的干渉」は，干渉（§3）という違法性を含む用語・概念を避ける意味で，また，個別国家ではなく国際組織による干渉的行為について，「人道的介入」(humanitarian interference) ともいわれる。

　「人道的干渉」に関する古典的な事例として，19世紀の伝統的な欧州国際法における差別的な人道的干渉がある。ギリシャの対トルコ独立戦争のさいに，英国・フランス・ロシアが，在ギリシャのキリスト教徒をトルコによる弾圧から保護するという大義名分で，トルコに干渉をし，トルコ海軍を撃滅したことがある（1827年）。また，19世紀にはしばしば，西欧列強の大国が，非西欧の中小国に対して，自国の対外政策を正当化するための法的な釈明として用いられた。

　人道的干渉は，近時の北大西洋条約機構（NATO）軍による新ユーゴスラビア空爆（1999年）などを通じて，最近とみに注目されてはいるが，歴史的には，"負のイメージ"が強く，また，依然として濫用の危険も大きいといえる。人道的干渉が現実に行われる場合，上記①の人権侵害の規模や程度（保護の必要性・緊急性），②の干渉を行う主体，③の保護を享受すべき人の範囲（在外自国民であれば，これは自衛権の問題ともなりうる），④の許容されうる行動のタイプ，のいずれについても，実定国際法上，明確な基準は存在しない。

　現代国際法における人道的干渉の合法性については，特定の条件の下で肯定する少数説と，これを否定する多数説とが対立している。少数説の根拠は，慣習国際法上，自国民の待遇についての国の裁量権は絶対的なものではなく，大規模かつ深刻な人権侵害が行われるような国際的な問題は，すでに国内管轄事項（§3参照）には当たらないという前提にもとづく。その場合，軍事的介入

としての人道的干渉は，人権保護という目的によって，慣習国際法・国連憲章上の武力行使禁止原則（2条4項）の例外を構成する，などと主張される。多数説では，関連の国家実行に鑑みても，慣習国際法上の人道的干渉の存立基盤はいまだに脆弱であり，また，保護法益と主張される「人道」ないしは「人権」の観念が一定しないため，現実には濫用の危険性が大きいと説かれる。

近年では，国連が緊急を要する非人道的な事態の勃発にさいして，人道的干渉を行うケースがみられる。個別国家による人道的干渉の場合には，純粋に人道的立場からの介入は想定しにくいが，国連の場合には，まずは，より比較的に政治性（国益）を排除した行動を期待できるともいえる。たとえば，ボスニア・ヘルツェゴビナ（決議770），ソマリア（決議794），ルワンダ（決議929）の事例において，国連安全保障理事会がこれら国内での重大な人権侵害を，それぞれ憲章第7章の「平和への脅威」（憲章39条）と認定し，国連加盟国がこの授権（authorization）にもとづく干渉を行っている。これらはすべて，もっぱら人道上の理由により，必要な武力行使が許可されたものとして注目される。なお，これらが真の人道的干渉に当たるかどうかを疑問とする最近の詳細な研究もあり，国際法上の重要な課題となっている。

2 いわゆる人民（または民族）の自決権について

ある人民（peoples）または民族（nations）が，国際法（現代国際法）における新たな主体として，外部からの干渉を受けることなく，自らの意思にもとづき政治的な地位を決定し，経済的・社会的・文化的な発展を追求する権利を，人民（または民族）の「自決権」という。この思想的な基盤は，啓蒙期の自然法思想や18世紀から19世紀にかけてのナショナリズム運動といわれる。民族自決の原則は，第一次大戦中に，米国のウィルソン大統領らによって唱えられ（1918年の平和14ヵ条），また，同大戦後の欧州における領土問題の処理はこの原則によるものとされている。しかしながら，この時期までの自決原則は単なる政治的な原則・目標にすぎなかった。これが，とくに植民地の人民による自決（外的自決権）として，実定国際法上の権利とみなされるようになるのは，第二次大戦以後（1960年代の後半以降）の国際社会においてである。

まず，国連憲章は，国連の目的の一つとして，「人民の同権及び自決の原則

の尊重に基礎をおく諸国間の友好関係を発展させること」を掲げ（1条2項），また，植民地を監督するための制度として，「自決」という文言を用いていないが，非自治地域制度（11章）および国際信託統治制度（12章）を設けた。その後，国連総会は1960年，人民の自決権を宣言し，植民地の独立を求める植民地独立付与宣言（総会決議1514／XV）を採択し，1961年には，植民地独立付与宣言履行特別委員会を設置した。1966年の国連総会で採択された国際人権規約（社会権規約および自由権規約）は，その共通第1条において，「すべての人民は，自決の権利を有する。この権利に基づき，すべての人民は，その政治的地位を自由に決定し並びにその経済的，社会的及び文化的発展を自由に追求する」とし，また，天然の富と資源を自由に処分する権利（経済的自決権）をも規定した。ここにおいて，人民の自決権は，はじめて国際法（条約）上の権利として，明確に規定されたことになる。さらに，1970年の友好関係原則宣言（総会決議2625／XXV）においても，人民の同権及び自決の原則が宣言され，慣習国際法上の権利としても，ひろく承認を受けた。

関連の国際判例においても，自決の原則は国際法上，法的権利として存在することが承認された（1971年のナミビア事件，勧告的意見，1975年の西サハラ事件，勧告的意見など）。また，オーストラリア＝インドネシア間のティモール・ギャップ条約をめぐって，ポルトガルがオーストラリアを相手どって国際司法裁判所に提訴し，いわゆる「第三者保護法益原則」の適用が問題となった1995年の東ティモール事件判決では，人民の自決権が，現代国際法におけるもっとも重要な原則の一つであるとされ，対世的（*erga omnes*）な性格をもつものとされた。

しかし，人民の自決権における「人民」の概念をいかにとらえるべきか，その判断基準をめぐって，自決理論の普遍性との関連で，深刻な問題が残されている。上述のように，人民の内容には，まだ独立を達成していない植民地または非自治地域の人々が含まれること（外的自決権）については，異論がない。しかし，主権独立国家における一部の人民（民族的な少数者集団）も，この権利主体として認められるのであろうか。たしかに，これら人民一般にも，一国の政府を自由に選択し，その政策に従って，経済的・社会的・文化的な発展を追求する権利（内的自決権）は認めることができよう（1975年のヘルシンキ宣言

Ⅷ)。しかし，これらの人々が同時に，圧制的な中央政府によって，内的自決権を否定されたからといっても，外的自決権（分離独立権）までも承認されることにはならない。自決権は，原則として，既存の自国国境の枠内において行使されねばならないのである（領土保全の原則，同宣言Ⅵ・Ⅷ)。もっとも，一定の要件を満たさない国家（友好関係原則宣言の自決権条項）については，当該国家の「領土保全又は政治的統一を全部又は一部分割しあるいは毀損する」ような行動が肯定され，したがって，人民一般の分離独立権は，例外的にではあるが，承認されるという立場もありうる。また，国内における人民については，内的自決権のみを認め，たとえば，これを個人の権利として読み替えて，人権法の枠組みに包摂させようという議論もあるが，このような考えは，「集団の権利保護」という自決権の歴史的かつ本来的な意義を失わせることとなる。

3 国家の主権免除原則

　国際法上，国家（政府機関およびその構成者・国家代表等）は，その行為および公有財産について，一般に，他国の国内裁判所の管轄権には服さないものとされる。これを，「主権免除」（または国家免除・国家の裁判権免除）という。なお，免除が認められる主体の範囲については，被保護国，未承認国，連邦構成国，地方公共団体などについて，統一性はない。

　国家は原告として，外国の裁判所に訴えを提起することはできても，自発的に主権免除を放棄し応訴する場合を除けば，自国の同意なしで，被告として訴えを提起されることはない。この根拠として，主権平等の原則が援用され，「対等なもの相互の間では互いに支配権をもたない」(*par in parem non habet imperium*) として説明されてきた。歴史的には，国王・州・外交使節の免除からのアナロジーや，他国との友好関係の維持という要請などから形成され，また，19世紀には，国家主権の観念と結びつけられた。その後の国内裁判における免除の慣行（たとえば，軍艦の裁判権免除が認められた，1812年の「スクーナー船イクスチェンジ号事件」米国連邦最高裁判決）を経て，今日では，国家の主権免除は，慣習国際法上の原則として，一応は確立した。

　レッセ・フェールの影響のもと，主権免除は，まず「絶対免除主義」として成立し，その後，「制限免除主義」が台頭し，両者は対立するようになる。す

なわち、国家の活動領域と私人のそれとが明確に区別されていた19世紀において有力であったのは、「国家の行為及び国家の公有財産はすべて、原則として、主権免除が認められる」とする絶対免除主義であった。しかし、20世紀には、国家の活動範囲が拡大・活発化するとともに、これが従来の私人・私企業の活動分野（経済活動）にまで及び、以前のように、両者をはっきりと区別することは次第に困難となった。ここで、主権免除を絶対的な原則とするのであれば、国家との取引を行う外国私人に対しては、当然、不等な結果がもたらされる。

そこで、今日では、主権免除の適用について、何らかの妥当な制限を設けようとする制限免除主義の側が、国内裁判例（1903年のベルギーなど）、国内立法・国際条約（1976年の米国外国主権免除法、1978年の英国国家免除法、1972年の欧州国家免除条約など）において採用されて、より有力となっている。

わが国では、昭和3年（1928年）の大審院決定（約束手形金請求為替訴訟事件大決昭3・12・28）で絶対免除主義が採用されたが、現在も基本的にこの立場を支持するかどうかは不明である。実際、1953年の日米友好通商航海条約（18条2項）や1957年の日ソ通商条約（4条）においては、国際的な趨勢に従い、制限免除主義を採用するに至っている。

さて、現行の国際法で、絶対免除主義よりも、制限免除主義がきわめて有力になっているとしても、免除が認められる行為とそうではない行為との区別については、いまだに統一的かつ詳細な基準は存在していない。そのため、制限免除主義がすでに慣習国際法上の原則として成立しているとはいいがたいのである。

問題となる国家の行為を、①公法的（または主権的・権力的）行為（*acta jure imperii*）と②私法的（または業務的・管理的・職務的）行為（*acta jure gestionis*）とに分け、前者についてのみ免除が認められるとしても、さらに、①と②とを区別する基準が問題となる。この免除の基準については、国家行為の目的・動機を基準とすべきであるとする「行為目的基準説」と、国家行為の性質を基準とすべきであるとする「行為性質基準説」とが対立している。

行為目的基準説（途上国など）については、目的の認定過程において、国の主観的な判断が入り込みやすいなどの批判があり、客観性に欠けるため、行為性質基準説（米国、英国、ドイツなど）、または、行為性質基準説の立場をとり

ながらも特定の場合には目的をも考慮する「折衷説」（国連国際法委員会の国家免除条文草案2条など）がより有力となりつつはある。ただ，各国の国家実行は，統一的ではなく多様であり，各国の法制度・法的慣習によって，国内の裁判所で考慮される目的や性質の内容も異なる。

　また，裁判権免除の放棄ないしは否認がなされた場合に，これにより，当然に強制執行も可能となるのか否かが問題となる。この点については，裁判権の免除と強制執行の免除を，一体なものとして扱うべきだとする「一体説」と，これらを別個のものとして扱うべきだとする「分離説」とが対立してきた。

　スイスなどの国は一体説の立場をとっているが，学説および国家実行によれば，依然として分離説がより有力であり，国家財産については，一般に，強制執行から免除される。たとえば，1972年の欧州国家免除条約では，国家財産に対する強制執行を，原則として禁止しており（23条），これに代えて，「自己実施制度」を採用している。ただ，1970年代後半の英国や米国の国内法，そして上記の国家免除条文草案は，強制執行の可能性をできるかぎり認めるものと解されている。

〔参考文献〕
国際法事例研究会『国家承認』（国際問題研究所，1983年）
広部和也「内政不干渉義務の成立と変容」国際問題318号（1986年）
岩沢雄司「外国国家・国有企業との国際取引上の問題点」総合研究開発機構編『多国籍企業と国際取引』（三省堂，1987年）
国際法事例研究会『国交再開・政府承認』（慶應通信，1988年）
芹田健太郎『普遍的国際社会の成立と国際法』（有斐閣，1996年）
大沼保昭『人権，国会，文明』（筑摩書房，1998年）
王志安『国際法における承認』（東信堂，1999年）
松井芳郎「試練に立つ自決権」桐山孝信ほか編『転換期国際法の構造と機能』（国際書院，2000年）
最上敏樹『人道的介入──正義の武力行使はあるか──』（岩波書店，2001年）

第4章　国際法における個人

§1　国　　籍

〔設問〕　国家が外交的保護権を行使できる要件としての「真正な結合関係」とは何か。

1　「国籍」とは何か

　個人は，国籍によっていずれかの国家に所属し，その構成員となる。国籍を介して，個人は，国籍国の国民として国内法上認められる権利（参政権や公務就任権など）を享受することができるとともに，国民としての一定の義務（兵役義務など）を負う。また，国籍国の外にあっても，国籍国の管轄権のもとにおかれ，国籍国の保護の対象ともなる。

　国家にとっては，国籍は，自国民を確定し，自国を構成する国民とそれ以外の個人を区別する機能を果たし，属人的管轄権を及ぼす根拠となる。その意味で，国籍は，個人を特定の国家に結びつける法的な絆である。一般に，国籍は，個人について問題となるが，法人，船舶，航空機等についてもその国籍が問題となることがある。近年では，人権として国籍をとらえようとする動きもある。

2　国籍に関する国際法と国内法

　国際法上，国籍に関する事項は，原則として，国内管轄事項とされ，国家は，個人に自国の国籍を与える要件を，国際法が規律しない限りで，その国内法により自由に決定することができる（チュニスとモロッコの国籍法令事件，勧告的

意見，1923年）。この考え方は，ノッテボーム事件（第二段階，判決，1955年）（後述）において，国際司法裁判所も確認している。

　各国において，国籍の付与は，一般に，出生を契機に行われる。日本，フランスなどのように，自国の国籍を有する親を持つ子に自国の国籍を与えるという血統主義をとる国と，米国やブラジルなどのように，自国の領域内で誕生した子に自国の国籍を与えるという出生地主義（生地主義）をとる国がある。

　各国が，自国の国籍取得の要件を自由に定めることができることから，たとえば，国際結婚によって生まれた子が二つ以上の国籍を取得したり（重国籍（国籍の積極的抵触）），何らかの理由からいずれの国の国籍も取得できない（無国籍（国籍の消極的抵触））という場合が生じうる。また，出生後個人の意思にもとづいて国籍を取得する場合（帰化）や，割譲などの国家領域の変動に伴って国籍を取得・喪失する場合もある。

3　外交的保護権行使の根拠としての国籍

　前述のように，国籍付与の要件については国家が自由に決定することができ，国籍の付与に関する一般国際法の規則は存在しない。しかし，国籍を付与する国家の行為の国際的効果は，国際法によって規律される。個人は，国家の合意にもとづき，限られた範囲でしか国際法主体性を認められないため，外国または外国人からその権利が侵害されたにもかかわらず，加害国または加害者が属する国が，被害者に対して正当な権利の保護や救済を与えない場合，個人がみずから侵害された人権の救済を国際的に求めることが難しい。そのため，伝統的には，権利を侵害された個人は国籍国に救済を求め，被害者の保護や賠償，加害国の処罰などを，国籍国が外交的ルートにより請求することが認められている。

　国家がこのような外交的保護権を行使するには，国家が国際請求を行うに先立って，外交的保護権を行使する相手国の国内で認められているすべての救済手続を被害者が尽くしていなければならない（国内的救済完了の原則）。そして，同時に，被害者たる個人が，損害を受けたときから本国が請求を提出し，さらに，その請求が最終的解決を見るときまで，その国の国籍を継続的に保持していなければならない（国籍継続の原則）。

ノッテボーム事件は，帰化によりリヒテンシュタイン国籍を取得したドイツ人ノッテボームが，長年にわたって居住し，生活と事業活動の本拠としていたグアテマラによって被った損害を救済するため，国籍国たるリヒテンシュタインがグアテマラを相手どって国際司法裁判所に提訴した事件である。

　国際司法裁判所は，自国の国内法によりその国籍を付与する権能をリヒテンシュタインに認めながらも，リヒテンシュタインとノッテボームの結合関係について吟味し，ノッテボームと緊密な結合関係を有さないリヒテンシュタインがノッテボームに付与した国籍は，ノッテボームとより緊密な結合関係を有するグアテマラに対して対抗力を持たず，それゆえ，リヒテンシュタインは，グアテマラに対して外交的保護権を行使することはできない，とした（ノッテボーム事件）。

　この判決において，裁判所は，二重国籍から生じる紛争の場合に適用される真正連関理論（genuine link theory）を援用し，外交的保護権行使の根拠となるには，その国籍は，国籍を有する個人と国籍国との間に真正な関係にもとづくものでなければならないと判じている。しかし，裁判所は，国籍と外交的保護権とを切り離して，国籍国が，被害を受けた個人と国籍国との結合関係よりも緊密な事実上の結合関係を有する国に対して外交的保護権を行使することができないとしたことについては批判もある。たとえば，ノッテボーム事件の場合，リヒテンシュタインが外交的保護権をグアテマラに対して行使できないならば，リヒテンシュタイン国籍取得の際にドイツ国籍を喪失したノッテボームは，グアテマラから被った被害について，いずれの国からも保護を受けることができなくなってしまうといった問題が指摘されている。

◇ 発展・研究 ◇

1 無国籍者（アンデレ事件）

　無国籍者は，いずれの国からも国民として認められる権利を享受できなかったり，居住国で不当な扱いを受けても国籍国による外交的保護権の行使を通じて救済を受けることができないなど，不利益を被る結果になるおそれがある。

　そのため，無国籍者の地位に関する条約（1954年），無国籍の削減に関する条約（無国籍条約）（1961年）などが締結され，このような無国籍者が生じるの

をなくすための国内法の調整がはかられてきた。また，世界人権宣言（1948年）第15条は，「すべての人は国籍を持つ権利を有する」と宣言し，なかでも子どもについては，自由権規約（1966年）第24条3項および児童の権利条約（1989年）第7条が，条約のもとで各国が保障すべき権利として，国籍を取得する子どもの権利を定めている。

　アンデレ事件（国籍確認請求事件，最判平7・1・27）は，フィリピン人らしき母親から日本において生まれたが，母親が出産直後に消息不明となったアンデレちゃんが，日本国籍を有することの確認を求めて起こした訴訟である。

　現行の国籍法第2条1号および2号は，父親または母親が日本国民である場合にその子に日本国籍を付与するという父母両系血統主義をとっているが，同法第2条3号は，「日本で生まれた場合において，父母がともにしれないとき，又は，国籍を有しないとき」には，無国籍者の発生を防止する趣旨から補充的に出生地主義を導入している。

　本件判決において，まず，最高裁は，「（国籍）法2条3号に言う『父母がともにしれないとき』とは，父及び母のいずれもが特定されないときをいい，ある者が父又は母である可能性が高くても，これを特定するに至らないときも，右要件にあたるものと解すべきである」とした。

　国籍法第2条3号は，もともと棄児を念頭に置き，このような子が無国籍となるのを防止する趣旨から規定されたものであるが，判決はできる限り無国籍者の発生を防止するために，棄児のように親子の事実が物理的に特定できない場合だけではなく，本件のように，親の身元を確認できない場合もまた第2条3号の適用を受けるとしたものである。さらに，判決は，第2条3号の「父母がともにしれない」という要件にあたる事実があることの立証責任について，「国籍の取得を主張する者が負う」と解するのが相当としつつも，社会通念上，父および母の特定ができないと判断される状況にあることを立証すれば，「父母がともにしれない」という要件にあたると一応認定でき，反証によって，ある者がその子の父または母である可能性が高いという事情を立証しただけでは，このような認定を覆すことができないとした。

　これは，原告に第一次的な立証責任を負わせながら，国に重い反証責任を負わせることにより実質的に立証責任の転換を図ったものである。こうした立証

責任に関する判旨の理解と評価はさまざまだが，証明の難易，母の特定に関する証明における当事者と証拠の距離などからみた当事者間の衡平，国籍法第2条3号および自由権規約第24条3項の無国籍防止の趣旨から，国に証明責任を負担させるべきであるとする見解が有力である。

なお，重国籍もまた，外交的保護権や兵役義務の衝突などを原因とする国家間の紛争を生じさせたり，単一国籍者との不平等などの弊害があるので好ましくないとされ，国籍唯一の原則が理想とされてきた。そのため，各国は，帰化の際の原国籍の喪失や国籍選択制度などにより，重国籍を防止してきた。

しかし，人権の観点からは，個人の国籍選択権や祖国へのアイデンティティを保ったまま，居住地区の国民たる資格を取得できることが望ましく，国籍唯一の原則は，国籍の得喪に関する個人の人格的利益の尊重という点から見直されるようになってきている。

重国籍の場合の減少および重国籍の場合の軍事的義務に関する条約を改正する第二議定書（1993年）は，他の締約国の国籍を任意取得した場合においても，原国籍を保持できることを認めている。また，欧州諸国を中心に，国籍の任意取得による重国籍を認める方向へ国内法を改正する国も増えている。

2 法人の国籍

個人に国籍があるように，法人にも内国法人と外国法人の区別がある。法人が会社組織をとっている場合，内国会社，外国会社と呼ばれることが多い。法人への国籍の付与についても，個人の場合と同様に，統一した国際法の規則はない。各国が，国内法により，内国法人と外国法人を区別し，外国法人の待遇，享有しうる権利の範囲などを定めている。内国法人と外国法人を区別する基準には，いろいろな考え方がある。どの国の法律にもとづいてその法人が設立されたかによって区別する設立準拠法主義をとる国が多いが，その会社の営業活動の本拠地がどこにあるかを基準にして区別する本拠地主義をとる国もある。一般に，国家間で通商航海条約を締結し，締約国が，相手国の国内法にもとづいて有効に成立した法人について，相手国法人として認めたうえで，自国国内法上の権利能力を認めている。

法人の国籍が第三国に対して国際法上有効に対抗しうる基準，とりわけ，外

交的保護権行使の根拠となる国籍の基準については争いがある。このような基準として，設立準拠法主義，本拠地主義などの客観的・外形的基準や，多数株主の国籍（経営支配権）といった主観的・実質的基準などが主張されている。国際司法裁判所は，バルセロナ・トラクション電力会社事件（第二段階，判決，1970年）において，伝統的には，会社に対する外交的保護権は，会社がその国の法律によって設立され，かつ，その領域内に本店が所在する国家に認められることが長期にわたる慣行と多くの国際文書で確認されているとし，このような基準により定められる会社の本国に対してのみ外交的保護権の行使が認められるとした。そして，その領域に会社の本拠地，支配の中心があるか，株式の多数または相当部分をその国民が所有する場合にのみ，自国の法律に準拠して設立された会社に対し外交的保護を与えるという実行も見られるが，法人の外交的保護の分野では，個人の場合と異なり，「真正な関係」という基準は一般的に認められていない，とした。ただし，判決の立場に対して，真正結合関係を要件とすべきとする反対論もある。

§2　外国人の地位

〔**設問**〕　外国人の権利・義務は，自国民の権利・義務とどのように異なるか。

1　外国人の出入国

　国家は，国家主権にもとづいて，外国人の出入国について広範な裁量を有する。

　まず，一般国際法上，外国人の入国を認めるかどうかは国家の国内管轄事項である。国家は，他国との条約で相手国の国民の入国や居住の権利を約束しないかぎり，国際法上外国人の入国を認める義務を負わず，外国人の入国を拒否

する義務も負わない。通常，外国人の入国を原則として認めるのが諸国の一般的実行であるが，国家は，入国の許可の条件を自由に決めることができる。

つぎに，外国人の出国について，犯罪の取調の必要性がある者や債務を履行していない者などを除き，自発的に滞在国を離れることを望む外国人の出国は，原則として自由であり，国家は外国人の出国を禁止してはならない。自由権規約第12条2項も，「すべての者は，いずれの国（自国を含む）からも自由に離れることができる」と定める。

外国人の意思に反して出国を強制する場合には，①退去強制（追放）と，②第三国からの請求にもとづいて行われる犯罪人引渡（後述）がある。

一般国際法上，いかなる場合に外国人を退去強制できるかについて確立した原則は存在せず，国家は，どのような条件で退去強制するかについて，広範な自由を有している。通常，不法入国者，重大な犯罪を犯した者などが退去強制の対象となることが多い。ただし，国家は，その自由を濫用することはできず，さらに，難民条約（1963年）や自由権規約などの締約国は，退去強制にあたって条約の定める人権保護義務を守らなければならない。

自由権規約第13条は，外国人の退去強制が法律にもとづいて行われる場合に限られていることを国家に義務づけている。1985年に国連総会が採択した「在住する国の国民でない個人の人権に関する宣言」（外国人人権宣言）第7条は，とりわけ，人種その他の理由とする差別的な追放を禁止している。日本の場合，これらの出入国の条件については，出入国管理及び難民認定法（入管法）（1951年）が定める。

2　外国人の権利と義務

外国人は，滞在する国家（領域国）の領域主権のもとにおかれ，外国人の権利・義務は，原則として，領域国が決定する。

まず，外国人は領域国の管轄権に服し，原則としてその国の国民と同等の国内法上の義務を負担しなければならない。ただし，義務教育，兵役の義務など，その国の国民であることを前提とする若干の義務は外国人に課すことはできない。

つぎに，国家は，一般国際法上，日常生活に必要不可欠な権利能力や行為能

力，たとえば，生命，身体，名誉に関する人格的権利や，契約締結権などの基本的な私法上の権利，裁判を受ける権利などを外国人にも認めなければならない。しかし，参政権，公務就任権などの政治的諸権利は認めていない国が多い。ただし，一定の条件のもとで，とりわけ地方レベルでの参政権を外国人に認める国も増えている。

欧州共同体を設立する条約（欧州経済共同体条約）（1957年）第19条は，1992年のマーストリヒト条約による改正で，欧州共同体の構成国の国民に，欧州共同体の他の構成国において，居住する地方自治体の選挙への選挙権と被選挙権を認めている。日本では，永住許可を受けている定住外国人であっても，かかる権利は認められていない。

最高裁は，国政選挙につき，憲法第15条１項の規定する公務員の選定権は，人たるものが当然に有するという意味での人権（前国家的権利）ではなく，国家の存在を前提として初めて成立する国民の権利であり，国民主権原則に照らし，その権利は日本国民のみをその対象とし，外国人には及ばないとした（損害賠償請求事件，大阪地判平３・３・29および最判平５・２・26）。

また，地方選挙については，国民主権原則と憲法第15条１項の規定の趣旨に照らして，憲法第93条２項の「住民」は日本国民に限るとしながらも，その居住する地方公共団体と特段に緊密な関係をもつに至ったと認められる定住外国人について，法律により地方公共団体の長や議会議員の選挙権を付与する措置を講ずることは憲法上禁止されていないと判じた（選挙人名簿不登録処分異議申出却下決定取消請求事件，最判平７・２・28）。

公務就任権については，同様の理由から，外国人に公務就任権を保障したものではないとしながら，国民主権の原理に反しない限度で外国人が公務員に就任することは憲法上禁止されておらず，職務の内容，権限と統治作用との関わり方およびその程度によって，外国人の任用が許される管理職への外国人の任用は，国民主権の原理に反せず，その権利が保障されるとした（管理職選考受験資格確認等請求控訴事件，東京高判平９・11・26）。

経済的活動に関する諸権利は，一般に，日米友好通商航海条約のような二国間の通商条約などによって相互に認め合うことが多い。通商条約では，通常，内国民待遇（領域国が自国民に与える待遇よりも不利でない待遇）や最恵国待遇

（第三国の国民に与える待遇よりも不利でない待遇）を相手国の国民や会社に付与することが約束される。ただし，土地，船舶，航空機の所有権など一定の私法上の権利については，国家の安全や利益を理由として外国人に制限を課すことが許されている。

3 外国人の権利を保護する領域国の義務

　領域国は，外国人の身体・財産を「相当な注意（due diligence）」をもって侵害から保護する義務を負う。領域国は警察措置などを通じて侵害を事前に防止するとともに，侵害が生じた場合には事後の救済を講じなければならない。領域国が外国人であることを理由に，訴訟の受理を拒否したり，手続上の保障を与えないなど司法上不利な取扱いを行うと，「裁判拒否（denial of justice）」として，侵害から保護する義務に違反することになる。

　領域国が外国人に対して認めるべき権利の範囲については，伝統的に，国際標準主義と国内標準主義（内外人平等主義）が対立してきた。国際標準主義とは，先進国の国内制度を念頭において，外国人に対して，「文明国」が国内で通常与えている程度の保護を要求するという考え方である。それに対して，国内標準主義（内外人平等主義）とは，自国民に対する同程度の保護で足りるという考え方である。

　現在では，新しい国際標準主義にもとづく内外人平等主義の考え方が有力となっている。すなわち，欧米諸国の国内制度を前提とした国際標準主義ではなく，国際的に保障されるべき人権は国民に保障しなければならず，国際的に保障されるべき人権として国民に保障される権利のレベルで外国人にもその権利を保障しなければならないというものである。実際，人権条約は，締約国の領域内に居住する外国人の人権の保障について，国籍のみを理由として差別を行うことを禁止する傾向にある（ただし，社会権規約（1966年）は，発展途上国が，一定の経済的権利について内外人差別を行うことを認めている（2条3項））。したがって，少なくとも，領域国は，外国人に対して，自国民と同じ程度の行政上，司法上の保護を与える義務を負う。こうした義務に反して，個人が外国または外国人から損害を被った場合，権利が侵害された個人は，国籍国に救済を求め，国籍国は，被害者の保護や賠償，加害者の処罰などを外交的ルートにより請求

(外交的保護権を行使）できる。

◇ 発展・研究 ◇

1 国有化とコンセッション協定

　伝統的にも，国が公益事業などの一定の公共目的のために，補償の支払いを条件として，特定の個人の外国人財産を収用する例があったが，20世紀に入ると，社会主義体制への国家の経済体制の変革や先進国への経済的従属の変革を目的とした，大規模で，しばしば補償なしの外国人財産の収用が行われるようになった。このように，社会的・経済的変革の一環として，大規模かつ一般的に，国家により外国人財産の収得が行われることを「国有化（nationalization）」という。

　国際法上，国家は国有化を行う権利を認められている。問題は，どのような条件で国有化できるかである。

　先進資本主義国は，①公共目的を有すること（公益原則），②自国民と外国人，および，外国人相互に無差別であること（無差別原則），③補償の支払い，を国有化の条件として主張してきた。こうした条件は，伝統的な収用について確立していたとしても，国有化に適用されるかについては見解の相違があり，裁判所の判断も分かれる。常設国際司法裁判所は，上部シレジアのドイツ人の利益に関する事件（本案，判決，1926年）において，国有化の条件として，公益原則を認めた。他方で，リビアの国有化をめぐるリアムコ事件（仲裁判決，1977年）では，無差別原則の確立を認めたものの，公益上必要かどうかは国有化国の判断に任せるとした。

　最大の争点である補償の基準については，先進国は，「十分で，実効的で，迅速な補償」を要求してきた。「十分」とは，収用された財産の収用時の市場価格に見合った補償額であること，「実効的」とは，補償の支払いが国際交換性のある通貨によること，「迅速」とは，収用後即時の支払いを意味する。それに対して，発展途上国と社会主義国は，補償は自国の国内法に従った適当な補償で十分であると主張した。

　1962年に国連総会が採択した天然資源に対する永久的主権に関する決議（国連総会決議1803（XVII））は，国有化を行う国家の権利を認め，他方で，国内法，

国際法にしたがって，適当な補償を支払う義務を定めた。1974年の諸国家の経済的権利義務に関する憲章（経済的権利義務憲章（国連総会決議3281（XXIX）））は，国有化国は，「その国が適切と認めるその国の法令及びすべての事情を考慮して，適当な補償を支払うものとする」とし，補償をめぐる紛争は，国有化国の国内法にもとづきその国内裁判所で解決されるとした（2条2項(c)）。前者は，先進国と途上国の妥協により成立したものだが，後者には，主要先進国は反対または棄権した。

したがって，国内法にもとづく適当な補償という基準も，先進国が主張する伝統的な補償の基準も，一般国際法として確立したかどうかは疑問である。現実には，個々の事情を考慮して，関係当事国間で一括支払補償協定を結んで問題を解決するという実行も見られる。

天然資源の開発や公共事業の運営などを目的として，外国人に特別の権利を与える，国家（一般に発展途上国）と外国人（一般に先進国企業）との間に締結される契約を「コンセッション」（concession）という。経済開発協定ともいわれる。国有化の際に，国家が，このようなコンセッションを一方的に破棄することが行われ，国有化が原則として国際法上合法であるとしても，国家によるコンセッションの一方的破棄が国際法上合法かどうかが問題とされてきた。

伝統的には，コンセッションは，通常国内法によって規律される国内法上の契約であり，コンセッションの一方的破棄だけでは，国際法に違反するとは考えられてこなかった。

国際司法裁判所も，アングロ・イラニアン石油会社事件（先決的抗弁，1952年）で，イランとアングロ・イラニアン石油会社との間のコンセッションは，英国とイランとの間の国際条約の性格もあわせもつとの英国の主張に対して，コンセッションは私法上の契約であり条約ではないとした。

それに対して，テキサコ・カルアジアティック対リビア事件（仲裁判決，1977年）では，外国企業と国家が同一視されてはならないとしつつも，コンセッションの①準拠法条項，②仲裁条項，③契約の性質を理由に，コンセッションが国家と外国人の国際法上の権利義務関係を設定し，個人が国際法上の権利を仲裁で請求しうることを認めた。また，トプコ対リビア事件（仲裁判決，1977年）では，安定化条項（コンセッションの一方的破棄または変更を禁止する条

項)を含む国際化された契約を国際法上の契約とした上で,国家の国有化の権利はこれに優越しないとした。

しかし,その後の仲裁判決には,このような安定化条項がコンセッションの破棄を禁止する効果を持つものではないとするものもある(アミノイル事件(仲裁判決,1982年),アモコ国際金融会社対イラン事件(イラン・アメリカ請求権裁判所判決,1987年)など)。

天然資源に対する永久的主権原則からも,国家は国有化を行う権利を有し,コンセッションの破棄そのものは国際法違反ではないとするのが多数説である。最近では,投資の保護を目的として,二国間で投資保護協定が締結される場合が増えており,国有化の条件などを定める場合も少なくない。

2 日米友好通商航海条約

国家は,一般国際法上,自国の通商政策を自由に決定する権利を有する。しかし,伝統的には,国境を越えた経済活動を可能にし,その安全を確保するために,二国間で通商条約が締結され,その活動を規律する法的枠組みが設けられてきた。通商条約の内容は,二国間の経済活動の性質や国家の通商政策によりさまざまである。

1953年に締結された日本国とアメリカ合衆国との間の友好通商航海条約(日米友好通商航海条約)は,その一例で,内国民待遇と最恵国待遇を原則として,こうした通商条約に共通する事項を定めている。第一に,相互に,相手国の国民に入国と在留の自由を認めている(1条)。第二に,締約国において,相手国の国民は,不法な迫害を受けず,国際法の要求する保護よりも少なくない保護を受ける。相手国の国民が抑留された場合には,相手国領事官に直ちに通告され,同時に,抑留された者は,相当かつ人道的な待遇を受け,迅速で公正な裁判を受ける(2条)。第三に,締約国領域内で,相手国の国民および会社の財産は,不断の保護を受ける。相手国の国民および会社の財産は,公共目的で,正当な補償が迅速に行われる場合のみ,収用または使用が認められる。ここで「正当な補償」とは,補償が,実際に換価しうるもので行われ,収用財産に充分に相当する価額のものであることをいう。相手国の国民および会社は,国有化の場合も含め,内国民待遇と最恵国待遇よりも不利でない待遇が与えられる

（6条）。第四に，相手国の国民および会社は，締約国の領域内で，原則として，内国民待遇と最恵国待遇が与えられ，経済活動の自由が認められる。ただし，公益事業，造船，航空・水上運送，銀行の預金または信託業務，土地・天然資源開発などの事業については，相手国の国民および会社がそれらの事業を行う権利を制限することが締約国に認められている（7条）。第五に，租税，手数料その他の課徴金などの賦課・徴収の条件について，締約国内において，相手国の国民および会社は，内国民待遇と最恵国待遇が与えられる（8条）。

§3 犯罪人引渡（政治犯を含む）

〔設問〕 A国は自国で行われた犯罪の被疑者Xの引渡をXの在留国であるB国に要請した。B国は国際法上Xを引き渡す義務を負うか。Xが自己を政治犯であると主張した場合はどうか。

1 犯罪人引渡

「犯罪人引渡」とは，領域外で犯罪を犯した者が国内に逃亡してきた場合に，外国の請求に応じてその者を引き渡すことをいう。犯罪抑圧のための国際協力としてなされる一種の国際刑事司法共助である。

一般国際法上，国家は，犯罪人引渡を行う義務を負っていないが，犯罪の国際化に伴って，日本国とアメリカ合衆国との間の犯罪人引渡に関する条約（日米犯罪人引渡条約）（1978年）のように，犯罪人引渡条約によって相互の引渡義務を定めたり，日本の逃亡犯罪人引渡法（1953年）のように，国内法にもとづき相互主義で犯罪人引渡を行う傾向がある。

犯罪人引渡の対象となる犯罪は，普通犯罪で，通常，相当に重いものである。また，引渡の請求国および引渡国のいずれの刑法の犯罪類型にも該当する犯罪でなければならない（双方可罰性（double criminality）の原則）。請求国が，引

渡を請求した犯罪以外の犯罪について刑罰を科すことはないと，被請求国に対して公式の保証を行った場合，請求国は引渡を請求した犯罪以外の犯罪で処罰はできない（特定主義）。ハイジャックなど国際テロ行為に関する条約は，犯罪人の引渡に応じない場合は，領域国が訴追しなければならないという「引渡か訴追か」の原則を規定している。

　伝統的には，自国民について第三国から引渡が請求された場合は引き渡さないのが慣行だが，自国民の不引渡が国際法上の原則となっているわけではない。逃亡犯罪人引渡法は，「逃亡犯罪人が日本国民であるとき」は引き渡してはならない（2条9号）とするが，他方で，英米では自国民も引渡の対象としており，日米犯罪人引渡条約第5条も，自国民を引き渡す義務は負わないが，引渡国の裁量で引き渡すことができるとする。日米犯罪人引渡条約にもとづいて，米国ハワイ州において日本人母子二人を殺害した犯人と疑われる日本人の引渡が請求され，東京高等裁判所の引渡命令の取消を被疑者が求めた事件で，東京高裁は，法務大臣が国内および国外の諸般の事情を総合的に考慮し，引渡命令の可否を決定する広範な裁量を有しているとして，引渡命令の取消を認めなかった（逃亡犯罪人引渡審査請求事件，東京高決平6・7・27）。

2　政治犯罪人不引渡の原則

　逃亡犯罪人引渡法は，「引渡犯罪が政治犯罪である場合」（2条1号）や「引渡請求が……政治犯罪について審判し，又は刑罰を執行する目的でなされたものと認められるとき」（2条2号）は，逃亡犯罪人を引き渡してはならないとしている。

　ここでいう「政治犯罪」とは，「一国の政治体制の変革とか政策に影響を与えることを目的とし，あるいはその国家の内外政策に影響を与えることを目的とする行為であって，当該国の刑罰法規に触れるもの」（張振海事件，東京高決平2・4・20）をいう。

　こうした「政治犯罪人不引渡の原則」が慣習国際法かどうかについて，わが国の判例は見解が分かれる（尹秀吉（ユン・スーギル）事件；東京地判昭44・1・25，同事件；東京高判昭47・4・19，最判昭51・1・26）が，この原則が慣習国際法上の原則であることを否定する学説は今日少数である。

政治犯罪は，通常，純粋政治犯罪（絶対的政治犯罪）と相対的政治犯罪（関連的政治犯罪）に分けられ，前者は，「もっぱら政治的秩序を侵害する行為を指し，例えば，反逆の企図，革命やクーデターの陰謀，禁止された政治結社の結成など，構成要件それ自体が政治的な意味を持ち犯罪とされている場合」で，後者は，「政治的秩序の侵害に関連して，道義的又は社会的に非難されるべき普通犯罪が行われる場合」である。張振海事件決定で東京高裁が述べているように，「純粋政治犯罪については，多くの国の国内法上も，また国際条約上も，政治犯罪とされ，引渡を行わないのが国際的慣行」と認められており，政治犯罪人不引渡の原則が適用されるのに異論はない。後者の相対的政治犯罪が政治犯罪人不引渡の原則の対象となるかについては争いがある。張振海事件東京高裁決定は，相対的政治犯罪については，「行為は真に政治目的によるものであったか否か，その行為は客観的に見て政治目的を達成するのにが直接的で有用な関連性を持っているか否か，行為の内容，性質，結果の重大性等は，意図された目的と対比して均衡を失っておらず，犯罪が行われたにもかかわらず，なお全体として見れば保護に値すると見られるか否か等」の基準に照らして個別的に判断しなければならない，とし，本件では，ハイジャック行為による被害の深刻さと目的の均衡性が失われすぎているとの判断から，引き渡しできる場合に該当するとした。

　引渡が請求されている被疑者が政治犯罪人かどうかの判断は，引渡国に留保されなければ，政治犯罪人不引渡の原則そのものの意義を失うおそれがある。その趣旨から，欧州犯罪人引渡条約（1957年）は，被疑者が政治犯罪人かどうかの判断をするのは被請求国であるとする（1条）。また，慣習国際法上の政治犯罪人不引渡の原則によれば，国家は政治犯罪人について不引渡の権能を有するにとどまるのか，それとも，政治犯罪人を引き渡さない義務を負うのかについては，各国の立場も学説も分かれている。

　なお，近年では，国家の元首やその家族に危害を加える行為を政治犯罪と見なさないという条項（ベルギー条項または加害条項）を挿入したり，不引渡の対象となる政治犯罪を限定する傾向がある。欧州犯罪人引渡条約第3条は，国家元首またはその家族に対する既遂または未遂の殺人を，条約の適用上，政治犯罪とみなさないとする。集団殺害罪の防止及び処罰に関する条約（ジェノサイ

ド条約）（1948年）第7条は，集団殺害にあたる行為は，不引渡の対象となる政治犯罪と認めず，引渡を認めることを締約国に義務づけている。

3 犯罪人引渡と国際人権条約

最近では，引渡の後，請求国で人種・宗教・政治的意見等の理由で迫害を受けるおそれのある場合や，不公正な裁判や拷問などの虐待が行われる可能性がある場合，さらに，死刑が宣告，執行される確実性がある場合などには，引渡行為自体が国際人権条約に違反するという見解も有力になっている。

英米犯罪人引渡条約にもとづき，英国から死刑が適用される可能性がある米国ヴァージニア州に引き渡されることにより，死刑囚として極度の恐怖状態におかれることが，欧州人権条約（1950年）第3条の禁止する非人道的取扱いにあたるかが争われたゼーリング事件において，欧州人権裁判所は，「もし引き渡されたときに，引渡請求国において拷問又は非人道的な若しくは品位を傷つける取り扱い若しくは刑罰を受ける現実の危険に直面すると信ずべき実質的な理由が示された場合には，締約国の当該条約上の責任を生じさせることがある」とし，例外的緊張または長期間の苦痛，申立人の個人的事情，とくに犯行時の年齢と精神状態を考慮すると，本件の場合米国に引き渡されれば，3条違反となるとした（欧州人権裁判所判決，1989年）。

他方で，米加犯罪人引渡条約にもとづく，カナダから死刑が適用される可能性のある米国ペンシルヴァニア州への引渡が，生命権の保護を定める自由権規約6条の違反となるかが問題となったキンドラー対カナダ事件において，自由権規約人権委員会は，第6条2項における要件によれば，死刑が，最も重大な犯罪に関してのみ，規約およびその他の条約に抵触せず，裁判所による確定判決によって執行される場合，このような引渡をカナダが拒否する義務はないとした（自由権規約人権委員会見解，1993年）。

したがって，A国とB国との間で，B国からA国への犯罪人引渡を義務づける犯罪人引渡条約が存在しないかぎりで，被疑者を引き渡すかどうかは，B国の裁量により，B国は，国際法上，犯罪の被疑者XをA国に引き渡す義務はない。引渡を行う場合には，上述のような条件を満たさなければならない。

Xが自らを政治犯であると主張した場合，Xが，政治犯罪を理由に引渡を請

求されているか，政治犯罪の訴追や処罰を実質的な目的として引渡を請求されているならば，仮にA国とB国との間に犯罪人引渡条約が締結されていても，政治犯罪人不引渡の原則にもとづいて，B国は，被疑者XをA国に引き渡すのを拒否することができる。被疑者Xの引渡を拒否する義務があるかどうかについては争いがある。また，引渡が請求されているのが相対的政治犯罪である場合についても，不引渡の対象となるかについては争いがある。

◇ 発展・研究 ◇

フジモリ元ペルー大統領引渡請求

アジア太平洋経済協力会議（APEC）に出席のため，2000年11月13日にペルーを出国したフジモリ大統領は，11月17日から東京に滞在し，11月19日，大統領を辞任する意思を表明した。その後，2001年2月28日，ペルーの検察当局は，公職者の職務放棄罪および義務不履行罪でフジモリ氏を最高裁に起訴し，8月5日，最高裁はフジモリ氏の逮捕状を出した。ついで，9月5日，90年代初期に軍特殊部隊が市民を多数殺害した事件に関与したとして，フジモリ氏は，検察当局から殺人罪で起訴され，9月13日には最高裁から逮捕命令が出された。

ペルー政府は，日本に対してフジモリ氏の引渡を要請しているが，この要請に対して日本政府は，ペルーと日本との間で犯罪人の引渡に関する条約はなく，わが国の逃亡犯罪人引渡法は，「逃亡犯罪人が日本国民であるとき」は引き渡してはならない（2条9号）としており，したがって，日本国籍を有することが確認されたフジモリ氏の引渡はできないという見解を示している。

前述のように，二国間で犯罪人の引渡を約束する条約がない場合，請求国からの引渡請求に対して，その被疑者を引き渡すかどうかは，引渡国が自由に決定することができる。したがって，ペルーとの間に犯罪人の引渡に関する条約がない以上，ペルーからの請求に対して日本は，フジモリ氏を引き渡す国際義務はない。

フジモリ氏に容疑がかかっている犯罪のうち，公職者の職務放棄罪および義務不履行罪は，ペルーの国内法にもとづいても，最高で2年の禁錮刑が科せられる性質の犯罪であり，逃亡犯罪人引渡法第2条3号の定める，請求国の法令

により長期3年以上の拘禁刑に該当するものでなく，また，公職者の職務放棄，義務の不履行が日本において行われた場合に，日本の法令により長期3年以上の懲役もしくは禁錮に処すべき罪には該当しないと考えられ，逃亡犯罪人引渡法第2条4号に照らしても，この犯罪は引渡の対象とはならないと考えられる。

なお，わが国の国籍法（1984年改正）は，その附則第3条で，フジモリ氏のように，国籍法の施行（1985年1月1日）の際現に外国籍を有する日本国民は，施行の際に外国籍と日本国籍を有することとなったものとみなし，2年以内に国籍の選択をしなければ，日本国籍を選択し，外国籍を放棄する旨の宣言をしたものとみなされるとする。そして，選択の宣言をした日本国民で外国籍を失っていない者が，自己の志望により，その国の国籍を有していなければ就任できない公務員の職に就任した場合，就任が日本の国籍を選択した趣旨に著しく反すると法務大臣が認めるときは，その者に対して日本国籍の喪失の宣告をすることができる（国籍法16条2項）。この条項は，日本と真正な連関のない（第三国とより緊密な関係を有する）者の日本国籍保有を回避する趣旨と解される。

ペルーの大統領を務めたフジモリ氏の場合，国籍法第16条2号の「自己の志望によりその外国の公務員の職（その国の国籍を有しないものであっても就任することができる職を除く。）に就任した場合」に該当しうると考えられ，確かに，日本国籍の喪失を宣告する裁量は法務大臣にあるとしても，フジモリ氏のような場合に，日本国籍を有することをもって引渡できないとすることが，こうした国籍法の趣旨と合致するかは検討が必要であろう。

§4 難 民

〔設問〕 国際法上の難民はどのような人のことをいうのか。また，難民は受入国においてどのような待遇を受けるか。

1 「難民」とはどのような人か

　古代から，宗教的・政治的迫害を逃れて外国に移動する人が存在し，フランス革命などの政治体制の変動を契機として，政治的な信条を理由とした迫害から外国に逃れる政治亡命者が大量に発生し，これらの政治亡命者に対して，亡命者が逃れてきた外国が庇護を与えるという実行が見られた。第二次大戦後，1949年の国連総会決議319（IV）により，国連難民高等弁務官事務所（UNHCR）が設置され，1951年には，難民の地位に関する条約（難民条約）が採択され，亡命者に変わって「難民」という言い方が一般的になった。

　「難民」とはどのような人のことをいうのか，一般国際法上確立した定義はない。難民条約第1条A(2)は，「人種，宗教，国籍若しくは特定の社会的集団の構成員であること又は政治的意見を理由に迫害を受けるおそれがあるという十分に理由のある恐怖を有するために，国籍国の外にいる者」であって，その国籍国の保護を受けることができないか，または，保護を受けることを望まない者，を「難民」と定めている。無国籍者の場合は，常居所国の外にいて，常居所国の保護を受けることができないか，または，保護を受けることを望まない者，をいう。このように難民条約が保護の対象としているのは，政治犯罪人を含む，狭義の「難民」（条約難民または政治難民）である。

　なお，平和に対する犯罪，戦争犯罪および人道に対する犯罪，政治犯罪を除く重大な犯罪などを行ったと考えられる相当な理由がある場合には，条約上「難民」とは認められない。張振海事件において，東京高裁は，張振海は「重大な犯罪を行った」者であり，難民条約の保護の対象とはならないと判じた（東京高決平2・4・20）。また，「迫害を受けるおそれがあるという十分に理由のある恐怖を有するために，国籍国の外にいる」とは，「迫害の恐怖の故に国籍国を離れた場合だけでなく，国籍国を離れた後に迫害の恐怖が生じた場合（後発的難民）も含むものと解される」（退去強制執行停止申立事件，大阪地判平5・4・1）。

　こうした狭義の「難民」以外にも，戦争や内戦，天災や飢饉から逃れるために本国を脱出する人々も存在する。そのため，UNHCRは，国連難民高等弁務官事務所規程に従って，難民に国際的保護を提供するが，国連総会や経済社会理事会の決議によって，その保護の対象を難民条約にいう「難民」よりも拡大

している。

こうした広義の「難民」の数は，第二次大戦後も著しく増加し，1995年時点で，UNHCRの管轄のもとにある難民は2,300万人に達している。さらに，国境を越えないため難民条約上「難民」とはいえないが，実質的に難民と同等な境遇にある国内避難民（internally displaced people）も2,500万人にのぼると言われる。条約難民に該当しない広義の「難民」は，UNHCRなどによる緊急の人道援助や，例外的に国際会議による諸国の政策調整などの対象となるにとどまり，条約の保護の対象とはならない。なお，アフリカにおける難民問題を律する条約（アフリカ難民条約）（1969年）は，外部からの侵略，占領，外国の支配，公の秩序を著しく乱す出来事のために，出身国や国籍国の外に避難した者も，条約上の「難民」に含めている。

難民条約は，庇護を求める者に入国を認めること，また，定住などの避難場所を与えることを締約国に義務づけてはいない。また，難民たる資格の認定手続を各締約国に委ねているため，「難民」の定義の解釈によっては，難民の認定は相当厳しい基準で行われている。

日本は，1981年に難民条約に，1982年に難民の地位に関する議定書（難民議定書）（1967年）に加入した。難民の認定については，出入国管理及び難民認定法（入管法）（1951年）が定め，難民の認定は，法務大臣が行う。

難民の認定に関する行政の決定の妥当性が争われた事件において，日本の裁判所は，「難民」の定義にある「迫害」概念を厳格に解釈し，難民資格申請者個人につき生命や身体に対する攻撃や圧迫の客観的事情が存在することの提示を求める傾向があり，日本で難民として認定された人の数は，他の先進国に比べて多くはない。

2 「難民」に与えられる待遇

難民条約は，政治難民の保護を目的としており，条約の保護の対象となる政治難民に対して一定の権利を保障するよう，締約国に義務づけている。

難民条約第12条～第30条は，合法的に締約国の領域内にいるこれらの難民の法的地位や，職業，福祉，行政上の措置について与えられる待遇を詳細に定めている。締約国は，事項に応じて，少なくとも，自国民と同等の待遇を与える

内国民待遇か，自国に滞在する外国人一般よりも不利でない待遇か，滞在する外国人に与える最も有利な待遇を与える最恵国待遇を与えなければならない（表1）。

表1　難民条約のもとで難民に与えられる待遇

内国民待遇が与えられる事項	・著作権および工業所有権の保護（14条） ・裁判を受ける権利に関する事項（16条） ・配給制度の適用（20条） ・初等教育（22条1項） ・公的扶助（23条） ・労働法制と社会保障（24条） ・公租公課（29条）
滞在する外国人よりも不利でない待遇が与えられる事項	・動産及び不動産の所有権，動産及び不動産に関するその他の権利の取得，賃貸借その他の契約（13条） ・自営業に従事する権利及び会社を設立する権利(18条) ・自由業に従事する権利（19条） ・住居に関わる事項（21条） ・初等教育以外の教育（22条2項） ・移動の自由（26条）
滞在する外国人に与える最も有利な待遇（最恵国待遇）が与えられる事項	・結社の権利（15条） ・賃金が支払われる職業に従事する権利（17条）
好意的な考慮が与えられる事項	・他国での再定住に必要な資産の移転（30条2項）

　締約国は，不法に入国または滞在する難民であっても，遅滞なく当局に出頭して理由を示す難民を不法入国や不法滞在を理由に処罰してはならない（31条1項）。また，国の安全や公の秩序を理由とする場合を除き，締約国は，合法的に領域内にいる難民を追放してはならない（32条1項）。さらに，締約国は，不法に入国または滞在する難民も含め，いかなる方法によっても，難民の生命または自由が脅威にさらされるおそれのある領域の国境へ，難民を追放または送還してはならない（33条1項）。この原則を「ノン・ルフールマン（non-refoulement）の原則」という。

　難民条約は，当初，主として，ソ連，東欧諸国からの亡命者を保護の対象と

する性格を帯びており，東西の冷戦構造を背景とする政治的性格を色濃く反映していた。そのため，冷戦終結後のソ連，東欧諸国の社会主義政権の崩壊以降，いくつかの西欧諸国は難民の受入を制限する国内法改正を行った。

◇ 発展・研究 ◇

1 庇護について

　国家が外国から迫害を逃れてきた外国人を保護することを「庇護」という。「庇護」には，領域的庇護と領域外庇護がある。前者の領域的庇護は，自国領域内に逃れてきた外国人を保護するものである。領域的庇護の場合，庇護を求める人は，自国の領域内におり，庇護は国家の領域主権にもとづくもので，他国の権利を何ら侵害するものではない（庇護事件判決，1950年）。したがって，領域的庇護を与える権利は，一般国際法上の国家の権利として認められている。

　庇護権は，伝統的に，領域主権から派生する国家の権利として承認されてきたもので，逃亡先の国家に庇護を求める個人の権利を保障し，それに対応する保護を与える義務を領域国に与えるものであるとは理解されてこなかった。

　しかし，世界人権宣言（1948年）第14条は，「すべての人は，迫害を逃れるため，他国に避難することを求め，かつ，避難する権利を有する」として，個人の人権としての庇護権を認め，また，イタリアや西ドイツ（当時）のように，一定の条件を満たす個人の権利として庇護権を国内法で規定する国が登場したことなどから，庇護権を個人の権利として認めるべきであるという主張もある。しかし，1966年の国際人権規約では，国際的に保障されるべき人権として庇護権は定められておらず，また，1997年に，領域内庇護に関する全権会議全体委員会で採択された領域内庇護条約草案も，締約国は，自国領域内で庇護を付与するよう人道的精神で努力しなければならないとして，庇護を与える義務ではなく努力義務を定めるにとどまる（1条）。

　したがって，個人の権利としての庇護権と庇護を与える国家の義務は，一般国際法上確立したものということは難しい。ただし，難民条約上の難民に該当する人に対しては，前述のように，国家の庇護権の行使について国際的に規律されているといえる。

　後者の領域外庇護は，自国領域外の在外公館や軍艦などで逃れてきた外国人

を保護するものである。領域外庇護のうち，とくに，大使館などの在外公館で与える保護を外交的庇護という。一般国際法上，外交使節団の公館の不可侵が認められており，接受国は，使節団の長の同意なく立ち入ることができない。そのため，接受国で犯罪を行ったものが公館に保護を求めることがあり，そのような場合に，国家は，その人を公館に保護し，接受国の引渡請求を拒否できるかどうかが問題となる。庇護事件において国際司法裁判所が判じているように，外交的庇護の場合，亡命者は犯罪を行ったとされる国の領域内におり，外交的庇護を認めることは，犯罪地国の領域主権を侵害し，国内管轄事項への干渉となるので，外交的庇護を認める条約が存在するなどの法的根拠が存在する場合以外には認められない。

2 ノン・ルフールマンについて

難民条約第33条1項は，不法に入国または滞在する難民も含め，締約国が，難民の生命または自由が脅威にさらされるおそれのある領域の国境へ難民を追放または送還することを禁止している。この原則を，「ノン・ルフールマンの原則」という。領域内庇護宣言（国連総会決議2312（XXII））（1967年）第3条も含め，難民の保護の関連するあらゆる条約がこの原則を定めており，すでに慣習国際法上の原則として確立しているとする学説が有力である。ただし，日本の判例は，この原則はいまだ確立した一般国際法の原則であるとは認められないとしている（尹秀吉事件；東京高判昭47・4・19および同事件；最判昭51・1・26）。なお，同事件東京地裁判決（東京地判昭44・1・25）は，この原則を慣習国際法の原則であると判じている。

この原則が，国境での難民の入国拒否の禁止を含むものかについては争いがある。たとえば，難民条約は，庇護を求める者に入国を認めることを義務づけていないとされるが，他方で，領域内庇護宣言第3条は，国家は，庇護を求める者に対して国境での入国拒否を行ってはならないとしている。

§5 人権の国際的保護

〔設問〕 本国政府による自国民に対する人権侵害に対し，どのような保護が国際的に整備されているか。

1 人権の国際的保障の展開──「国内問題」から「国際関心事項」へ──

国家がその領域内でその国民をどのように取り扱うかという問題は，第二次大戦後までは，専ら「国内問題」（他国はもちろん国際機構といえども介入してはならない問題）として扱われてきた。

第二次大戦中，ドイツ，日本といった枢軸国がその国内および占領地域において大規模な人権抑圧を行ったことから，国際における平和の維持と国内の人権尊重との間の結びつきが強く認識されるようになった。その結果，人権の保護は，国際連合のもとで，「国内問題」から「国際関心事項」となった。

2 国連憲章における人権保障関連規定

国連憲章は，差別なくすべての者のための人権および基本的自由の尊重について国際協力を達成すること（1条3項）を国連の目的として掲げる。そして，国連がこうした人権および基本的自由の尊重と遵守を促進する義務を負うとした（55条(c)）うえで，かかる目的の達成のために，国連と協力して行動をとる加盟国の義務を定める（56条）。

これらの規定は，国連とその加盟国が達成すべき努力目標を示し，そのための国際協力を規定するに過ぎず，加盟国に具体的な人権保護の法的義務を課すものではない，というのが通説であり，判例もこれを支持している（藤井事件；カリフォルニア州最高裁判決，1952年）。しかし，これらの国連憲章の人権関連規定を根拠として，国連によって，世界人権宣言や国際人権規約などの人権文書の策定作業が進められた。

1948年に国連総会が採択した世界人権宣言は，国際機構で初めて宣言された

包括的人権文書であり，人権に関して「すべての人民とすべての国家が達成すべき共通の基準」（前文）の具体的な内容を明確にしたものである。宣言は，天賦人権の思想にもとづき，市民的，政治的権利（1条から21条）と経済的，社会的，文化的権利（22条から27条）を定める。宣言は，国連総会決議であり，形式的には法的拘束力を持たないが，現在では，世界人権宣言が国連の加盟国に対して，少なくとも一定の法的義務を課する文書であることは広く認められている。宣言の一部はすで慣習国際法になったとする国内裁判所の判例もある（公的な拷問の禁止（5条）につき，フィラルティガ事件，米連邦控訴裁判所判決，1980年）。

3　国際人権規約のもとでの人権保障のしくみ

世界人権宣言についで1966年に採択された国際人権規約は，①経済的，社会的及び文化的権利に関する国際規約（社会権規約またはA規約）（1976年発効），②市民的及び政治的権利に関する国際規約（自由権規約又はB規約）（1976年発効），③自由権規約第一選択議定書（1976年発効）からなる。また，1989年には，自由権規約第二選択議定書（死刑廃止議定書）が採択された（1991年発効）。

(1)　自由権規約とその履行確保のしくみ

自由権規約は，生命に対する権利（6条），拷問・残虐な刑罰の禁止（7条）などの身体にかかわる人権，思想・良心・信教の自由（18条），表現の自由（19条）などの精神活動にかかわる人権，参政権（25条），公正な裁判を受ける権利（14条）などの手続的権利の保障を定め，法の前の平等，無差別の原則を定める（26条）。

締約国は，これらの権利について即時に実施する義務を負い，権利を尊重し確保するために必要なあらゆる措置を講ずる義務を負う。

自由権規約に保障される権利は，国家の生存を脅かす緊急事態には，適用を除外することが可能（4条）だが，その場合には，いかなる差別も禁止される。また，生命に対する権利（6条），拷問・残虐な刑罰の禁止（7条），思想・良心・宗教の自由（18条）など，一定の権利については適用除外を禁止する。

自由権規約の義務の履行は，個人の資格で行動する18人の専門家からなる自由権規約委員会を中核にした三つの制度により監視される。

まず、国家間通報制度（41条）は、宣言を行った当事国間で、規約上の義務違反を他の当事国が自由権規約委員会に通報する権利を認めるものである。委員会は、通報を審査し、当事国間の友好的解決を図るが、12カ月以内に当事国間の友好的解決が得られなかった場合、委員会は、事実と両当事国からの意見を載せた報告書を提出する。委員会による一種の調停制度であるが、これまでのところ自由権規約発効以来実際に通報を行った当事国はない。

第二の制度は、政府報告制度（40条）である。規約の当事国は、定期的に（原則として5年ごとに）、規約実施のためにとった措置について、国連事務総長に報告書を提出する。事務総長は、報告を委員会に送付し、委員会は審査を行う。審査後、委員会は、「最終見解」（報告に対する評価を添えた勧告書）を採択する。

第三の制度は、自由権規約第一選択議定書による個人通報制度である。自由権規約と選択議定書双方の当事国である国家が規約のいずれかの規定に違反し、それにより、自分の権利が侵害されたと主張する個人は、規約人権委員会に通報できる。

委員会は、まず形式要件（受理可能性）を審査し、形式要件を満たし受理された通報は、違反があるか否かの本案審理に入る。委員会が規約違反と判断すると、通報した個人に違反国が与えるべき救済措置もいっしょに勧告する。現在では、規約違反と判断された事件について、委員会の勧告を実行するためにとった措置を政府報告書に記載することが締約国に要求されている。

政府報告制度も個人通報制度も、委員会の見解、勧告は法的拘束力を持たないが、規約上の義務の履行確保に大きな役割を果たしている。また、通報の処理を通じて、委員会は、自由権規約とその議定書の解釈および適用に関して、一定の先例法を発展させている。

(2) 社会権規約とその履行確保のしくみ

社会権規約は、労働の権利（6条）、社会保障に対する権利（9条）、生存権（11条）、教育を受ける権利（13条）などを締約国が保障することを定める。

締約国は、原則として、漸進達成義務を負い、規約の国内的実施においても立法府や政府の裁量権が広く認められ、国内裁判所で裁判規範として直接援用できる規定も限られる。ただし、一定の自由権の性質を持った規定や差別禁止

規定などについては，即時実施義務を負う（2条）。

社会権規約の義務の履行は，自由権規約委員会をモデルとした18人の専門家からなる社会権規約委員会を中核とする政府報告制度により監視される。

当事国は規約の実施のためにとった措置に関する報告書を定期的に提出し，委員会の審査を受ける。委員会は，審議の後，当該当事国に対する勧告を採択し，経済社会理事会に勧告を送る。経済社会理事会は，人権委員会や国連総会に報告や情報を送付することができる。

こうした政府報告制度や個人通報制度は，国際人権規約以外の人権条約にも見られる。政府報告制度については，ほとんどすべての人権条約が採用している。他方で，個人通報制度を認める条約は，人種差別撤廃条約，拷問等禁止条約など少数の条約に限られる。国家申立制度は，人種差別撤廃条約，拷問等禁止条約などに見られるが，実際には機能していない。

4 国連のもとでの人権保障のしくみ

国連憲章の人権関連規定を根拠として，経済社会理事会のもとに1946年に設置された国連人権委員会のもとで，国際的な人権保障のしくみが発展してきた。これらの手続は，人権条約に加入していない国も含め，すべての国連加盟国に適用される。

(1) 1235手続

1967年，経済社会理事会は，公開審議と調査研究手続を設ける決議1235を採択した。この決議にもとづいて設けられた1235手続は，大きく二つに分かれる。

一つは，国別手続である。この手続は，特定国の大規模人権侵害事態（政府によって意図的組織的に引き起こされた人権侵害）に対応する手続で，世界各国の人権侵害について公開で審議を行い，必要な場合には，決議の採択（事態の改善を促す決議から非難決議まで）や，作業部会や特別報告者による実情調査などを行うものである。

もう一つの手続は，テーマ別手続で，一定の種類の重大な人権侵害の形態を取り扱う。人権委員会が政治的機関であるため，国別手続で対象となる国の選定がその時々の政治的な力関係や利害関係で左右される傾向があった。こうした傾向を克服するために，1980年，強制的または非自発的失踪に関する作業部

会（失踪作業部会）の設置を最初に，導入された手続である。その他に，恣意的拘禁に関する作業部会（1991年），女性に対する暴力に関する特別報告者（1994年）など約20の手続が設けられている。失踪作業部会を例にとると，作業部会は，個人の資格で行動する5人の専門家からなり，政府，国際機関，NGOなどから情報を受け取り，情報に対しての説明と調査を政府に求めることで，政府の何らかの関与のもとに，人が強制的に拉致・拘禁され，その所在が不明となっている「失踪」の事案の解明に努める。また，受入国の同意にもとづいて，失踪が頻繁に生じる国の実情調査も行い，関係者と直接現地で接触し，個別の事案や一般状況についてより詳しい情報を得て，現地訪問に関する報告書において，その国の「失踪」状況の分析と特別の勧告を行う。こうした手続は，個別の事案について法的評価を行い，関係国政府の責任を追及するというよりは，人道的立場から政府の協力を求め，問題を解決しようとするものである。

恣意的拘禁に関する作業部会は，こうした従来のテーマ別手続の枠を超える要素を持つ。従来の作業方法を踏襲しつつも，拘禁の個々の事案を調査し，国際基準に反する拘禁を恣意的と判断し，当該政府に対して必要な救済を行うことを要請する。作業部会は，あえて回避されてきた準司法的機能を果たそうとするものだが，これまでのテーマ別手続と同様に各国の協力が得られるのか，個人通報を扱う条約機関との関係をどのように調整するのかなどの問題がある。

(2) 1503手続

大規模な人権侵害などにかかわる通報処理の手続の具体化として，1970年，経済社会理事会決議1503が採択された（1503手続については図1参照）。

決議1503については，国連人権委員会は「人権と基本的自由に対する重大かつ信頼すべき証拠のある一貫した形態の侵害」を示すと思われる通報を，通報に関する政府回答を含めて審議し，その改善に向けて国連のとるべき措置を決定する。個人やNGOからの通報を非公開で受け付けるが，個人の救済を目的とする自由権規約の個人通報制度などとは異なり，通報は，大規模人権侵害の事態を特定するための「情報」と位置づけられる。

決議1503にもとづくこうした非公開の通報審査手続は，1503手続と呼ばれる。

1503手続についてはいくつかの問題点も指摘されている。まず，人権委員会

図1　1503手続の流れ

```
個人・NGOからの通報
    ⇩
国連人権センターで受理
    ⇩
通報者に通知，当該政府に送付
月別非公開リストにその要約が掲載
    ⇩
国連人権小委員会の通報作業部会（5人からなる）
  通報の許容性について審査
  3人以上の委員が「人権と基本的自由に対する重大かつ信頼すべき証拠のある
一貫した形態の侵害」を示していると判断した場合に，人権小委員会の本会議に
付託（小委員会決議1（1971年））
    ⇩
人権小委員会本会議
  1．「人権と基本的自由に対する重大かつ信頼すべき証拠のある一貫した形態
     の侵害」を示すものとして国連人権委員会に付託
  2．継続審議
  3．検討終了
  のいずれかの決定を行う（決定についての情報は一切公開されない）
    ⇩
国連人権委員会
  1．検討終了
  2．継続審議
  3．事務総長または専門家に政府との直接の接触を要請
  4．公開審議に移行
  のいずれかの決定を行う
    ＊人権委員会による公開審議への移行の決定までは非公開
    ＊人権委員会議長が，非公式審議の終わりに，検討中の国と検討を終えた国
     の名を公表
```

が政治的機関であるため，政治的判断から手続の適用が回避されうるという手続の政治性の問題である。第二に，通報が許容され取り上げられて，小委員会本会議から人権委員会での審議となるのに約1年近くかかるという手続の遅さの問題がある。第三に，一度通報が国連人権センターに受理されると，受理通知以外に国連が通報者とやりとりする機会がなく，その後通報がどのように処

理されたかについても連絡されないという非公開性の問題である。

　人権侵害への国連の介入は国内問題への不干渉を定めた国連憲章第2条7項に反するという見解も根強かったが，このような国連における実行を通じて，少なくとも重大で一貫した形態の人権侵害はもはや国内問題とはいえず，国際関心事項として，国連諸機関の勧告や要請を含む活動の対象となることが確立したといえる。

5　欧州人権条約とその履行確保のしくみ

　普遍的な人権条約のほかに，地域的な人権条約も存在する。とりわけ，欧州人権条約（1950年。1953年発効）は，欧州審議会の枠組みで採択された，人権保障のための非常に発達した体制を備えた人権条約である。欧州人権条約は，世界人権宣言が定める諸権利のうち，とりわけ自由権を保障し，欧州人権裁判所を中軸とする国家申立制度（33条），個人申立制度（34条）を有する。

　個人申立制度では，人権裁判所は，受理可能性の審査後，まず小法廷で審査し，申立を行った個人と申し立てられた国家の間で調停を行う。小法廷の判決後，一定の要件を満たす場合には大法廷に事件を付託できる。国家申立，個人申立ともに，裁判所は，すべての国内的な救済措置がつくされたあとで，かつ最終的な決定がなされた日から6カ月以内の事案に関してのみ管轄権を有する（国内的救済完了の原則（35条1項））。

　人権裁判所の判決は，締約国の国内措置が条約および議定書に適合するかを認定するが，認定は国内措置を無効とするものではなく，不適合とされた国内措置を是正する権限は，各締約国に委ねられている。ただし，締約国は，裁判所の終結判決に従うことを約束している（46条）。

　判決執行の監視は，欧州審議会の閣僚委員会に委ねられ，閣僚委員会は，判決後にとられた措置について締約国に報告を求め，報告書を検討する。

§6 個人の国際犯罪

〔設問〕 個人が犯罪を犯した場合，国際法に従って国際裁判所において処罰される場合はあるか。

1 個人の国際法主体性

伝統的には，国際法は国家間の関係を規律する法であり，国際法の主体は国家のみとする考え方が一般的であった。しかし，20世紀に入ってから，国家は，国際協定により個人に対して直接に権利義務を付与することができ（ダンチッヒ裁判所の管轄権事件；勧告的意見，1928年），国家が合意する範囲で，個人も国際法の主体として国際法上の義務を負い，違反すればその責任を負うことがあると考えられるようになった。

実際，集団殺害罪の防止及び処罰に関する条約（ジェノサイド条約）（1948年）は，「集団殺害又は第3条に列挙する他の行為のいずれかを犯す者は（中略）処罰する」（4条）と定め，個人が，国際法に違反したことにより処罰されるとする。

2 「国際犯罪」の概念と類型

個人を責任の主体とする何らかの国際性を有する犯罪を「国際犯罪」と呼ぶことが多い。他方で，近年，国際法委員会での国家責任条約草案の議論の過程において，「国際社会の基本的な利益の保護に不可欠な義務」についての国家の重大な違反を指し，国家を責任主体とする「国家の国際犯罪」という概念も登場している。

個人を責任の主体とする「国際犯罪」と呼ばれる犯罪は，国際法の関与のありようと国内法との相互関係によって，いくつかの類型に分かれる。

まず，ある行為が犯罪とされる根拠が国内法であるか，国際法であるかにより二つの類型に分かれる。

第一の類型は、「渉外性（外国性）を持つ犯罪」である。この分類の犯罪は、犯罪行為が国際的な側面を有し、その規制のために国際協力が必要とされるものの、元来国際法で犯罪とされたものではなく、国内法上の犯罪である。

第二の類型は、国際法にもとづいてその行為が犯罪とされる「国際法上の犯罪」である。「国際法上の犯罪」は、さらに、その犯罪の訴追と処罰が、国内法にもとづいて行われるか、それとも国際法にもとづいて行われるかにより、「諸国の共通利益を害する犯罪」と「国際法違反の犯罪」に分かれる。

前者の「諸国の共通利益を害する犯罪」は、国際法上の犯罪のうち、多数の諸国が共通の利害関係を有する法益を害する行為で、国際法上犯罪として処罰されるべきものと定められているが、実際の処罰は、各国に委ねられ、国際法の規定にもとづいて、各国の国内法により行われる犯罪である。たとえば、海賊、奴隷取引、麻薬取引などがその例である。さらに、ハイジャックや国際テロ行為などを規制する条約では、かかる犯罪を行った個人の訴追と処罰を国家に義務づけるものがある。これらの条約の締約国は、これらの犯罪行為を国内法上犯罪とし、厳重な刑罰を設け、自国の裁判権を設定するために必要な措置をとらなければならない。また、その領域内に犯罪行為の容疑者が所在する場合は、他の関係国に引き渡すか、引き渡さない場合は、自国で訴追し処罰しなければならない（航空機の不法な奪取の防止に関する条約（ハーグ条約）（1970年）2条・4条・7条，民間航空の安全に対する不法な行為の防止に関する条約（モントリオール条約）（1971年）3条・5条・7条，国際的に保護される者（外交官を含む。）に対する犯罪の防止及び処罰に関する条約（外交官等保護条約）（1973年）3条・7条，人質をとる行為に関する国際条約（人質禁止条約）（1979年）2条・5条・8条，核物質の防護に関する条約（1980年）7条・8条・10条，など）。

「国際法違反の犯罪」は、国際社会全体の一般利益を侵害する行為であるため、国際法上犯罪として処罰されるべきものと定められるのに加えて、国内法を媒介とせずに、その犯罪行為を行った個人の訴追と処罰が、国際裁判所で行われるものである。このように、個人が直接国際裁判所で訴追され、処罰された事例としては、第二次大戦後、連合国によって設けられたニュルンベルク国際軍事裁判所と極東国際軍事裁判所で、ドイツや日本の戦争指導者が、伝統的な戦争犯罪に加えて、平和に対する罪、人道に対する罪に問われ、訴追、処罰

された例がある（ニュルンベルク国際軍事裁判所条例5条・6条，極東国際軍事裁判所条例5条・6条）。

また，先に挙げたジェノサイド条約は，集団殺害という行為を国際法上の犯罪としたうえで（1条），犯罪の構成要件と，犯罪行為を行った個人の責任と処罰を定め（2条・3条・4条），こうした犯罪行為を行った容疑者は行為地国の国内裁判所により裁判を受けるか，設置が予定される国際刑事裁判所により裁判を受けること（6条）を定める。アパルトヘイト犯罪の抑圧及び処罰に関する国際条約（アパルトヘイト条約）（1973年）は，同様に，アパルトヘイトが国際法の諸原則に違反し，国際の平和と安全に対する重大な脅威を構成する犯罪であるとしたうえで（1条1項），かかる犯罪行為を行う組織，機関，個人の責任を定める（1条2項）。そして，被告人に対して管轄権を有する国の国内裁判所か，国際刑事裁判所が裁判管轄権を有するとする（5条）。しかし，ジェノサイド条約やアパルトヘイト条約が裁判管轄権を有するとする国際刑事裁判所は，刑事裁判管轄権を国際機構に委ねることに対する国家の消極性などから，長年にわたり設置に至らなかった。

3 国際刑事裁判所

冷戦終結後，民族間の紛争において行われた大量虐殺などの非人道的行為を抑止し，処罰するために，安全保障理事会の決定により，国連憲章第7章にもとづく強制措置として，旧ユーゴスラビアとルワンダで行われた犯罪行為について個人を処罰する，旧ユーゴ国際刑事裁判所とルワンダ国際刑事裁判所がそれぞれ設立された。その後，1998年に，国際刑事裁判所設立に関する国連外交会議において，国際刑事裁判所規程案が採択された（未発効）。その結果，ジェノサイド条約とアパルトヘイト条約が対象とする犯罪行為を含む一定の犯罪を行った個人を裁く国際裁判所が設置される途が開けた。

したがって，個人が犯した犯罪が，国際法上犯罪とされ，かつ，その行為についての訴追と処罰を行う国際裁判所が設置されれば，個人が犯罪を犯した場合，国際法にしたがって国際裁判所で処罰されうる。しかし，現在のところ，国際裁判所の裁判管轄権が認められる犯罪行為は，集団殺害，非人道的行為などに限定されており，さらに，国際裁判所の管轄権は，国内裁判所の裁判管轄

権に対して，競合的または補完的に行使されるにとどまる場合が多い。

◇ 発展・研究 ◇

1 東京・ニュルンベルク軍事裁判

　ドイツ人の戦争犯罪人の処罰を行うために1946年8月8日に米英ソ仏の4カ国により署名された，欧州枢軸諸国の重大戦争犯罪人の訴追及び処罰に関するロンドン協定と附属書（国際軍事裁判所条例）にもとづいてニュルンベルク国際軍事裁判所が設置され，22人が起訴され，裁判が行われた。これをニュルンベルク軍事裁判という。

　他方，1945年7月26日の米中英による（8月8日にソ連も参加）ポツダム宣言と日本によるその受諾にもとづいて，1946年1月19日，連合国最高司令官マッカーサーは，一般命令1号により極東国際軍事裁判所条例を制定した。このように設置された極東国際軍事裁判所では，重大戦争犯罪人とされた28人が起訴され，裁判が行われた。この裁判が東京裁判と呼ばれる（正式名称は，極東国際軍事裁判）。

　これら二つの裁判では，ドイツや日本の戦争指導者は，伝統的な戦争犯罪に加えて，平和に対する罪，人道に対する罪に問われ，訴追・処罰された（ニュルンベルク国際軍事裁判所条例5条・6条，極東国際軍事裁判所条例5条・6条）。

　平和に対する罪とは，侵略戦争または国際法違反の戦争の計画，準備，開始，実行，またはこれらを達成するための共同の謀議への参加をいう。

　人道に対する罪とは，戦前または戦時中なされた殺人，殲滅，奴隷的虐使，追放その他の非人道的行為や政治的，人種的理由にもとづく迫害，さらにそれらをなすための共同謀議の立案，実行への参加などをいう。

　法的観点からは，まず，通例の戦争犯罪以外の平和に対する罪と人道に対する罪は，それまで国際法上の犯罪として確立していたものではなく，そのような行為について行為者たる個人の責任を追及するのは，事後法による処罰ではないかとの批判がある。さらに，通例の戦争犯罪については，部下による戦争法規の遵守を確保し，違反を防止する上官の義務もまた，国際法上確立していたものであるかについて争いがあり，その義務違反について処罰が認められるのかについて疑義が出されている。また，裁判所の構成が戦勝国のみからなり，

また，同様の行為を行った戦勝国の個人についてその責任が問われないことは法の下での平等に反するとの批判もある。

　このような法的問題はありつつも，その後この二つの国際裁判所の判決が先例となって，1946年の国連総会では，「ニュルンベルク法原則宣言」が確認され（国連総会決議95（Ⅰ）），また，国際法委員会では，ニュルンベルク原則の定式化が行われ（1950年），「人類の平和と安全に対する罪」の法典化作業が進められている。ニュルンベルク原則は，国際法上の犯罪を行った個人の刑事責任，国家の機関として行動したことによる刑事免責の不可（国家行為理論の否定），公正な裁判を受ける権利の保障，平和に対する罪，戦争犯罪，人道に対する罪を国際法上の犯罪として処罰しうることなどを定める。そして，これらの原則をふまえて，ジェノサイド条約，戦争犯罪及び人道に対する罪に対する時効不適用条約（時効不適用条約）（1968年），アパルトヘイト条約が採択された。

2　旧ユーゴとルワンダの国際刑事裁判所

　安全保障理事会は，1993年2月，旧ユーゴスラビアにおいて，大量殺害や民族浄化などの非人道的行為が行われていることを，平和に対する脅威と認定し，国連憲章第7章にもとづく強制措置として，旧ユーゴスラビアにおいて国際人道法の重大な違反（ジュネーブ条約の重大な違反，ジェノサイド，人道に対する罪）を犯した個人を訴追し，処罰するために，旧ユーゴ国際刑事裁判所を設置することを決定した（決議808）。そして，1993年5月25日の安全保障理事会決議827によって，裁判所規程を採択した。ルワンダ国際刑事裁判所も，1994年11月の安全保障理事会決議955によって，同様の行為を訴追し，処罰することを目的として設置された。両裁判所の管轄権は，それぞれ旧ユーゴスラビア，ルワンダの領域内で行われた行為に限定され，また，時間的には，紛争発生後の行為に限定される。さらに，国内裁判所も管轄を有し，管轄は競合する。ただし，国内裁判所が能力を欠く場合，国際裁判所は，代替的に管轄権を行使するために，管轄権の委譲を要請する。

　このように，国家間の合意（条約）によってではなく，国連憲章第7章にもとづく安全保障理事会の決定による刑事裁判所の設置は，重大な犯罪に対して迅速に対応し，平和に対する脅威となっている非人道的行為を抑止することで，

紛争の解決に資する可能性を有している。他方で，紛争が生じている国について必要に応じて設置されるアド・ホックな裁判所であるため，同様の行為の訴追と処罰が同様に行われるかどうか，裁判の公平性と法適用の一貫性の確保が問題となりうる。

③ 国際刑事裁判所

　ジェノサイド条約では，常設の国際刑事裁判所の設置が想定されていたが，1950年代以降，国際刑事裁判所規程案の策定は棚上げされていた。1982年以来，国際法委員会は，「人類の平和と安全に対する罪についての法典草案」の一部として審議を行ってきたが，1994年，上記の草案と切り離して，国際刑事裁判所規程草案を採択した。1996年から，国連で規程採択のための準備会合が始まり，1998年6月15日から7月17日の国際刑事裁判所設立に関する国連外交会議において，国際刑事裁判所規程案が採択された（2002年7月発効予定）。

　この規程は，初めて常設の国際刑事裁判所の設置を定め，訴追と処罰の対象となる犯罪について詳細な構成要件と刑事手続を定めている。裁判所が取り扱う対象犯罪は，「最も重大な国際関心犯罪」，具体的には，①集団殺害罪，②人道に対する罪，③戦争犯罪，④侵略の罪の四つに限定される（5条）。したがって，国際テロ行為など上記四つに含まれない犯罪は，裁判所の管轄権行使の対象とはならず，これまでどおり国内裁判所に委ねられる。侵略の罪については，その構成要件の採択にはまだ至っていない。

　裁判所の管轄権は，各国の刑事裁判権を補完するもので（1条），国内裁判所に対して裁判所の管轄権が優先するわけではない。ただし，捜査または訴追を国家が望まない場合や真正に行えない場合，国内での訴追が国際刑事裁判所の管轄権回避を目的として行われた場合，デュー・プロセスの規則に従って独立かつ公平に行われなかった場合には，刑事裁判所に事案が受理され（17条～19条），この場合，一事不再理効は作用しない（20条3項）。これらの裁判所が取り扱う犯罪について，規程発効前の行為は対象外となる（11条）が，管轄権行使の対象となる個人について地理的なまたは国籍による限定はない（25条1項）。規程を受諾すれば，締約国は裁判管轄権を受け入れたことになる（12条1項）。

安保理による事態の付託で手続が開始する場合を除いて，締約国による事態の付託または検察官による捜査開始の場合には，犯罪行為地国または被疑者国籍国のいずれかが規程の締約国であるか，非締約国だがその事案につき裁判所の管轄権を受諾するならば，裁判所は管轄権を行使できる（12条2項・3項）。

　安保理には，裁判所の権限行使への関与が認められている。安保理による事態の付託の場合には，犯罪行為地国または被疑者国籍国の同意なく，裁判所は管轄権を行使しうる（13条）のに加えて，安保理は，国連憲章第7章のもとで採択した決議により，締約国による事案の付託または検察官の職権で開始された捜査または訴追を，12カ月間停止させることができる（16条）。安保理が，国際の平和と安全の維持のために主要な責任を担っており，そのために裁判手続に関与する必要が認められうるのは確かであるが，とりわけ常任理事国の拒否権の問題もあり，政治的または裁量的にその権限が行使されてきた歴史的経緯を考慮すると，裁判所の権限行使の独立性との関係が問題となりうる。

〔参考文献〕

山本草二『国際刑事法』（三省堂，1991年）

法学教室 No.140（1992.5）118頁（1992年）

奥田安弘「日本で生まれた父母不明の子の国籍」渉外判例百選（第3版）（別冊ジュリスト133号）（1995年）

木棚照一「一　国籍法2条3号の『父母ともに知れないとき』の意義，二　国籍法2条3号の『父母ともに知れないとき』に当たることの立証」民商法雑誌113巻6号（1996年）

阿部浩己＝今井直『テキストブック　国際人権法』（日本評論社，1997年）

トーマス・バーゲンソル著，小寺初世子訳『国際人権法入門』（東信堂，1999年）

奥田安弘「国際人権法における国籍取得権」高見勝利編『人権論の新展開』（北海道大学図書刊行会，1999年）

特集「国際刑事裁判所」国際法外交雑誌98巻5号（1999年）

畑博行＝水上千之編『国際人権法概論（第3版）』（有信堂，2002年）

第5章 条約法

§1 条約の締結と効力発生

〔設問〕 日本と旧ソ連の戦争状態を終結させた1956年の日ソ共同宣言は，条約といえるのだろうか。また，条約はどのような手続を経て締結されるのだろうか。

1 条約の概念と条約法
(1) 条約の概念と名称

条約とは，国際法主体の間で締結される合意であって，国際法によって規律されるものをいう。国家間で締結される条約のほか，国際機構が国家または国際機構と締結する条約もある（たとえば，国連とアメリカの間の国連本部協定，国連と専門機関との連携協定）。条約は一般に文書の形式をとるが，例外的に書面によらない口頭の合意も存在し，これに条約と同様の効力が認められることがある。他方，「国際法によって規律される」ものであることを要するので，もっぱら国内法によって規律される契約（大使館による土地・建物の賃貸借契約など）や政治的な合意の表明（1943年のカイロ宣言など）は条約といえない。

ある国際文書が条約であるかどうかは，このような実質的な基準によって決まるので，名称だけで判断することはできない。法的拘束力を有する広義の条約に付される名称としては，条約 (treaty, convention)，協定 (agreement)，議定書 (protocol)，憲章 (charter, constitution)，宣言 (declaration)，規約 (covenant, pact)，規程 (statute)，取極 (arrangement)，合意議事録 (agreed minutes), 交換公文 (exchange of notes), 交換書簡 (exchange of letters) など, さまざまなものがある。ただし, これらの呼称のなかには, 条約ではない文書に付されるものもある。たとえば, 国家が一方的に行う「宣言」(1945年のトルーマン宣言等) や国連総会決議で採択される「宣言」(1970年の友好関係原則宣言等),「憲章」(1974年の諸国家の経済的権利義務に関する憲章等) などは条約ではない。また, 日本語と外国語の名称が常に一義的に対応しているとはかぎらない。たとえば, treaty も convention もともに「条約」と訳されるし, また, ふつうは「規程」と訳される statute が「憲章」とされる場合もある (国際原子力機関憲章など)。

〔設問〕の日本国とソヴィエト社会主義共和国連邦との共同宣言(日ソ共同宣言)(1956年)は, 1951年の対日平和条約(サンフランシスコ平和条約。翌52年発効)の当事国とはならなかった旧ソ連との間で, 日本が戦争状態を終了させ平和を回復させた国際文書である。一般に, 平和条約は, 当事国間の基本的な関係を規律する重要な合意として「条約」の名称が付されるが, 日ソ共同宣言では, 領土問題で最終的な合意にいたらず,「共同宣言」(joint declaration) とされた。しかし, その第10項では, 「この共同宣言は批准されなければならない」とし, 「批准書の交換の日に効力を生ずる」と規定している。実際, 同共同宣言は, 1956年10月に署名されたのち, 同年12月に批准書が交換されて効力を発生させた。したがって, 法的効力を有する条約である。

国際法の勉強にとって不可欠である条約集には, ふつう,「条約」以外の文書も掲載されている。条約であるかどうかを判断する一つの目安として, 条約タイトルのあとに「効力発生」欄があるものは, 法的効力をもつ「条約」であるといえる。

(2) 条約法と条約法条約

条約に関する国際法の規則を総称して条約法という。1969年の条約法に関するウィーン条約(条約法条約)(1980年発効)は, 条約法に関する法典化条約(広義)であり, 慣習国際法として形成されてきた条約法を成文化するとともに, 新たに法の漸進的発達のための諸規則をも取り入れている(条約法条約の規定の引用には条約名を省略する)。条約法条約は, 国家間で締結される条約のみを適用対象としているが (1条), 適用対象外の国際合意について, その法

的効力が認められうることや条約法条約が適用されうることを否定していない。国際機構が国家または国際機構と締結する条約に関しては，1986年に「国家と国際機構又は国際機構相互間で締結された条約に関するウィーン条約」(国際機構条約法条約，1986年) が採択されている。この条約は，条約法条約をモデルとしつつ，国際機構の多様性や国家との異質性をふまえて，これに必要な変更を加えた一般条約である。

(3) 条約締結能力

主権国家は条約締結能力をもつ (条約法条約6条)。連邦制国家の構成国は原則として条約締結能力をもたない。しかし，連邦憲法上，厳格な条件の下に一定の非政治的な事項に関する条約締結権を構成国に認めている国もある (合衆国憲法1条10節など)。条約法条約は連邦構成国の条約締結能力に関する明文規定をもたないが，これが全く否定されるわけではない。

国際機構 (政府間国際組織) も一定の範囲で条約締結能力をもつ。国際機構を設立した基本文書 (設立条約) に明文の根拠規定が存在する場合のほか，明文規定がない場合でも，当該機構の任務遂行に必要なかぎりで「推論された権能 (黙示的権能)」(implied powers) として条約締結権が認められることがある。国際機構条約法条約では，条約締結能力は「当該機構の規則による」とされ，「機構の規則」とは，設立条約のほか，設立条約に従って採択される決議や当該機構の確立した慣行などを含むものとされている (2条1項(j))。

2 条約の締結手続

条約の締結にあたって常に従わなければならない特定の統一的な手続が存在するわけではなく，どのような条約締結手続がとられるかは，当事国の合意と裁量に依存する。厳格な締結手続をふむ条約は，ふつう，条約締結交渉，条約文の作成・採択，署名，批准，批准書の交換または寄託という一連の手続を経て締結される。しかし，手続が簡略化されて批准を要さない条約も多くみられる。条約法条約は，従来の条約締結慣行をふまえて，諸国が柔軟に利用できるような形で一般的な規則を設けている (6条～18条)。

(1) 条約締結権者と条約締結の民主的統制

国家の条約締結能力を行使する権限をもつ国家機関を条約締結権者という。

条約締結権者の所在は各国の憲法体制によって異なりうるが，ふつうは，元首または行政府の長である。国内憲法における権力分立の確立および議会制民主主義の発展にともない，条約の締結に対して民主的な統制を及ぼすことが要請されるようになり，現在では，立法府もこれに関与するようになっている（条約締結権の二元化）。たとえばアメリカでは，大統領の条約締結権の行使には上院の助言と承認を得ることが必要とされている（合衆国憲法2条2節2項）。わが国では，明治憲法時代は，天皇に専属する条約締結権（大日本帝国憲法13条）に帝国議会が関与する権限が認められなかったのに対し，現在では，条約締結権を内閣に与えつつ，条約の締結には「国会の承認を経ることを必要とする」として条約承認権を国会に付与している（日本国憲法73条3号）。

(2) 全権委任状

全権委任状（full powers）とは，条約の締結にかかわる行為を遂行するための国家代表を指名している文書であって，国の権限ある当局が発給したものをいう（条約法条約2条1項(c)）。条約締結交渉においては，実際の条約締結の任にあたる者が国家を正式に代表する資格をもつことを確認するため，全権委任状を提示し合うことが要求されてきた（7条1項(a)）。ただし，関係国間でこれが省略されることもあり（同項(b)），また，元首，政府の長，外務大臣，外交使節団の長などは，職務の性質上，全権委任状の提示を要求されることなく自国を代表するものと認められる（7条2項）。無権限者が行った条約締結行為は，国の追認がないかぎり，法的効果をともなわない（8条）。わが国では，全権委任状を内閣が発行し，天皇が国事行為としてこれを認証する（日本国憲法7条5号）。

(3) 条約文の採択と確定

交渉により条約内容がまとまると，原則として条約の作成に参加したすべての国の同意によって，条約文が採択（adoption）される（9条1項）。条約文の採択後，条約文の確定（authentication）が行われる。条約文の確定とは，条約文を「真正かつ最終的なもの」とする行為であり（10条），これ以後の条約文の修正や変更は一切認められない。二国間条約の場合には，ふつう，条約文の採択と確定が同時に行われる。

条約文確定のための通例の方法は，全権代表による署名（調印 signature）で

ある。正式の署名のほか，追認を要する署名（signature *ad referendum*）と仮署名（initialing）の方式がある（10条(b)）。追認を要する署名は，関係国の特段の合意がないかぎり，その署名に対する国家の追認がなされれば完全な署名となり，追認により署名の日に遡って正式の署名としての効果を発生させる。仮署名は，代表の名前の頭文字だけを記入する略式の署名であり，交渉代表者間で条約案文を確認するために行われる。仮署名ののちに正式の署名が行われるが，関係国の合意で仮署名を正式の署名とすることもできる（12条2項）。

　署名は，条約文を確定させる効果を有する。しかしさらに，場合によっては，署名が次にみる「条約に拘束されることについての国の同意の表明」の効果を与えられ，署名によって条約が発効することがある。最近ではこのような署名発効条約が数の上で多くなっている。

（4）　**条約に拘束されることについての同意の表明**

（a）　批准　　署名は，必ずしも「条約に拘束されることについての同意の表明」を意味しない。正式の条約では，従来から，署名ののち，署名とは別個に，批准（ratification）の手続がとられてきた。批准は，国家が最終的に条約を受け入れる旨の同意を表明する方式として最もオーソドックスなものであり（14条），重要な条約には批准の手続が設けられることが一般的である。批准を要することを条約自体が明記している場合も多い（たとえば，条約法条約82条，対日平和条約23条など）。

　批准の存在理由は，かつては，代表者がその与えられた権限に従って適切に行動したかどうかを確認することにあったが，現在では，条約締結の民主的統制の要請にもとづき，国民を代表する議会が締結過程に関与して条約を審査・承認する機会を与えることにある。条約文に署名しても，批准を行う法的義務は発生しない。議会による実質的な関与を可能とさせるためにも，批准する法的義務が存在しないことは確立している。もっとも，署名ののち，条約の当事国とはならない意図を明らかにするまでの間，条約の趣旨および目的を失わせるような行為を慎むべき義務がある（18条）。

　国際的行為としての批准は，実際には，これを証する批准書という形で表される。批准書は，わが国では，内閣が作成し，天皇が認証する（憲法7条8号）。批准書の交換（二国間または少数国間の条約）または寄託（多数国間条約）に

よって，条約に拘束されることについての国の同意が確定的なものとなり（16条），条約の締結手続が完了する。

(b) 批准以外の方法　　条約に拘束されることについての国の同意は，批准以外の方法によっても表明することができる（条約法条約11条）。最近では，行政的・技術的な事項を扱う大量の条約を迅速に処理する必要性から，署名のみで（署名発効条約）あるいは条約構成文書の交換（交換公文，交換書簡）をもって，国の最終的な同意の表明とする条約が，顕著にみられる（12条・13条）。批准の手続をふまないこれらの条約を簡略形式の条約という。また，署名ののち，批准と同様の効果をもつ同意表明方法として，受諾（acceptance）や承認（approval）という比較的新しい用語が使われることがある（14条2項）。さらに，条約締結交渉に参加しなかったり署名しなかった国が同意を表明する方法として，加入（accession）がある（15条）。加入と同じ意味で受諾や承認の語が使用されることもある。

3　条約の発効と登録

(1) 条約の効力発生

条約が効力を発生させるための要件は，それぞれの条約自体で定めていることが多い。多数国間条約では，一定数の批准書等の寄託によって，あるいはその一定期間後に，条約を発効させることが通例である。たとえば条約法条約は，「この条約は，35番目の批准書又は加入書が寄託された日の後30日目の日に効力を生ずる」（84条1項）と規定し，この要件に従って1980年1月27日に発効した。別段の定めがない場合には，条約に拘束されることについての国の同意が確定的なものとされたときに効力を生ずる（24条）。それは，簡略形式の条約を除けば，批准書（受諾書，承認書，加入書）の交換または寄託がなされたときである（16条）。署名発効条約や交換公文・交換書簡といった簡略形式の条約は，それぞれ署名，文書の交換によって効力を生ずる。

なお，条約文の確定後，正式の発効を待たずに条約を適用すべき必要性が生じる場合がある。そのような場合，条約発効までの間，暫定的に適用されることがある（25条）。最近の国連海洋法条約第11部に関する実施協定はその例である（同協定7条）。

(2) 条約の登録

　発効した条約は，登録または記録，および公表のため国連事務局に送付される（80条）。登録（registration）の制度は，秘密条約の防止を目的として，国際連盟規約第18条で導入された。しかし同条は，登録を条約発効要件であるように規定しており，不合理であった。国連憲章は，この点を是正し，国連事務局に登録されていない条約は国連のいかなる機関に対しても援用することができないとした（102条2項）。これは，未登録条約でも効力を有し，国連以外の場では援用されうること，つまり，登録は条約発効要件ではないとされたことを意味する。登録された条約は，公表のため国連条約集（United Nations Treaty Series）に掲載される。

◇ 発展・研究 ◇

1　多数国間条約の締結手続，後からの署名，加入

　多数国間条約の作成と採択は，多くの場合，国際会議または国際機構で行われる。一般条約の作成は，しばしば国際機構を通じて組織的に行われる。国連が条約作成にたずさわる場合には，一般に，国際法委員会などの専門的な機関が条約草案を作成し，これに対する各国の見解と国連内部の検討を経たのち，総会で採択されて各国の署名開放に付されるか，あるいは，総会が招集する外交会議に付される。国際会議での条約文の採択は，別段の決定がなされる場合を除き，出席しかつ投票する国の3分の2以上の多数の議決による（9条2項）。今日では，表決に付さずに徹底的な交渉により合意を形成するコンセンサス方式で採択される場合も多い。採択された条約文は，ふつう，これを盛り込んだ最終議定書に対する署名によって確定する（10条(b)）。

　多数国間条約には，条約締結交渉に参加しなかったり条約文確定のときに署名しなかった国に対しても，一定の期間署名のために開放するものがあり（たとえば，条約法条約81条），その期間内になされる署名を，「後からの署名」という。これを行った国は，普通，原署名国として扱われる。

　条約は，当事国を特定国に限定し第三国の参加を認めない閉鎖条約と，条約の普遍性を確保すべく第三国に参加の道を開く規定（加入条項）を有する開放条約とに分類することができる。条約への加入（accession）は，加入条項に従

い加入書を寄託することによって行われる。加入は，伝統的には，条約締結交渉に参加しなかった国が条約発効後に参加することを意味した。しかし今日では，交渉には参加したが期間内の署名を行わなかった国の参加をも含む意味で用いられ，また，条約発効以前の加入も認めていることが多い。

多数国間条約では，普通，特定の国または国際機構が寄託者（depositary）として指定される。国連関係の条約では，事務総長が寄託者とされることが一般的である。前述のように，多数国間条約は，通例，一定数の批准書等が寄託された日あるいはその一定期間後の日に発効するものとされる。

2 国会承認条約について

前述のように，今日では各国の国内憲法上一般に，条約締結の民主的統制の要請から，議会に条約承認権が付与されている。しかし他方において，各国は，多様かつ大量の条約を迅速に締結する必要性に迫られており，すべての条約を議会の承認に付すことは事実上不可能である。アメリカでは憲法慣行上，大統領がその固有の外交権限にもとづいて，上院による助言と承認を得ることなく，行政協定（executive agreement）を締結することが，認められている。また，憲法の明文規定で議会の承認を要する条約の種類を列挙している国も少なくなく，すべての条約に議会の承認を要求しているわけではない。したがって，わが国においても，国会の承認を経るべき条約（憲法73条3号）（国会承認条約）と，外交関係の処理（同条2号）の一環として行政府かぎりで締結できる条約（行政取極）とを分類する必要がある。

国会承認条約の範囲については，1974年に政府の統一見解が発表された。それによれば，つぎの三種類の国際約束は国会承認条約にあたる。第一に法律事項を含む約束，すなわち国会の立法権（憲法41条）に属する内容の約束である。第二に財政事項を含む約束であり，国費の支出および国の債務負担に関する国会の議決権（同85条）をふまえたものである。当該年度内の予算で処理できない支出を含むものはこれに該当する。第三に，たとえば，日本国と大韓民国との間の基本関係に関する条約（日韓基本関係条約，1965年）や日本国と中華人民共和国との間の平和友好条約（日中平和友好条約，1978年）など，「国家間一般の基本的な関係を法的に規定するという意味において政治的に重要な国際約束

であって，それゆえに，発効のために批准が要件とされているもの」である。これら三種類の国際約束に該当しないものは行政取極とされ，すでに国会の承認を経た条約の実施・運用のための細目を定める補足的な合意や，法律あるいは予算の範囲内で実施・執行できるものは，国会の承認は不要とされる。

§2　条約の留保と解釈宣言

〔設問〕　わが国は，国際人権規約Ａ，Ｂ両規約（1966年）を1979年に批准するにあたり，①Ａ規約第7条(d)の規定（労働条件についての権利に関する規定）にいう「『公の休日についての報酬』に拘束されない権利を留保する」とし，また，②Ａ規約第8条2項およびＢ規約第22条2項にいう「『警察の構成員』には日本国の消防職員が含まれると解釈するものであることを宣言する」とした。こうした留保や解釈宣言を行うことはどのような場合に許されるであろうか。また，許される場合，どのような法的効果が与えられるのであろうか。

1　留保の意義と許容性
(1)　留保とその意義

留保とは，「国が，条約の特定の規定の自国への適用上その法的効果を排除し又は変更することを意図して，条約への署名，条約の批准，受諾若しくは承認又は条約への加入の際に単独に行う声明（用いられる文言及び名称のいかんを問わない。）をいう」（2条1項(d)）。留保は，本来，多数国間条約に特有の制度である。二国間条約に対する留保は，新たな条約修正提案と同様の問題として処理すれば足り，留保に固有の問題は生じない。多数国間条約は，その条約内容がすべての当事国に一律に適用されることが望ましい。これを条約の一体性（integrity）の要請という。他方，なるべく多くの国が当事国として参加するこ

とが望ましく（これを条約の普遍性（universality）の要請という），条約全体の趣旨・目的と条約規定の大部分に賛同する国が，条約の特定の規定に同意しがたいことによって条約そのものへの参加を断念することは，惜しまれる。留保制度は，条約の一体性の要請と普遍性の要請との調和を図りつつ，一体性の要請を多少損なっても普遍性の要請に応えようとするものである。

(2) 留保の許容性の問題

単独の一方的声明としての留保がどのような条件の下で国際的に許容され，いかなる条約関係が成立するか，問題となる。国際連盟の慣行では，伝統的な条約法の法理に従い，留保が有効に成立するためには他のすべての条約当事国の同意が必要であり，一国でも反対すれば留保国は条約当事国となることができないとされ，条約の一体性の確保が重視された。これを全当事国同意の原則（全会一致原則 unanimity rule）という。他方，当時の汎米連合では，条約の普遍性を確保すべく，これと全く対照的な柔軟な立場が採用されており，一国でも留保に同意する国があれば留保国は条約当事国となり，留保国と留保受諾国の間に，留保された部分を除く条約関係が成立する（留保反対国との間では条約関係不成立），とされた。

国連は，当初は連盟の慣行を踏襲していたが，ジェノサイド条約留保事件に関する勧告的意見（1951年）において国際司法裁判所は，留保の許容性につき，新たに，「留保と条約目的との両立性」の基準を打ち出した。この事件を契機として，すでに条約法条約の法典化に着手していた国際法委員会も，条約目的との両立性の基準を採用するにいたり，これが条約法条約に反映された（19条(c)）。

2 条約法条約における留保制度

(1) 留保の条件

条約法条約第19条は，(a)条約が当該留保を禁止している場合，(b)条約が当該留保を含まない特定の留保のみを認めている場合，(c)当該留保が条約の趣旨および目的と両立しない場合，の三つの場合を除き，留保を付すことができると定めている。このうち(c)は，条約目的との両立性の基準を採用し，これを基本原則としたものである。留保が法的効果を生じるためには，条約が明示的に認

めている留保（20条1項）を除き，他の締約国による受諾が必要である。表明された留保に対して受諾するか異議申立を行うかは，各締約国の判断に委ねられており，原則として，一国でも留保を受諾する国があれば，留保は有効とされて留保国は条約に参加できる（20条4項(c)）。ただし，全当事国に条約を全体として適用することが不可欠の条件であることが明らかであるような条約については，すべての当事国による受諾を要する（20条2項）として，全当事国同意の原則に依拠している。

(2) 留保の法的効果

留保に対する異議申立は，必ずしも留保国と条約関係にはいることを意味せず，この条約関係の成立自体は，異議申立国がこれに明確に反対しないかぎり，妨げられない（20条4項(b)）。留保の通告を受けた後12カ月以内に異議申立を行わなければ，留保を受諾したものとみなされる（20条5項）。留保国と留保受諾国との関係においては，留保に係る規定は「留保の限度において変更」される（21条1）。異議申立国が条約関係の発生に反対しない場合には，留保国と異議申立国との間では，留保に係る規定は「留保の限度において適用がない」（21条3項）。留保の限度における変更と不適用とは，実際には同様の効果をもつものと解される。条約に別段の規定がないかぎり，留保や留保に対する異議はいつでも撤回できる（22条）。

(3) 問題点

以上のように，条約法条約の留保制度は，許容性につき非常に柔軟な立場を採用して普遍性の要請に応える一方，留保の結果もたらされる条約関係を複雑なものとした。また，条約目的との両立性の基準を客観的・統一的に適用するための制度や手続は設けられておらず，この基準にもとづく許容性の認定は，他の締約国による受諾または異議申立という形での個別の判断に委ねられている。そのため，条約目的と両立しないような留保も現実には許容されるものとして扱われる可能性がある。

最近の条約では，条約の一体性を確保すべく留保を一切禁止するものも少なくない（たとえば，海洋法に関する国際連合条約（国連海洋法条約）（1982年），オゾン層の保護のためのウィーン条約（オゾン層保護条約）（1985年）など）。また，個別の条約で両立性の基準を集団的に判定する制度を設けることがある。たと

えば人種差別撤廃条約は，留保は締約国の3分の2以上の多数が異議を申し立てるときは条約の目的および趣旨と両立しないものとみなされる旨を定めている（20条2項）。しかしこの場合でも，締約国が積極的に異議申立を行わないかぎり，結果的に留保が許容されることになる。とりわけ国際人権条約では，締約国間の義務の相互性に乏しく，一国の留保は必ずしも他の締約国の利害関係に直接的な影響を与えないため，異議申立が行われ難い傾向がある。最近では，こうして国家間関係では事実上許容されたものと扱われる留保について，その許容性ないし有効性を人権条約の実施機関が独自に判定することができるかどうか，問題となっている。

〔設問〕にある国際人権規約Ａ規約（社会権規約）は留保に関する規定をもたないので，①の留保の許容性は条約目的との両立性の基準にもとづいて他の締約国が個別に判断することになる。両立しないと判断する締約国は，留保の通告後12カ月以内に異議申立を行う。すべての他の締約国が異議申立をしないかぎり，留保自体は有効とされる。12カ月以内の異議申立はないようであり，留保を受諾したものとみなされ，日本と他の当事国との間には，条約法条約第21条の関係が生じる。ただし，たとえばＡ規約委員会が留保の許容性を独自に判断できないかどうか，議論がある。

3 解 釈 宣 言

解釈宣言（interpretative declaration）とは，特定の条約規定の適用について複数の解釈が可能な場合，自国が採用する特定の解釈を表明する一方的宣言である。解釈宣言も，留保と同様，多数国間条約の署名，批准，加入等のいずれかの際になされる国家の単独の声明である。しかし留保とは異なり，「特定の規定の自国への適用上その法的効果を排除または変更する」ものではなく，したがって本来許容されるものである。

解釈宣言の形をとっていても，実質的に留保にあたるものもある。そこで，実際に行われる個々の一方的宣言が留保および解釈宣言のいずれであるか，争いが生じることがある。たとえば英仏大陸棚事件（仲裁判決，1977年）では，大陸棚条約第6条に対するフランスの宣言が問題とされ，イギリスはこれを単なる解釈宣言にすぎないと主張したのに対し，裁判所は，たんなる解釈を越え

た条件を付すものとしてこれを留保と位置づけた。また，国連海洋法条約は，留保を一般的に禁止するとともに（309条），他方で解釈宣言を許容しており（310条），実際にさまざまな解釈宣言がなされている。しかし，個々の解釈宣言は，実質的に「法的効果を排除または変更する」ものであれば，許容されない留保にあたることになる。〔設問〕の②は，解釈宣言の形をとっているが，実質的に留保に該当しないかどうか，一考を要する。もしも当該規定の解釈を越えた条件を付すような内容のものであれば，留保にあたることになろう。

◇ 発展・研究 ◇

ジェノサイド条約留保事件

ジェノサイド条約は1948年に国連総会で採択されたのち署名のために開放された。同条約に留保に関する規定はないが，寄託された批准書・加入書の中に第9条（国際司法裁判所の強制管轄権を認める規定）等に対する留保が付されたものがあり，一部の署名国がこれに異議を唱えて紛糾した。そのため国連総会は，つぎの三点について国際司法裁判所の勧告的意見を求めた。①留保に異議を唱える国と唱えない国がある場合，留保国は留保を維持したまま条約当事国とされるか。②前問が肯定される場合，留保国と他の締約国の関係で留保はいかなる効果をもつか。③異議が(i)未批准の署名国による場合，(ii)署名または加入の資格はあるが未だそうしていない国による場合，①に対する回答に関して，異議の効果はいかなるものか。

裁判所は，全当事国同意の原則は争いえない価値をもつが，ジェノサイド条約の普遍的性格や人道的目的にかんがみ，広範な参加を確保するため，この原則をいっそう柔軟に適用すべき事情があるとした。そのうえで，条約の趣旨・目的との両立性が留保とその異議を判断する基準であるとして，①については，条約目的と両立するときは肯定される，②については，留保を条約目的と両立しないものとして異議を唱える国は，留保国を条約当事国とみなさないことができ，異議を唱えない国は留保国を当事国とみなせる，③の(i)については，批准によってはじめて法的効果をもち，それまでは将来の態度の予告にすぎず，(ii)は，いかなる法的効果ももたない，と判示した（いずれも7対5）。

§3 条約の解釈

〔設問〕 複数の言語による条約正文がある場合，言語によって意味の相違がみられるようなときには，条約の解釈はどのようになされるのであろうか。

1 条約解釈の方法
(1) 条約解釈の基本的方法

条約解釈のアプローチのしかたには，客観的解釈，主観的解釈，目的論的解釈の三つの立場がある。客観的解釈は，当事国の意思は条約文で表示されているとして，用語の通常の意味にしたがって条約文を分析し，その意味を解明する立場である。主観的解釈は，条約解釈の目的を，条約締結時の当事国の実際の意思の確認におき，当時の諸事情をふまえてこれを探求する方法である。主観的解釈は，条約の準備作業（travaux préparatoires）や条約締結時の事情を重視する。目的論的解釈は，条約は当事国の意思からある程度独立した条約自体の一般目的をもつとして，そのような一般目的にてらして条約諸規定を構成しようとする立場である。目的論的解釈は，ローマ法諺の「無に帰すよりもむしろ有効となるように」の考え方にもとづき，条約目的の実現にとって適切な効果が付与されるような解釈を強調するもので，このような解釈原則を「実効性の規則」ということがある。

具体的な条約解釈においては，普通，これらの方法が複合的に用いられる。条約の解釈方法に関する基本的立場のちがいが，もたらされる解釈結果に決定的な影響を及ぼすこともある。条約の解釈では，国内法の法解釈と比べると，目的論的解釈よりも，当事国の意思を尊重する客観的解釈および主観的解釈が原則とされる。もっとも，立法条約，とりわけ国際機構の設立条約では，「必要な推論」によって導き出される「推論された権能」（黙示的権能）にみられるように，目的論的解釈もとられている。

(2) 条約法条約の解釈原則

(a) 解釈の基本原則　条約法条約は，まず第一に，条約は「用語の通常の意味に従い，誠実に解釈する」として，条約文に即した客観的解釈方法を条約解釈の基本的な規則とした（31条）。原則として，条約は自然な通常の意味（natural and ordinary meaning）で解釈される。当事国が特別の意味を与えることを意図していた場合には，その特別の意味が認められるが（同条4項），そのためには，当該特別の意味を主張する側にこれを立証する負担が課せられる。

条約は全体として解釈されなければならず，「用語の通常の意味」は，「文脈によりかつその［条約の］趣旨及び目的に照らして与えられる」（31条1項）。ここで「条約の趣旨及び目的に照ら」すことは，目的論的解釈によって用語の通常の意味を排除することまでをも認めるものではない。たとえば平和条約の解釈に関する勧告的意見（第二段階，1950年）で国際司法裁判所は，実効性の規則は「条約規定の文言および精神に反するような意味をその規定に付与することを正当化しえない」と述べた。

「文脈」には，前文や附属書を含む条約文全体のほか，当事国間の関連の合意も含まれる（同条2項）。また，条約の解釈・適用に関する当事国間の事後の合意，条約の適用につき後に生じた慣行であって解釈についての当事国の合意を確立するもの，当事国間に適用される国際法の関連規則などが，文脈とともに考慮される（同条3項）。

(b) 解釈の補足的手段　条約法条約は，以上のような解釈の基本的規則としての客観的解釈を補足する手段として，主観的解釈方法を認めている。すなわち，第31条による解釈を確認するため，あるいは，第31条によっても意味が不明確であったり不合理な結果がもたらされるような場合の意味を決定するため，解釈の補足的手段として，とくに条約の準備作業および条約締結の際の事情に依拠することが認められる（32条）。

条約文がそれ自体で十分に明白である場合には，条約の準備作業などに依拠すべき理由はない。たとえば，国連加盟承認に対する総会の権限に関する勧告的意見（1950年）で国際司法裁判所は，国連憲章第4条2項の自然な通常の意味（加盟承認が安保理の勧告を必要条件としていること）はなんらの困難もなく

確定できるので,「本件において準備作業に依拠することは許容されない」と述べた。しかし,用語の通常の意味に従って得られた解釈を確認ないし補強するために,条約準備作業などが援用されることは少なくない。

2　複数の言語と条約解釈

条約は,複数の言語によって確定される場合が多い。それらは等しく正文とされ,国際的権威を有する(33条1項)。正文ではない言語による条約の訳文は,国際的な権威をもたず,したがって,訳文にもとづく条約解釈は国際的に通用しない。たとえば,国連憲章の日本語の公定訳はわが国の国内的な必要性から作成されたものであり,正文ではなく(国連憲章111条参照),国内的な権威をもつにとどまる。

〔設問〕のように複数の言語による正文が存在する場合,「条約の用語は,各正文において同一の意味を有すると推定される」(33条3)。たとえば,米伊友好通商航海条約第7条の解釈をめぐって英語と伊語の意味の異同が問題となったシシリー電子工業会社事件(本案,判決,1988年)で,国際司法裁判所は,「英文と伊文はまったく同じことを意味するものと解釈できる」と判示した。しかし,各国の法制度の相違などを反映して,複数の正文相互間に意味の差異が生じることがあり,解釈上の混乱を招くこともある。その場合,特定の言語によることが予め合意されていることがある。たとえば,日韓基本関係条約は日本語,韓国語,英語の三つの正文が存在するが,解釈に相違がある場合には英語の本文による,とされている(同条約末文)。このような合意がなく,正文間の意味の相違が解消されない場合には,「条約の趣旨及び目的を考慮した上,すべての正文について最大の調和が図られる意味を採用する」(33条4項)。調和が図られる意味を採用する方法として,国際判例は,一般に,より限定的な,または,より厳格な解釈が用いられるべきであるとして,より狭い意味をもつ正文の語義に依拠している(マヴロマティス・パレスタイン特許事件(管轄権,判決,1924年),ホンジュラスとニカラグアの国境の武力行動事件(管轄権および受理可能性判決,1988年))。

§4 条約の効力

〔設問〕 条約はどのような場合に無効とされるのであろうか。

1 条約の遵守と適用
(1) 条約の遵守

条約法条約はその前文において，自由意思による同意の原則，信義誠実の原則と並んで，「合意は守られなければならない」（*pacta sunt servanda*）の原則が普遍的な基本原理であることを確認している。効力を有する条約は，このような基本原理に従って当事国を拘束し，当事国はこれを誠実に履行する義務を負う（26条）。また，条約の不履行を正当化する根拠として自国の国内法を援用することはできない（27条）。つまり，国際関係においては国内の憲法などを理由として条約義務を免れることはできない。この規則は国際判例でも繰り返し確認されており，十分確立した規則である。

(2) 条約の適用

条約の時間的適用範囲については，別段の合意がある場合を除き，条約発効日以前の行為，事実，または同日前に消滅した事態には適用されない（28条）。つまり，条約の不遡及が原則とされる。条約の場所的適用範囲については，別段の合意がなければ，各当事国の領域全体に適用される（29条）。第29条の規定は，条約当事国の国家領域における適用の問題に限定して，その一般的規則を定めたものである。従来は，当事国の植民地が適用範囲とされるかどうかに関する規定（植民地条項）を置く条約も多くみられた。また，条約によっては，連邦国家の特質に配慮する規定（連邦条項）を置くものがある（米州人権条約28条2項，ILO憲章19条7項など）。

2　条約の無効
(1)　条約法条約と無効原因

　合意は守られなければならない。しかし，その合意は，自由意思から発した真正の同意にもとづくものでなければならない。したがって一般に，同意に瑕疵がある場合には，条約を無効とすることが考えられる。また，合意の内容が強行規範に反し適法性を欠くことによって，条約が無効とされる場合も考えられる。しかし，条約の無効を認めることは条約関係の安定性を著しく害するおそれがあるので，厳格な要件と一定の手続を定める必要がある。〔設問〕の問題に関して，条約法条約は，条約の有効性は条約法条約の規定の適用によってのみ否認できる（42条1項）と定め，無効原因について制限列挙主義（網羅主義）の立場を採用した。つまり，無効原因を八つの場合に限定し（46条〜53条），それ以外の無効原因を認めないこととした。八つの無効原因のうち七つは，真正の同意の欠如を理由とするものであり，一つは条約内容が一般国際法の強行規範に抵触する場合である。法的効果の点からは，当事国が無効の根拠として援用することができる相対的無効（46条〜50条）と，当初からいかなる法的効果も有しない絶対的無効（51条〜53条）とに大別できる。相対的無効については，その根拠となる事実を了知したうえで同意を与えまたは黙認したような場合には，当該無効を主張できない（45条）。

(2)　相対的無効

　(a)　条約締結権限に関する国内法違反と代表者の権限踰越　　前に触れたように，条約が内容的に国内法（憲法）に違反する場合（内容的違憲条約）には，国内法を理由に条約の無効を主張することはできない（27条）。しかし，条約締結権能に関する国内法（憲法）上の手続に違反して締結された条約（手続的違憲条約）の国際法上の効力については，従来から，有効説，無効説などの考え方が対立してきた。条約法条約では，条約締結の際には国内法上の手続要件を十分考慮できる仕組みになっていることに鑑み，条約の円滑な締結と条約関係の安定性を確保するため，制限的有効説の立場を採用した。すなわち，「違反が明白でありかつ基本的な重要性を有する国内法の規則に係るものである場合」を除き，原則として有効とした（46条1項）。同様に，条約締結にあたる代表者に特別の制限が付されている場合，その制限が事前に交渉相手に通告さ

れていないかぎり，その制限からの逸脱（権限踰越）は無効の根拠となしえない（47条）。

(b) 錯誤，詐欺，買収　　錯誤（48条），詐欺（49条），国の代表者の買収（50条）による同意の瑕疵があった場合，自国の同意を無効なものとして援用できる。条約は一般に慎重な検討を経て締結されるので，錯誤が生じる可能性は低い。無効を主張できる錯誤は，同意の不可欠の基礎をなした事実または事態にかかわるものにかぎられ（48条1項），条約文の字句のみにかかわる錯誤には合意にもとづく訂正手続（79条）が適用される。国際司法裁判所のプレア・ビヘア寺院事件では，国境線の地図について錯誤の主張がなされた。判決（本案・1962年）で裁判所は，自ら錯誤の発生に寄与したり錯誤の発生の可能性を予見できる状況に置かれていた場合には，錯誤による無効の主張は認められない，とした。この判旨はほぼ第48条に引き継がれている。

詐欺や買収に関する国際先例はないといわれているが，網羅主義の立場から無効原因として新たに導入された。詐欺の定義は明らかにされていない。また，買収の規定については，通常の儀礼的接待との区別が実際には容易でなく，また，買収された側にも腐敗があるのではないか，といった批判がみられる。

(3) **絶対的無効**

(a) 国の代表者に対する強制　　国の代表者個人に対する行為または脅迫による強制の結果として締結された条約は，いかなる法的効果も有しない（51条）。恐喝や代表者の家族に対する脅迫も対象となる。代表者個人に対する強制が，つぎに見る国家そのものに対する強制の側面を合わせもつ場合もあるが，条約法条約は，両者を区別し，別個の規定を置いた。

(b) 武力による威嚇または武力の行使による国に対する強制　　国家そのものに対する強制の結果締結された条約は，かつては一般に有効とされてきた。しかし条約法条約は，武力（force）による威嚇または武力の行使の一般的禁止（国連憲章2条4）をふまえて，これに違反する行為の結果締結された条約を無効とした（条約法条約52条）。条約法条約自体は原則として遡及効をもたないが（4条），本条の規則は，少なくとも国連憲章の成立後（あるいは，さらにそれ以前）の条約に遡及的に適用されるものと解されている。武力による威嚇または武力の行使にいたらない程度の圧力が本条の規定でいう「力」（force）に含ま

れるかどうか，起草過程で激しい対立がみられた。結局，条約本文はそのままとし，これとは別個に，会議の最終議定書として「条約締結時における軍事的，政治的又は経済的強制の禁止に関する宣言」(1969年) が採択される形で妥協が成立した。しかしなお，この宣言の法的効力をめぐる対立は解消されていない。

(c) 一般国際法の強行規範に抵触する条約　伝統的国際法は，国家間の合意の内容自体には規制を及ぼしてこなかったが，国際社会の組織化の進展とともに，ある種の国際法規則の内容に違反する条約は無効とされるべきだという考え方が生まれてきた。このような考え方にもとづき，条約法条約は，一般国際法の強行規範 ($jus\ cogens$, peremptory norm) に抵触する条約は無効であるとした (53条)。強行規範とは，「いかなる逸脱も許されない規範として……国際社会全体が受け入れ，かつ，認める規範」をいう (同条)。強行規範の観念が条約の無効原因として実定法化されたことは，ひとり条約法におけるのみならず，国際法の基本構造にかかわる大きな発展である (→第2章参照)。

◇ 発展・研究 ◇

1　条約の第三者に対する効力

　原則として「合意は第三者を害しも益しもしない」($pacta\ tertiis\ nec\ nocent\ nec\ procunt$)。条約法条約も基本的にこの原則を採用し，条約は第三国の同意なしにはその国の権利または義務を設定し得ないとした (34条)。第三国に一方的に義務を課しえないことについてはほぼ異論はなく，第三国の書面による明示的な同意がなければ第三国の義務は創設されない (35条)。第三国に権利を付与する場合については，「合意は第三者を害しも益しもしない」の法諺を厳格に解し，第三国の同意が必要であるとする立場と，権利の付与についてはこれを禁止する規則はないとして同意を不要とする立場とが対立してきた。条約法条約は，黙示の同意を条件とすることで両者の立場の調和を図り，同意しない旨の意思表示がないかぎり同意の存在が推定されるものと定めた (36条)。このように，条約法条約では，義務を課す場合と権利を付与する場合を区別している。ただし，実際には，第三国に権利と義務を同時に表裏一体として与えることが少なくない。

2 条約の改正と終了

　条約は当事国の合意によって改正することができる。改正は，条約に別段の定めがある場合を除き，原則として条約の締結と同一の手続による（39条）。多数国間条約の場合，全締約国が改正の交渉と締結に参加する権利をもつ（40条2項）が，改正の成立には全当時国の合意は必要とせず一定数の合意で足りることとするものが少なくない（たとえば国際人権規約A規約29条）。その場合，原則として，改正を受諾しない国はこれに拘束されない（40条4）。国連憲章の改正はすべての加盟国を拘束するので（憲章108条），この例外をなすものである。

　条約法条約は，条約の終了について，条約の無効の場合と同様に，条約法条約の適用によってのみ認める立場（網羅主義）をとった（42条2項）。条約の終了は，合意にもとづく場合（54条）と合意によらない場合（60条〜64条）とに大別することができる。合意にもとづく場合の一つとして，条約自体が有効期間や終了条件に関する規定をおいている場合がある。一定の有効期間満了後，当事国の一方的な廃棄または脱退の通告があればそれにもとづいて終了する旨を定める条約もある（日米安保条約10条等）。終了に関する規定をもたない条約については，全当事国の合意による終了が可能である（54条(b)）。廃棄または脱退に関する規定を含まない条約についても，一定の場合（56条の場合）にはそれらが認められることがある。たとえば国連憲章には脱退に関する規定がないが，脱退が禁止されるとは解されていない。

　合意によらない条約の終了原因として，条約の重大な違反（60条），後発的履行不能（61条），事情の根本的変化（62条），新たな強行規範の成立（64条）の場合がある。国際司法裁判所のガブチコボ・ナジュマロス計画事件（本案，1997年）では，ダニューブ河の共同利用計画に関する二国間条約の一方的終了が主張された。裁判所は，条約法条約第60条〜第62条の規定を慣習国際法の規則と認定したうえで，検討した結果，本件における条約の終了を認めなかった。

　当事国による条約の「重大な違反」があったときには，他の当事国はこれを条約の終了または運用停止の根拠として援用できる。重大な違反とは，条約の否定であって条約法条約が認めないもの，または，条約の趣旨・目的の実現に不可欠な規定の違反をいう（60条3項）。国際司法裁判所はナミビア事件に関

する勧告的意見（1971年）において，本条の規定は既存の慣習法を法典化した規定であるとしたうえで，南アフリカによる委任統治協定の重大な違反にもとづく委任統治の終了を認定した。後発的履行不能は，条約締結後に生じた原因によって条約の実施に不可欠な対象が消滅または破壊されたために履行不能となった場合をいい，この場合，条約終了の根拠とできる。たとえば，条約の実施に不可欠な島の水没，河川の枯渇，ダムや発電施設の破壊などが想定されている。条約締結の後にこれと抵触する一般国際法の新たな強行規範が成立した場合には，強行規範が成立したときから「効力を失い，終了する」。なお，外交関係または領事関係の断絶は，その存在が条約の適用に不可欠な場合を除き，条約関係に影響を与えない（63条）。また，武力紛争の発生（敵対行為の発生）が条約にいかなる影響を及ぼすかについては，条約法条約は予断していない（73条）。

　条約の無効や終了を主張する当事国は，そのための措置を一方的にとりうるわけではない。まず，他の当事国に理由を付して通告しなければならない（65条1項）。一定期間内に異議申立がなければ，とろうとする措置を実施できるが，異議申立があれば，国連憲章第33条の手段による解決に服する（65条2項・3項）。さらに，異議申立後12カ月以内に解決が得られないときは，強行規範をめぐる紛争については国際司法裁判所の強制管轄権が認められ，それ以外の紛争については条約法条約附属書が定める手続（調停手続）に付託できる（66条）。

3　事情変更の原則

　条約締結時に存在していた事情に，当事国が予見しえなかった根本的な変化が生じた場合，これを条約の一方的終了原因として認めることを，事情変更（*clausula rebus sic stantibus* ; fundamental change of circumstances）の原則という。「合意は守られなければならない」の基本原則は，「事情が変わらないかぎりにおいて」という前提（事情不変更約款）を当然に含んでいるとされる。事情変更の原則は，事情の根本的変化によって当事国間に生じた著しい利益の不均衡を是正する必要性に応える原則である。しかし，事情の根本的変化の存否を有権的に認定する第三者機関を一般に欠く国際社会においては，条約義務を

免れるためにこの原則が濫用される危険性が高い。そこで，事情変更の原則による条約の終了が国際法上認められるかどうか，従来から争いがあり，これを否定する見解も有力であった。実際に事情変更の原則の主張が認められた先例もみられない。

しかし，実際の適用における難点は，必ずしも原則そのものを否定する理由とはならない。判例でも，自由地帯事件（判決，1932年）で常設国際司法裁判所は，事情変更の原則の適用を認めなかったが，本原則の存在自体を否定したわけではない。そこで条約法条約は，濫用防止のための厳格な制限を設けつつ，事情変更の原則を導入することとした。すなわち，当事国の同意の不可欠な基礎をなしていた事情に変化があり，かつ，その変化が条約上の義務の範囲を根本的に変更する効果を有するものである場合にのみ，条約の終了または脱退の根拠として援用しうることを認めた（62条1項）。ただし，境界画定条約の場合および事情の変化が自国の義務違反の結果である場合には，本原則を援用できない（同条2項）。漁業管轄権事件（管轄権判決，1973年）で国際司法裁判所は，条約法条約第62条の規定は既存の慣習国際法を表明したものであると判断した。

〔参考文献〕

石本泰雄『条約と国民』（岩波書店，1960年）

経塚作太郎『条約法の研究』（中央大学出版会，1967年）

「国連条約法草案シンポジウム」国際法外交雑誌67巻4号（1968年）

経塚作太郎『続条約法の研究』（中央大学出版会，1977年）

柳井俊二「条約締結の実際的要請と民主的統制」国際法外交雑誌78巻4号（1979年）

薬師寺公夫「人権条約に付された留保の取扱い」国際法外交雑誌83巻4号（1984年）

小川芳彦『条約法の理論』（東信堂，1989年）

国際法事例研究会『日本の国際法事例研究(5)条約法』（慶應義塾大学出版会，2001年）

第6章　外交・領事関係

§1　外交官・領事の派遣と接受

〔説問〕　他国との外交関係をつかさどり，他国にいる自国民を保護することを職務の一つとする国家機関として外交官や領事官と呼ばれる人たちがいる。この人たちの派遣・接受また任務にはどのような違いがあるか。

1　外交使節制度と領事制度の沿革

　国際社会においては多くの国が存在している（2000年7月1日現在日本が国家として承認している国の数は189カ国）。これらの国は，それぞれに他国とさまざまな対外関係を結んでいる。このような対外関係に従事する国家機関として外交使節および領事がある。

(1)　外交使節制度の沿革と外交使節の種類

　外交使節は常駐使節と特別使節の二種類に大別される。前者は国を代表する資格をもって常駐的に外国に派遣される。後者は特定の任務を帯びて一時的に外国に派遣される。常駐使節がはじめて派遣されるようになったのは，13世紀，イタリア都市国家の間である。その後，近代的な国際社会の成立と共に他のヨーロッパ諸国の間にも採用されるようになった。今日，国々は密接な関係を相互に有している。したがって，常駐使節の役割の重要性を看過することはできない。

　外交関係に従事する国家機関を規律する国際法を検討するに際して現在では

多数国間条約による規制をみることが重要である。すなわち，1961年の「外交関係に関するウィーン条約」（外交関係条約）である。

(2) **領事制度の沿革と領事の種類**

領事制度の歴史は古く，十字軍遠征に従ったイタリア，スペインの商人たちはエジプトやシリアに赴き通商を行い，そこに居住した。その際，商人間の紛争解決の役目を担う領事を自分たちで選び，領事はこれらの国の君主により公認された。領事は自国の商人たちに行政上の権限を行使することもあった。

15世紀になると，イタリアの都市国家や他のヨーロッパ諸国は，これらの東方の君主国との間に条約を締結し，そのなかで領事による民事および刑事事件に関する裁判権を認めさせるようになっていった（歴史的には領事裁判制度は空間的に縮小されていったが，ヨーロッパ外の地域においては依然として残り，日本では1899年に，トルコでは1923年に，中国ではようやく1940年代に廃止された）。このように，領事の権限は行政・司法の両方に関係を有し拡大した。また，地域的には，ヨーロッパの商業都市も相互に領事を置くようになった。

16世紀以降，領事の選任に際し直接君主が関与するようになった。一方，常駐外交使節制度が発達し，また，商人がその居住国の裁判権に服するようになったこともあり，次第に領事の権限が縮小される方向に動いていった。とはいえ，19世紀後半以降の交通・通信技術の発達に伴う，国際通商の飛躍的な拡大により，あらためて領事制度は重要視されるようになっていった。

領事には本務領事と名誉領事の二種類がある。本国政府より派遣され，一定の俸給を支給され，もっぱら領事の職務だけを遂行する者を本務領事という。これに対して領事任務を委嘱され，手数料的な性質を有する報酬のみを受け取る者を名誉領事という。名誉領事は他の職業についていることも妨げられない。その土地の有力者である接受国国民が名誉領事に選任されることが多い。また，名誉領事に付与される特権・免除は，本務領事のそれに比較して狭く，限定されていることを特徴とする。

ところで，領事関係は，従来，派遣国と接受国との間で結ばれる条約（通商航海条約，領事条約，たとえば，1963年の日米領事条約，1964年の日英領事条約）または接受国の国内法により規律されてきた分野である。しかし，この分野においても一般条約が作成された。すなわち，1963年の「領事関係に関する

ウィーン条約」(領事関係条約)である。本章での説明は主として本条約に沿う。

2　外交使節と領事機関の長の派遣と接受
(1)　外交使節の派遣と接受
　外交関係の開設および常駐使節団の設置は，関係国の相互の同意にもとづき行われる（外交関係条約2条）。したがって，新しく国家を承認することが自動的にその国との外交関係の設定に結びつくわけではない。

　国際法上，派遣国は自国の外交使節を自由に任命することができるが，接受国は任命された人物をペルソナ・ノン・グラータ（*persona non grata*, 好ましからざる人物）として自由にかつ理由を示すこともなくその受入れを拒絶することができる。しかし，任命の撤回は当該二国間関係に悪影響を及ぼす可能性がある。このため，任命前に，その人物の氏名，経歴等を派遣国に通告しアグレマン（agrément：フランス語で「同意」）を求めるという慣行が成立し，今日ではこれが派遣国の義務とされている。外交関係条約はこのような義務を成文化している（4条1項）（ミャンマー軍事政権は民主化勢力を支持する発言をしていたアメリカの次期駐ミャンマー大使に予定されていたフレデリック・ブリーランド氏に対するアグレマンを1990年取り消した）。

　こうして，アグレマンを与えられた外交使節は信任状を接受国元首に提出することによりその任務を開始する（13条1項）。信任状とは派遣国元首から接受国元首に対して発せられる文書であって，当該人物が外交使節団の長であることを公式に認証するものである。

(2)　領事機関の長の派遣と接受
　領事関係の開設は，関係国の相互の同意により行われる（領事関係条約2条1項）。ただし，二国間の外交関係の開設についての同意は原則として領事関係の開設についての同意も含む（2条2項）。他方で，外交関係断絶が当然に領事関係の断絶を意味するわけではない（2条3項）。

　総領事等の領事機関の長の派遣および接受にあたり，大使等の外交使節の派遣および接受の手続と異なる点はあるのか。領事機関の長は，その資格を証明し，氏名・種類・階級・領事管轄区域等を記載した委任状またはそれに類する文書を派遣国より付与される。派遣国はそれを接受国に外交経路を通じて送付

する。その後，接受国より認可状と呼ばれる任務遂行許可書が交付され，これによって領事機関の長はその任務を開始することとなる（11条・12条）。この場合，接受国は認可状の付与を自由に拒否することができるがその理由を公にすることは求められない。このように，外交使節団の長の場合のようにアグレマンを事前に求める必要はない。

3　外交使節の任務と階級
(1) 任　務

外交使節およびその他の構成員からなる一国の外交使節団の任務としては，①接受国において派遣国を代表すること，②接受国において国際法が認める範囲内で派遣国およびその国民の利益を保護すること，③接受国の政府と交渉すること，④接受国における諸事情をすべての適法な手段で確認し，これについて派遣国政府に報告すること，⑤派遣国・接受国間の友好関係を促進し，両国の経済上・文化上・科学上の関係を発展させること（外交関係条約3条），がある。ただし，これらの任務は網羅的なものではなく，その順番は優劣を示すものではない。

外交使節は，接受国の法令を遵守し，接受国の国内事項に介入してはならない義務を負う（41条）。そのため，たとえば，特定政党に対する資金の提供，反対に特定政党に不利益な宣伝等によって，外交使節が接受国の政治状況に関与することは許されない。これらは適法な外交活動をこえた接受国の国内政治問題に対する違法な干渉を構成する。その他，諜報活動の指揮・統括，派遣国の反対勢力に属する自国民の逮捕・拉致への関与，密輸等も任務の濫用に該当する。外交使節が外交官としてふさわしくない行為を行った場合，接受国は派遣国にその召還を要求するか，あるいは，ペルソナ・ノン・グラータであることを派遣国に通告することができる。この場合，派遣国は，状況に応じ，その者を召還し，または任務を終了させなければならない（9条1項）。

他方，接受国の方としても，外交使節団がその任務を十分に遂行できるよう援助する義務を負う。

外交使節の任務は，上に述べたように接受国からのペルソナ・ノン・グラータ通告を受け，派遣国が当該外交使節を召還する場合の他に，その任期が満了

したとき，外交関係が断絶したときには終了する。

> **ペルソナ・ノン・グラータの通告**　外交使節は適法にその任務を遂行することが求められる。1879年，日本政府は，列強との間に結んでいたいわゆる不平等条約の改正案を作成し，関係国の政府に示したところ，内密であるはずの当該改正案が横浜発行の英字新聞紙上で公表されるという事態が起こった。その後，シュテットウェーゲン（Stoetwegen）駐日オランダ弁理公使がこの内容を漏らしたことが明らかとなった。翌年，日本政府はオランダ政府に対し同公使の召還を求め，これに対しオランダ政府は1881年，日本政府の要求を入れ，新弁理公使を任命するという経過をたどり，事件は解決した。

(2) 階　　級

　外交使節にはどのような階級が存在するのか。一国が派遣する外交使節団の最高責任者を外交使節団の長，簡単に外交使節という。外交使節には，はじめ階級がなくすべて大使とよばれていた。その後，種々の階級や名称が生じ，これらの階級と席次をめぐり，争いが起こることもあった。外交関係条約は，外交使節の階級として，大使，公使，代理公使の三階級を規定する（14条）。使節団の長に与える階級は関係国の間で合意されるところによる（15条）。必ずしも，大国が大使を派遣し，これに対して，小国は公使を派遣するというわけではない。日本がはじめて大使を派遣したのはイギリスであり（1905年にロンドンの公使館が大使館に昇格），他方，日本における大使館第一号は同様に1905年のイギリス大使館である。現在では，国際関係の緊密化にともない，どの国も大使を派遣するのが普通である。日本の場合，2001年1月の時点で115の大使館を設置している。公使館は設置しておらず，使節団の長としての公使も派遣していない。

4　領事の任務と階級

(1) 任　　務

　接受国における領事任務は多岐にわたる。しかし，それは基本的に派遣国とその国民の商工業上の利益を監視し，派遣国国民の利益を図ることにある。具体的には，①接受国において国際法の認める範囲内で派遣国およびその国民

（自然人であるか法人であるかを問わない）の利益を保護すること，②派遣国と接受国との間の通商上，経済上，文化上および科学上の関係の発展を助長することその他両国間の友好関係を促進すること，③接受国の通商上，経済上，文化上および科学上の活動の状況および進展を適法なすべての手段によって把握し，当該状況および進展について派遣国の政府に報告しならびに関心を有する者に情報を提供すること，④派遣国の国民に対し旅券または渡航文書を発給しおよび派遣国への渡航を希望する者に対し査証または適当な文書を発給すること，⑤派遣国の国民（自然人であるか法人であるかを問わない）を援助すること，等である（領事関係条約5条）。

領事の任務は，①派遣国が接受国にその任務の終了を通告したとき，②認可状が撤回されたとき，③接受国がその構成員を領事機関の職員として認めることをやめた旨の通告をしたときには終了する（25条）。この他に派遣国と接受国の領事関係が断絶したとき等にも終了する。

(2) 階　級

領事機関の長には，総領事，領事，副領事，代理領事の階級がある（9条1項）。したがって，一般的に領事という場合，これらの領事機関の長の総称である場合と特定の階級の長を意味する場合ある。領事任務を遂行する資格を有する者（領事機関の長を含む）を領事官と呼ぶ（1条1項(d)）。

5　外交使節団の構成員

外交使節団の構成員は，外交使節団の長および使節団の職員からなる。使節団の職員は，「外交職員」，「事務および技術職員」ならびに「役務職員」からなる。使節団の職員で外交官の身分を有する者を外交職員，使節団の職員で事務的業務または技術的業務のために雇用される者を事務および技術職員（電信，文書，会計，速記，タイプ等の事務を行う者），使節団の役務に従事する者を役務職員（運転手，料理人等）という（外交関係条約1条）。したがって，ふつう，外交官と呼ばれる地位にある者は使節団の長たる外交使節を除けば，外交職員だけがそれに該当する。外交職員は原則として派遣国の国籍を有する者でなければならない。しかし，接受国が同意すれば，接受国または第三国の国籍を有する者を外交官に任命することも可能である（8条）。接受国はいつでも理由を

示さないで，外交職員についてはペルソナ・ノン・グラータ，その他の職員については「受け入れ難い者」と通告することができる（9条）。

また，大使館等でその任務に携わっている人たちの人数には制限はあるのだろうか。あまりに多人数の人員を派遣することになれば，接受国の負担も重くなってしまいかねない。このことに関して，外交関係条約は「接受国は，使節団の職員の数を接受国が自国内の諸事情および当該使節団の必要を考慮して合理的かつ正常と認める範囲内のものとすることができる」と規定している（11条）。

6　領事機関の構成員

領事機関において領事任務を遂行する「領事官」と，領事機関の事務的または技術的業務のために雇用されている「事務技術職員」，役務のために雇用されている「役務職員」が領事機関の構成員である（領事関係条約1条）。

なお，接受国はいつでも領事官については，ペルソナ・ノン・グラータであるとして，他の職員については「受け入れ難い者」であるとして，派遣国に通告し，その者の召還または任務の終了を求めることができる（23条）。

◇ 発展・研究 ◇

逮捕・拘禁された自国民への援助

領事官は接受国において自国民が逮捕・拘禁されたとき，当該事実をその国民の要請にもとづき接受国当局から遅滞なく通報される権利を持つ（領事関係条約36条1項(b)）。領事官は，その国民を訪問，面談し，弁護人を斡旋する権利を持つ（同前(c)）。その国民も領事官と通信，面接することができる（同前(a)）。

ところで，自国民が領事機関の援助を受けることなく，裁判所の審理を受け，死刑判決を執行されたのは領事関係条約に違反するとしてドイツがアメリカを訴えていたラグラント（LaGrand）事件（1999年3月2日提訴，2001年6月27日判決）で，国際司法裁判所は，アメリカが当該ドイツ人に対して，逮捕後に上にみた領事関係条約第36条1項(b)規定の権利の遅滞ない通知を怠ったため，領事機関が当該ドイツ人に対し適切な時期に同条規定の援助を行う機会が奪われたものと認定した。この判決で裁判所は，領事関係条約の下で，アメリカがドイ

ツおよび当該ドイツ人に対して負う義務に違反したことから生ずる国際法上の責任を認めた。

§2　外交使節の特権免除（その他の国家機関を含む）

〔設問〕　外交官は通常の外国人とは異なりさまざまな特権を持ち，接受国の権限行使から免除されると聞くがそれは本当であるのか。たとえば，外交官の無謀運転により被害を受けた私人はどのような救済を受けることができるか。

1　外交特権の意義と根拠

　国際法上，外交使節および外交官ならびにその他の職員に対しては，一般の外国人より有利な特別の保護・待遇が付与されていることは広く知られている。これらの保護・待遇を総称して外交特権または外交官の特権免除という。

　どうして外交特権が付与されるようになったのか。その法的な根拠については，①外交使節その他の国家代表が常駐する場所（公館）は派遣国領土の一種の延長として接受国の領域の範囲外にあるものと擬製され，したがって使節団自体も含めて接受国の法秩序の範囲外であるとする「治外法権説」，②外交使節と使節団は派遣国の威信・独立・主権を代表するものであり，接受国はこれに広範な特権免除を認める義務を負うとする「代表性説」，③特権免除はもっぱら外交使節団が派遣国の代表機関としてその任務を独立に達成するための必要性にもとづくとする「機能的必要性説」の諸説がとなえられてきた。

　第一の「治外法権説」によれば，外交公館は接受国の管轄権から包括的かつ完全に免除されることを意味する。その意味で，現在この説はほとんど支持されていない。外交関係条約は当該条約に規定される特権免除の目的は「国を代表する外交使節団の任務の能率的な遂行を確保することにある」（前文）と規

§2 外交使節の特権免除(その他の国家機関を含む) 125

定する。結局,後者二説を併用したかたちになっている。

2 外交使節団の特権免除

外交特権の中身について,順に使節団の特権免除および外交使節その他の者の特権免除についてみる。

(1) 公館の不可侵

使節団の公館は不可侵であり,接受国の官吏(警察等)は,使節団の長,すなわち,外交使節が同意した場合を除く他,公館に立ち入ることができない(外交関係条約22条1項)。公館には外交使節の住居,すなわち,公邸も含まれる。たとえ,公館内において重大な犯罪や違法行為が行われている十分な証拠がある場合でも,外交使節の同意がなければ,接受国の官吏の立入りは認められない。逆に,接受国の方としては,侵入または損壊から,使節団の公館を守り,公館の安寧の妨害または公館の威厳の侵害を防止するために適当なすべての措置をとる特別の責務を負う(22条2項)。

> **公館の不可侵** 1996年12月17日,ペルー共和国リマの日本大使公邸をトゥパク・アマル革命運動(M.R.T.A.)構成員が襲い,日本大使を含むペルー駐在の各国大使,外交官およびその他の民間人を人質に,その解放の条件の一つとして服役中の同志の釈放をペルー政府に要求するという事件が発生した。そして,翌年4月22日の同国軍特殊部隊の武力突入をもって事件は終結した(なお,武力突入時の銃撃戦の末,人質となっていた最高裁判事と兵士2人および犯人14人全員が死亡)。
>
> ところで,接受国は,その領土で一般に秩序を維持する義務を負う。自国民や在留外国人に危害が加えられることを防止しなければならない。これに加えて,公館の保護のためには,それ以上の特別の措置がとられなければならない。危害が加えられようとする場合には,特別に厳重な警戒を行うことが必要である。そうした意味で,これらの事例において,接受国が公館に対する危害を避けるために十分な措置(警備のための警察職員の増員等)を実施していたかどうか検討する余地があるのではないだろうか。

(2) 公文書の不可侵と通信の自由

(a) **公文書の不可侵**　使節団の公文書および書類は，いずれの時およびいずれの場所においても不可侵である（外交関係条約24条）。公文書および書類は，自動車のなかや使節団構成員の居宅内にある場合のように公館外であっても，不可侵である。また，外交関係の断絶または武力紛争時においても不可侵である。

(b) **通信の自由**　外交使節団は接受国において，公の目的のために行われる通信の自由を享有する。この自由は，外交使節団が接受国政府との交渉や接受国事情の確認といった任務を遂行する過程において，その結果を本国に伝達する上で必要であり，慣習国際法上認められてきたものである。外交関係条約は，使節団の公用通信（使節団およびその任務に関するすべての通信をいう）は不可侵である（27条2項）と規定し，これまでの慣行を確認する。接受国の方としても，すべての公の目的のためにする使節団の通信を許し，かつ，これを保護しなければならない（27条1項）。使節団へ宛てられた私的な通信文に不可侵は及ばない。また，外交使節団は，派遣国またはその他の在外機関と自由に通信する権利を持つ。通信の自由の行使に際しては外交伝書使および暗号通信文を含むすべての適当な手段を用いることができる（同前）。

したがって，たんに文書・書類，電信・電話による通信にとどまらず，暗号・符号による通信，外交伝書使，外交封印袋の使用と，許容される通信手段は広範囲にわたる（ただし，外交関係条約は，無線送信機を設置し，かつ，使用するには接受国の同意が必要であるとした（27条1項但書））。外交伝書使は身体の不可侵を享有し，いかなる方法によってもこれを抑留し，または拘禁することは許されないし，外交封印袋を開封し，留置することはできない（27条3項・5項）。

(3) 便宜供与——旅行の自由

外交使節団の構成員が接受国領域を自由に移動し，場合により遠くへ旅行することは，外交使節団が任務を効果的に行うという見地から不可欠であろう。接受国としても，使節団に対し，その任務の遂行のため十分な便宜を与えなければならない（25条）。慣習国際法上，外交使節団の構成員は移動および旅行の自由を享有するとされる。外交関係条約は「接受国は，国の安全上の理由に

より立入りが禁止され又は規制されている地域に関する法令に従うことを条件として，使節団のすべての構成員に対し，自国の領域内における移動の自由及び旅行の自由を確保しなければならない」(26条) と規定する。したがって，原則として旅行・移動の自由は認められる。ただし，国の安全上の理由により接受国の国内法令上で定められているとき，この自由は制限されうる。

なお，旧ソビエト連邦政府は，駐ソ連各国外交官に対して旅行（移動）制限措置をとり，モスクワから40キロメートルまでの旅行は自由であるが，それ以上の場合については許可を事前に要求していた。加えて，主要な工業都市，軍事要塞地域，港湾地域の立入りも禁止していた。日本は対抗措置として，東京都中央区日本橋から40キロメートルまでの地域について旅行を自由とし，それ以外については許可制とした。日光市内，軽井沢町内，箱根地区内，逗子市内，葉山町内については届出制とされた。ソ連邦の解体により，日ロ両国ともこのような制限措置を撤廃した。

3 外交官の特権免除

(1) 身体の不可侵

外交官の身体は，不可侵である。外交官は，いかなる方法によっても抑留または拘禁されない（外交関係条約29条）。接受国は，相応な敬意をもって外交官を待遇し，かつ，外交官の身体，自由または尊厳に対するいかなる侵害も防止するためにすべての適当な措置をとらなければならない（かつて，日本刑法第91条は，外国の外交使節に対する暴行・脅迫に関し重罰規定をおいていた。しかし，日本国憲法第14条法の下の平等原則と相容れないということで削除された）。このような特権は，外交官が公務に従事している以外の私的な場面においても及ぶ。不可侵権は外交官が享有する特権のなかでももっとも重要なものの一つであり，その性質において絶対性を有するものであるが，接受国は外交官が個人的な立場で犯した犯罪について，外交官としての資格が消滅した後，すなわち，外交官特権が切れた後に，その者を訴追し，処罰することは妨げられない。

なお，外交官の個人的住居，書類，通信，財産も不可侵である (30条)。

(2) 裁判権からの免除

外交官は接受国の刑事裁判権からの免除を享有する (31条)。このため，外

交官が接受国の刑法に反する行為を行った場合でも，訴追し，裁判にかけることはできない。刑事裁判権に関し，このような免除は絶対的であり，例外はない。民事および行政裁判権からは，一定の例外はあるが原則として免除される。接受国のとりうる手段としては当該外交官に対して直接退去を求めるかまたは派遣国に当該外交官がペルソナ・ノン・グラータである旨を通告しその召還を請求することができるだけである。民事および行政裁判権については，①接受国内にある個人の不動産に関する訴訟，②個人として遺言執行者，遺言管理人，相続人または受遺者として関係している相続に関する訴訟，③接受国において公務外で行う職業活動また商業活動に関する訴訟を除いて免除を享有する（同31条1項）。

外交官は，証人として証言を行う義務を負わない（31条2項）。

(3) 外交官と交通事故

このように，外交官は接受国の裁判権から包括的に免除される。問題になる事例の一つとして，外交官を加害者とした交通事故に起因する民事訴訟の困難性をあげることができよう。というのは外交官特権が免除されないかぎり，被害者は自国の法廷で救済を受けることはできないからである。

1964年，在日マレーシア大使館の二等書記官が日本人大学生を交通事故により死亡させた事件（アヤトリ事件）では，賠償金について交渉中に当該書記官が帰国してしまったため，遺族は本人から賠償金を得ることができなかった。

外交関係条約を審議する会議では，交通事故に関する損害賠償訴訟について免除の範囲外とする提案も出されたが，これについては，賛否両論があり，採択されなかった。しかし，「派遣国は，自国の外交使節団の任務の遂行がさまたげられないときは，派遣国にある人の民事請求権について自国の外交使節団構成員の免除を放棄するように，また，免除が放棄されないときは，同請求権の正当な解決をもたらすことに最善の努力を払うように勧告する」との「民事請求権の審議に関する決議」と題する決議が採択された。しかし，この決議は法的な拘束力を持たない勧告にとどまる。

(4) 行政権からの免除——課税からの免除

外交官は，人，動産または不動産に関して，接受国（国および地方公共団体）からの所得税や住民税といった租税一切を免除される（外交関係条約34条）。し

かし，商品や役務の対価に通常含まれている間接税，接受国領域内にある個人の不動産に対する賦課金と租税等，一定のものについては，例外とされ，外交官もその支払いを免れない（同前）。その他，使節団の公の使用のための物品，外交官またはその家族の構成員でその世帯に属する者の個人的な使用のための物品については，関税，租税および課徴金が免除される（36条）。

4　外交官以外の職員と家族の特権免除

外交官の家族構成員でその世帯に属する者は接受国国民でないことを条件に外交官と同様の特権を認められる（外交関係条約37条1項），事務および技術職員ならびにその家族も，接受国の国民でないか通常そこに居住していないことを条件に外交官と同様の特権免除が認められる。ただし，民事および行政裁判権からの免除は，公の任務の範囲外で行った行為には及ばない。役務職員はより制限された免除を享受する。

5　特権免除の享有期間

これらの特権免除については，それを受ける権利を有する者が赴任のため接受国の領域に入ったとき，または，すでに接受国領域内にいる場合には自己の任命が外務省に通告されたときを起点に特権免除の享有が始まる（39条1項）。そして，その終期は，任務終了後，接受国を去るとき，または，接受国を去るために要する相当な期間が経過したときのいずれかの時点である（39条2項）。

なお，外交使節団構成員として行った任務に関する裁判権免除は特権免除の消滅後も引き続き存続することに注意する必要がある（同前）。

6　裁判権からの免除の放棄

外交官の持つ裁判権からの免除はその者の個人的な利益のために認められるものではない。免除の目的は，国を代表する外交使節団の能率的な任務の遂行を確保することにある。派遣国は裁判権からの免除を放棄することができる（32条1項）。ただし，免除の放棄は常に明示的に行わなければならない（32条2項）。この場合，民事または行政裁判権からの免除の放棄は裁判の執行についての免除の放棄を当然に意味するものではない。執行についての免除の放棄

については別途なされなければならない（32条4項）。

◇ **発展・研究** ◇

1 自己完結的制度について

本章で取り上げている外交関係法は自己完結的制度（self-contained regime）であるといわれる。ここで自己完結的制度とは、国際法の個別の領域において独自の紛争処理の仕組みがあらかじめ存在することにより紛争が生じたときには関係国は自らその仕組みに訴えることができるような制度をいう。

国際司法裁判所の在テヘラン米国大使館員等人質事件（本案、判決、1980年）は、自己完結的制度という言葉を使用して外交関係法の特徴を述べている。外交関係法上、接受国は外交使節に対してさまざまな特権免除を付与する義務を負う一方で、外交使節による特権免除の違反が生じた場合、対抗措置としてペルソナ・ノン・グラータ通告（外交関係条約9条1項）およびより強力な外交関係の断絶という措置をとることができる。

関係国間で紛争が生じた場合に対抗措置としてとりうる手段があらかじめ規定されており、その結果、一般国際法上、諸国がとりうる措置が利用される場面は制限される。こうした意味において外交関係法は自己完結的であるといわれる。

このような自己完結的制度は外交関係法に限られるのか。WTOの紛争処理制度や欧州人権条約に固有の履行確保措置も自己完結的制度の例として挙げられることがある。

2 ピノチェト事件——元国家元首の犯した人権侵害は外国で裁かれうるのか

チリの元大統領ピノチェト氏は、1998年10月、病気治療のために訪れていたイギリスでスペイン政府の要請により逮捕された。スペインの要請理由は同氏が大統領時代に行ったとされる拷問や殺害等の大規模な人権侵害の犠牲者の中にスペイン国籍の者が存在したからであった。

外交使節等の外交官と同様、国家元首はその地位にもとづき特権免除を有する。したがって、元首には在任中不逮捕特権や裁判権からの免除がある。問題

となるのは，公務終了後，在職期間中の公務に関して外国の裁判権からの免除が存続するかどうかであるが，本件の場合，関連するイギリス国内法（1978年国家免除法）の規定により，元国家元首は，在職中の公務に関して免除を引き続いて享有できることになっていた。

なお，チリ政府は同氏の逮捕を外交特権の侵害であるとしてイギリス政府に対して抗議していた。

イギリスの高等法院（高裁に相当）は同年10月28日逮捕が違法であるとの決定を下した。その理由は同氏には在任中の行為に関して元国家元首として刑事および民事裁判上の免責特権があるというものであった。その後，貴族院（最高裁に相当）は2度にわたり（同年11月25日と翌年3月24日），逮捕の合法性について審理を行ったが，いずれにおいてもその合法性を認めるとするものであった。

こうした結論に至った理由として貴族院の多数意見は，拷問行為は国際法上の犯罪であり，元首の任務とみなすことができないと述べている（その後，イギリス政府は健康上の理由から同氏の帰国を許可）。

このように，本件で貴族院は一定種類の人権の侵害が元首の任務には該当せず，このことから，特権免除も及ばないとした。周知のように大規模で組織的な人権の侵害は軍の高官や政府指導者等の関与により実行されることが多い。こうした場合，それらの者に付与される特権免除が障害となり，裁判の実現には困難が伴う。そうしたなか本件は人権の侵害に責任のある元国家元首を国外で裁きうる余地を提示したものとして注目にあたいする。

§3　領事の特権免除

〔説問〕　外交官と共に国際関係に関与する国家機関である領事に付与される特権免除は，外交官のそれとはどのような点で相違するか。

1　領事機関の特権免除

　領事機関の公館は，不可侵である（領事関係条約31条1項）。接受国は領事機関の公館を侵入または損壊から保護するため，および領事機関の安寧の妨害または威厳の侵害を防止するため，すべての適当な措置をとる特別な責務を負う（31条3項）。接受国当局は，領事機関の長もしくはその指名した者または派遣国の外交使節団の長の同意がある場合の他，領事機関の公館で「もっぱら領事機関の活動のために使用される部分」に立ち入ってはならない（31条2項）。ただし，火災その他迅速な保護措置を必要とする災害の場合には領事機関の長の同意があったものとみなすと規定されており（31条2項但書），例外の場合が明記されている。この点，外交公館の不可侵権との大きな相違である。

　なお，外交官の場合と異なり，領事官の個人的住居，書類，通信の不可侵は認められていない。

　領事機関の公文書および書類はいずれのときおよびいずれの場所においても，不可侵である（33条）。したがって，領事機関構成員が携帯中とか，領事機関の閉鎖や移転に伴い領事機関より持ち出さねばならない場合，外交関係の断絶時においても，不可侵である。これは外交使節団の公文書と書類の不可侵と同じある。

　領事機関は公の目的のためにする通信の自由を享有する（35条）。通信手段が領事封印袋の使用である場合，その袋の中身が公の通信や物品以外のものであると信ずる十分な理由がある場合，派遣国の委任を受けた代表によって接受国当局の立会いの下に開封を要求することができ，それが拒否されたときは，当該袋を発送地に返送すると規定されている（35条3項）。

2　領事官の特権免除

　領事官およびその他の領事機関構成員の有する特権免除について検討を行う。以下にみるように，これらの者に対する特権免除の範囲は，外交使節団の構成員の特権免除の範囲よりも狭い。

(1)　身体の不可侵

　接受国は，相応の敬意をもって領事官を待遇するとともに，領事官の身体，自由または尊厳に対するいかなる侵害も防止するためすべての適当な措置をと

らなければならない（40条）。原則として領事官は，抑留されず，または裁判に付されるために拘禁されることはできない（41条1項）。しかし，これには例外が存在する。つまり，重大な犯罪の場合において権限ある司法当局の決定がある場合である（同条但書）。この場合，接受国は領事官を逮捕または拘禁することを妨げられない。このように，重大な犯罪の場合とはいえ，不可侵権が及ばない場合が明記されていることは，例外が明記されていなかった外交官の不可侵権と比較して，大きな相違である。

領事官は自己についての刑事訴訟手続が開始されたときは権限ある当局に出頭することが求められる（41条3項）。しかし，この場合，当該手続は，領事官としての公の地位に相当な敬意を払いつつ行われ，領事任務の遂行をできる限り妨げない方法で行われなければならない（同前）。

(2) 裁判権からの免除

領事機関構成員である領事官および事務・技術職員は，領事任務の遂行に際して行った行為に関し接受国の裁判権に服さない（43条1項）。しかし，例外があり，①派遣国のためにする旨を示すことなく締結した契約にかかわる民事訴訟，②接受国において車両，船舶または航空機による事故から生じた損害につき第三者の提起する民事訴訟については，そもそもこのような免除が及ばない（43条2項）。そのため，交通事故の加害者である領事官の場合，民事上の損害賠償請求訴訟を提起される可能性がある。

証言の義務からの免除についても外交官のそれと比べて制限的な傾向をみてとることができる。接受国は領事機関構成員に対して証人として出頭するよう求めることができる（44条1項）。しかし，領事官が出頭または証言を拒否したとしても，強制的な措置または刑罰を科すことはできない。ただし，事務技術職員または役務職員については自己の任務の遂行に関連する事項を除き，一般に証言の義務を拒否することはできない（44条3項）。

(3) 行政権からの免除—課税からの免除

領事官および事務技術職員ならびにこれらの世帯に属する家族は，人，動産または不動産に関し国または地方公共団体のすべての賦課金および租税を免除される（49条）。しかし，免除の対象外のものとして，間接税や個人的な財産にかかわる租税等がある。また，領事機関の公の使用のための物品，領事官ま

たはその世帯に属する家族の個人的な使用のための物品については、関税、租税、その他の課徴金が免除される（50条）。これらの免除についていえば、かなりの部分、外交官に対する課税・関税の免除に類似するものといえる。

なお、以上に述べてきた、特権免除は、名誉領事官を長とする領事機関（名誉領事館）ならびにその長および構成員によっても享有されるが、その程度は総じてより制限的である。

(4) 特権免除の享有期間

領事機関構成員は赴任のため接受国領域に入ったとき、または、すでに接受国領域内にある場合には、自己の任務につくときから特権・免除を享有する（53条1項）。そして、その終期は、任務終了後、その者が接受国を去るときまたは、接受国を去るために要する相当な期間が経過したときのいずれか早い時点である（53条3項）。

なお、領事官または事務技術職員が行った任務に関する裁判権免除は特権免除の消滅後も引き続き存続することに注意する必要がある（53条4項）。

(5) 特権免除の放棄

領事機関の構成員に与えられるこれらの特権免除については、派遣国によって放棄されうる（45条1項）。ただし、免除の放棄は常に明示的に行われなければならない（45条2項）。この場合、民事・行政裁判権からの免除の放棄は裁判の執行についての免除の放棄を当然に意味するものではない。執行についての免除の放棄については別途なされなければならない（45条4項）。

◇ 発展・研究 ◇

特権免除を享受するその他の者や機構

今日、国際連合をはじめとした国際機構に派遣されている加盟国の代表、そこで働いている職員（一般に国際公務員と呼ばれる）および国際機構それ自体は、一定の範囲で外交領事特権免除に類似した特権免除を享受している（国連については、1946年の国際連合の特権及び免除に関する条約（国連特権免除条約）を参照）。このような特権免除が認められているのは、当該国際機構に関連する任務をいかなる干渉も排して、独立に遂行するために必要であると考えられているからである。また、外国訪問中の国家の元首、行政府の長（首相等）、外務

大臣は外交使節と同様に取り扱われる。その他，他国に駐屯する外国軍隊および軍隊構成員も一定の特権（接受国裁判権からの免除等）を与えられることがある（在日アメリカ軍については，1960年の在日米軍の地位に関する協定を参照）。このように，今日の国際社会においては関係国間の二国間条約または多数国間条約を通じ，さまざまな特権や免除を付与されている**機構（組織）**およびその構成員が存在する。したがって，これらに付与される特権免除についても注目する必要があろう。

〔参考文献〕

横田喜三郎『外交関係の国際法』（有斐閣，1963年）

月川倉夫「外国軍隊の刑事裁判権―駐在国裁判所からの免除について」産大法学創刊号（1967年）

横田喜三郎『領事関係の国際法』（有斐閣，1974年）

田畑茂二郎『国際法新講上』（東信堂，1990年）

藤田久一『国際法講義Ⅰ　国家・国際社会』（東京大学出版会，1992年）

松田幹夫「XI　国家機関」寺沢一＝山本草二＝広部和也編『標準国際法（新版）』（青林書院，1993年）

山本良「国際法上の『自己完結的制度』に関する一考察」国際法外交雑誌93巻2号（1994年）

吉井淳「第7章　国際関係における国家機関」杉原高嶺ほか『現代国際法講義（第2版）』（有斐閣，1995年）

国際法事例研究会『日本の国際法事例研究(4)外交・領事関係』（慶應義塾大学出版会，1996年）

山本良「自己完結型紛争処理の機能と限界」宮城教育大学紀要33号（1998年）

藤田久一「国家元首と犯罪」関西大学法学会誌45号（2000年）

島田征夫「元国家元首の免責特権―ピノチェト事件」山本草二ほか編・国際法判例百選（別冊ジュリスト156号）（2001年）

第7章　国家の国際責任

§1　国家責任の概念

〔設問〕　国家が国際法上の刑事責任を問われることはあるのだろうか。

1　国際責任と国家責任

　国家その他の国際法主体が国際法上の義務に違反した場合，国際違法行為を構成し，国際法上の責任すなわち国際責任を負うことになる。国家が負う国際責任を国家責任（State Responsibility）という。伝統的な国際法の下では国家のみが国際法主体とされてきたため，国際責任と国家責任は，ほぼ同義であった。現在では，国際機構や個人にも一定の場合に限定的な国際法主体性が認められており，これらの主体が国際責任を負う場合がある。しかし本章では，今日なお国際責任の中心をなす国家責任の問題を扱う。

2　国家責任法の発展とその法典化
(1)　外国人処遇問題と法典化

　国家責任に関する国際法は，歴史的には，19世紀以降の欧米諸国の海外進出にともない，進出した在外自国民を本国が保護するための規則として形成され，発達してきた。欧米諸国は，自国民が外国で違法に損害を被った場合に，しばしば外交的保護権を行使して，当該外国の国家責任を追及してきたのである。こうして，外国人処遇義務違反から生じる領域国の国家責任の問題については，国家実行と国際判例がある程度豊富にみられるようになった。そのため，国家

責任の問題は，従来，「自国領域内で生じた外国人の身体または財産に対する損害に関する国家責任」の問題として取り上げられてきた。

　国際連盟が主催したハーグ法典編纂会議（1930年）で法典化の対象とされた国家責任の問題も，外国人処遇義務違反から生じる領域国の外国人本国に対する国家責任の問題であった。しかし，外国人の処遇に関する実体法上の基準について，欧米諸国が主張する国際標準主義（文明国標準主義）の立場とラテン・アメリカを中心とする諸国が主張する国内標準主義の立場が深く対立し，法典化は失敗に帰した。国連国際法委員会は，当初から国家責任の問題を法典化のテーマの一つに掲げ，特別報告者アマドールの下で，外国人処遇基準に関する二つの立場の対立を基本的人権の概念によって調整する試みがなされたが，この対立は解消されなかった。

(2) **法典化の方針転換と国際法委員会草案**

　そこで国際法委員会は，従来の法典化作業の失敗をふまえて，特別報告者アゴーの下で，国家責任の法典化の基本方針をつぎのように大きく変更することにした。まず，国際法の諸規則を，国家に一定の義務を課す個々の規則すなわち第一次規則（primary rule）と，第一次規則の義務に違反した場合に適用される責任に関する規則すなわち第二次規則（secondary rule）とに区別し，第二次規則のみを法典化の対象とすることにした。これにより，これまで対立が解消されなかった外国人の処遇をめぐる実体法上の基準については，これを第一次規則として考察の対象から除外することにした。また他方において，外国人の処遇義務違反から生じる国家責任の問題だけでなく，およそすべての国際法規則（第一次規則）の違反から生じる国家責任の問題一般を，第二次規則として考察することにした。

　このような方針に従って作業を進めた国際法委員会は，特別報告者の交替を経ながらも，1996年に国家責任に関する第一読を終了して全三部60カ条と二つの附属書からなる条文草案を暫定的に採択した。さらに，新たな特別報告者クロフォードの下で第二読が開始され，諸国の見解や国家実行・判例などの発展をふまえつつ第一読草案を体系的に再検討する作業が進められた。その結果，2001年には第二読を完了し，最終的に「国際違法行為に対する国家責任」条文草案全59カ条を採択した。この最終草案は，第一読草案の基本方針を維持しつ

つも，いくつかの重要な点を含む修正と改善を施している。今後この国際法委員会草案が正式の一般条約として結実することになるのか，あるいは条約以外の形式をとることになるのかは，現時点では未知数である。しかし，本草案は，第一読草案の段階から国際判例や国家実行に大きな影響を与えており，国家責任の問題を考えるうえできわめて重要な資料であるといえる（以下では，適宜，原則として2001年の最終草案を引用する）。

3 国家責任の法的性格

　国内法では，一般に民事責任と刑事責任が分化しているが，国内法になぞらえると，国家責任は伝統的に民事責任に類するものととらえられてきた。基本的に対等な主権国家相互の関係を規律する国際法の規則として，国家責任は，国際違法行為を行った加害国と直接に損害を被った被害国との間で，被害国の法益を回復することを目的としてきたのであり，国際社会全体の法益の回復を目的としたものではなかった。国家責任の追及のための国際請求と国際裁判も，国内法上の刑事責任の追及のような手続ではなく，民事責任の追及に類似する手続がとられてきた。〔**設問**〕のような国家の国際刑事責任は認められてこなかったといえる。

　もっとも，最近では，個別国家の利益を越えた国際社会全体の利益と，これに対応して「国際社会全体に対して負う義務」（対世的義務，普遍的義務）（obligations *erga omnes*）の存在が認識されるようになった。このような発展をふまえて，国際法委員会の第1読草案は，国家の国際犯罪の概念を導入するにいたった。すなわち，国際社会の基本的利益の保護にとって不可欠な義務の違反であって，国際社会全体によって犯罪と認められるような国際違法行為を，国家の国際犯罪（international crime）と定義づけ（19条2項），その例示として，侵略の禁止，植民地支配の禁止，奴隷・ジェノサイド・アパルトヘイトの禁止，大気または海洋の大量汚染の禁止などの義務の重大な違反を挙げた（同条3項）。そしてこのような国際犯罪については，一般の国際違法行為（international delict）の効果のほかに，他のすべての国が「被害国」となり（40条3項），「被害国」は，一定の義務を負う（53条）とともに救済を求めあるいは対抗措置を行いうる資格をもつ（52条・47条），といった特別の効果が加わるとした。

しかし最終草案では，国際犯罪の概念が再検討された結果，第一読草案第19条に相当する規定が削除され，刑罰的な意味を含意する「犯罪」という表現を回避しつつ「一般国際法の強行規範の下で生じる義務の重大な違反」とその特別の効果に関する規定がおかれるにとどまるようになった（40条・41条）。

一方において国家の国際犯罪の概念を支持する見解はなお有力に存在し，この問題の議論が完全な決着をみたとはいえない。しかし，国際法委員会草案において国家の国際犯罪の概念が削除されたことは，国際社会の現状が，〔**設問**〕のような国家の刑事責任の追及を肯定するまでにはなお十分成熟していないことを示すものといえよう。国家責任は，原則として民事責任的な性格をもつものと考えられる。

◇ 発展・研究 ◇

国際社会全体に対して負う義務について

国際司法裁判所が，外交的保護のケースであるバルセロナ・トラクション電力会社事件（第二段階判決，1970年）で新たに打ち出した概念である。同判決は，その傍論において，国家の国際義務には，外交的保護の分野におけるような他の一国に対する義務と，「国際社会全体に対して負う義務」(obligations *erga omnes*)の二種があるとした。この後者の義務は，対世的義務または普遍的義務ともいわれる。この種の義務の違反についてはすべての国が法的利益をもつとし，その具体例として，侵略の禁止，ジェノサイド・奴隷制・人種差別などの禁止を挙げた。Obligations *erga omnes* の概念と，これと類似する強行規範（*jus cogens*）や国際法委員会の最終草案で削除されることになった国家の国際犯罪の概念との相互関係については必ずしも明確ではなく，議論がある。

§2 国家責任の成立

〔**設問**〕 私人の行為についても国家責任は発生するのだろうか。

1 一般的成立要件

　国家のすべての国際違法行為はその国の国家責任をともなう（最終草案1条）。国家責任は，国家に帰属する国際義務違反行為によって発生する。つまり，一般に国家責任は，①ある行為（作為または不作為）が国家に帰属する行為であること（行為の国家への帰属。主体的要件），②当該行為が国際法上の義務に違反すること（国際義務違反すなわち国際違法行為の存在。客観的要件），の二つの要件が満たされるときに成立する（2条）。これらの要件のほかに，故意・過失の要因が国家責任成立の独自の一般的要件として認められるかどうかについて，客観責任主義と過失責任主義の理論上の対立があるが，国際法委員会の国家責任条文草案は，この要因は第一次規則たる個々の国際義務の中に盛り込まれているものであり，国際義務違反の存否の要件に包摂される要因であると位置づけており，これを第二次規則たる責任法における独自の要件とはしていない（客観責任主義）。また，「損害」の要因についても，同草案は，あらゆる国際義務違反は他国に対するなんらかの侵害（損害）を伴うとして，これを国際義務違反の要件の中に包摂されるものとし，その独自の一般的要件性を否定している。

2 行為の国家への帰属

　国家は一種の団体人格である。国家という抽象的・概念的存在が実際の行為を行うわけではなく，「国家の行為」は，実際にはいずれかの個人の行為を通じて行われる。そこで，どのような個人の行為が国際法上「国家の行為」とされるかが問題となる。行為の国家への帰属に関する規則について，最終草案は，第一読草案の内容を基本的に踏襲しつつ，諸規定の整理，統合を行った。

(1) 国家機関の行為

　国内法上国家機関の地位にある者がその資格で行った行為は，国際法上，すべて国家の行為とされる。立法，行政，司法その他いずれの機関であっても機関の種類を問わず，また，上部機関であれ下級機関であれ，機関内部の地位を問わず，国家機関の資格において国家機関が行った行為は，国家の行為とされる（4条）。また，中央政府の機関のみならず，連邦構成国や地方公共団体といった団体であっても，国家機関としての資格で，あるいは統治権能を行使す

る権限を付与されてその資格において行った行為は，国家の行為とみなされる（4条・5条）。

　以上のような国家機関または統治機能を行使する団体がその資格で行った行為は，たとえその権限を踰越しあるいは指示に違背したとしても，それらは外見（外観）からは判断できないので，国際法上，国家の行為とみなされる（同7条）。国家の権限外の行為が国家に帰属するかどうかについては，従来は争いがあったが，現在では，このような外観理論に依拠した立場が判例でも採用されている。

　他方，国家機関等の公的地位にある者であっても，「その（公的）資格において」ではなく，純然たる私人の資格において行った行為は，国家に帰属しない。反対に，公的地位にない者の行為（私人の行為）であっても，事実上，国家の指示または命令にもとづいて行われたり（8条），正式な国家当局が存在しないような状況下で事実上統治機能の一部を行使した場合（9条）には，事実上は国家機関の行為であるとみなされ，国家に帰属する。

(2) 私人の行為

　一般に，私人が私人の資格において行った行為は，国家に帰属しない。したがって，〔設問〕については，私人が事実上国家機関の行為とみなされるような場合を除き，私人の行為について国家が直接に国家責任を負うことはないといえる。しかしながら，私人の行為に関連して，国家自身の国際義務違反が認められ，国家責任が成立する場合がある。それは，一般的には，私人による国際法益の侵害について，国家機関がその防止・排除のために必要な「相当の注意」（*due diligence*）を怠ったような場合であり，国家は，そのような不作為による国家自身の国際義務違反行為について国家責任を負うことになる。このように，国家に帰属しない私人の行為であっても，これを契機として，国家が自己の国際義務に違反する結果，国家責任が発生することがある。

　革命や内乱などにおける反乱団体の行為も，私人の行為として，原則として国家責任は生じないが，その防止・鎮圧につき国家機関が相当の注意を怠ったような場合には，国家責任が発生しうる。なお，反乱団体が新政府または新国家を樹立した場合には，反乱団体の行為は国家に帰属する（10条）。

3 国際義務の違反

(1) 義務違反の認定

　国家による国際義務違反は国際違法行為を構成し，国家責任を発生させる。国際義務の淵源が条約，慣習国際法その他いずれの義務であるか，またいかなる性格の義務であるかを問わず，国際義務の要求するところと国家の行為が一致しない場合に，国際義務違反が成立する（12条）。第一読草案では，義務違反を認定するための規則として国際義務の性質に応じた分類が行われていたが（20条〜23条），この分類の有用性に対する批判が強く，最終草案ではそれらがすべて削除された。実際の国際義務違反の認定は，問題となる個々の国際義務に照らして個別に判断せざるをえないと考えられる。

(2) 違法性阻却事由

　国際義務の要求するところと一致しない国家の行為であっても，一定の事情により行為の違法性が阻却されることがある。そのような事情を違法性阻却事由という。最終草案は，①被害国の同意，②自衛，③対抗措置，④不可抗力，⑤遭難，⑥緊急状態，⑦強行規範の遵守，の七つの違法性阻却事由を挙げている（最終草案20条〜26条）。①〜③は相手国の行為（同意を含む）を理由とするもの，④〜⑥は関係国に帰責しえない外的事情によるものと考えられる。

　④の不可抗力は，たとえば天変地異などにより，義務違反以外の行動が不可能であったような場合に認められる。⑤の遭難は，自己または保護を委託された者の生命を救うためには，義務違反以外の合理的な方法がなかった場合であり，当該違法行為が同等以上の危険をもたらさないことを条件として認められる。⑥の緊急状態は，重大かつ切迫した危険から国家の本質的利益を守るために，義務の相手国または国際社会全体の本質的利益を害さないことを条件として認められる。外的事情を理由とするこれら④〜⑥については，そのような事情の発生に寄与した国家は当該事由を援用することができない。また，①〜⑦のいずれの場合においても，行為の違法性は阻却されるとしても，その行為によって生じた実質的な損害または損失についての金銭補償は，別途問題として残りうる（27条）。

◇ 発展・研究 ◇

無過失責任原則，危険責任主義

　本文で述べたように，国家責任の成立要件については，行為の国家への帰属と国際義務違反の要件のほかに，国家の過失という主観的要件が必要かどうか，過失責任主義と客観責任主義の間で争いがある。伝統的には，グロティウス以来，過失責任主義が支配的であったが，20世紀になると客観責任主義が有力に主張されるようになり，国際法委員会の草案でもこの立場が採用されている。

　この議論とは別に，原子力活動や宇宙開発など，第三者に重大な損害をもたらす高度の危険性を内蔵する活動については，危険責任主義の立場から，個別の多数国間条約において無過失責任原則が導入されている。それは，損害の発生および原因行為と損害との間の因果関係が立証されれば，過失の立証を要することなく，賠償責任を認め，被害者を救済しようとするものである。それらの条約は，賠償責任への国家の関与の態様に従って三つに分類される。第一に，事業者に責任を課し国家は責任主体とはならない民事責任型（航空機損害，油汚染損害），第二に，事業者が責任を負うが，その負担能力を越える部分については国家が補完的責任を負う混合責任型（原子力損害），第三に，活動主体のいかんを問わず，国家に責任を集中させる国家の専属責任型（宇宙損害）である。これらの多くは第一，第二の型であり，国家を賠償責任主体とする第三の型は宇宙損害（宇宙損害責任条約）のみである。したがって，危険責任主義にもとづく国家の賠償責任が慣習国際法上一般に認められるわけではない。

§3　国家責任の解除

〔設問〕　国家責任はどのような手段・方法で解除されるのであろうか。

1 責任解除の諸手段

〔設問〕については，以下で述べるように，国際法上の国家責任解除の手段・方法は多様であり，また，この場合にはこの手段・方法，というように明確に定められているわけではなく，しかも，しばしば複数の手段・方法が複合的に用いられる，といった特徴がみられる。

国家責任を発生させた国際違法行為がなお継続するような場合には，なによりもまず，その行為が停止されなければならない。この停止義務は，継続的な性格を有する違法行為（最終草案14条2項）一般にあてはまる第一次的な責任解除方法であるといえる（同30条(a)）。もとより，たとえば航空機の撃墜といった継続的な性格をもたない瞬時的行為（同14条1項）に停止を求めることは無意味である。

国際違法行為を行った国家は，それによって生じた損害を救済しなければならない。加害国は国家責任を解除すべき義務を負うのであり，これは十分確立された国際法の基本原則である。常設国際司法裁判所のホルジョウ工場事件（判決（賠償），1928年）によれば，「賠償（reparation）は，可能な限り，違法行為のあらゆる帰結をぬぐい去り，その違法行為がなされなかったならば存在したであろう状態を回復するものでなければならない」。ここでいう「賠償」は，事後救済といった広い意味で使われており，原状回復や金銭賠償（狭義の賠償）のほか，公式の陳謝，責任者の処罰，違法行為再発防止の確約なども含む概念である。これらの責任解除の諸手段は，単独で使われることも，また，複合的に使用されることもできる（同34条）。

2 原状回復と金銭賠償

原状回復は，違法行為が行われる以前に存在していた状態を回復させることであり（同35条），理論上は最も基本的な責任解除方法と位置づけられる。ただし，加害国は，それが実質的に不可能でないこと，および，原状回復によって得られる利益と比べて著しく均衡を失するような負担をともなわないこと，を条件として原状回復義務を負う。加害国は，原状回復では十分に救済されない限度において金銭賠償の義務を負う（同36条）。原状回復が不可能あるいは非現実的な場合も少なくなく，実際には金銭賠償は最も一般的な救済方法と

なっている。

　金銭賠償の額は，基本的には，違法行為による損害が発生しなかったならば存在したであろう状態を回復するのに十分なものでなければならない。一般的には，違法行為による直接損害はもとより，相当な因果関係が存在するかぎりで付随的・派生的に生じた間接損害も賠償の対象となるといわれる。外交的保護の場合には，自国民が実際に被った損害は，理論上，賠償額を算定するための単なる便宜的な尺度を提供するものにすぎないとされ，被害国が受けた損害とは区別される。ただし実際には，被害者個人の損害が賠償額の基本として算定されることが多い。なお，日本漁船がアメリカの水爆実験による被害を受けた第五福竜丸被爆事件（1954年）では，結局，恩恵として（*ex gratia*）200万ドルが支払われることで両国間の決着をみたが，この支払いは「法的責任とは無関係」な見舞金と性格づけられていることに注意しなければならない。

3　精神的満足

　違法行為による侵害が原状回復や金銭賠償では救済されないかぎり，加害国は精神的満足（satisfaction）を与える義務を負う（37条1項）。精神的満足には，義務違反の承認，遺憾の意の表明，公式の陳謝その他の方法が含まれる（同条2）。責任者の国内法上の処罰や違法行為の再発防止の確約などもこれに含めることがある。もっとも，責任解除の諸手段の中における違法行為再発防止の確約の位置づけは必ずしも明確ではなく，最終草案では，違法行為の停止とともにこれを第30条に置き，一般的な解除方法としている（30条(b)）。精神的満足は，たとえば領空侵犯のような，物質的損害をともなわない精神的な侵害を主に救済する方法である。しかし，精神的侵害の解除方法として，金銭賠償が用いられたり，金銭賠償と陳謝が併用される場合もある。

◇　発展・研究　◇

レインボー・ウォーリヤー号事件

　ニュージーランドの港に停泊中のレインボー・ウォーリヤー号がフランスの工作員によって爆破された事件で，国連事務総長の裁定（1986年）は，フランスに対して，公式の陳謝，ニュージーランドが被った一切の損害に対する金銭

賠償，工作員の太平洋の孤島における3年間の隔離などを命じた。両国は，この裁定の内容に従う交換公文に合意したが，フランスは一定の理由により工作員を本国に帰還させたため，再び紛争が生じ，仲裁裁判に付託された。仲裁裁判所の判決（1990年）は，物質的損害はともなわないが重大な精神的損害（moral damage）を含む義務違反について，金銭賠償を命じることができるとした（ただし，ニュージーランドが金銭賠償の請求を行わなかったため，支払い命令はしなかった）。また，国際義務違反を宣言することによる精神的満足は，とくに精神的損害の場合の責任解除方法として確立しているとし，工作員を本国に帰還させたことやその後も孤島に移送しなかったことにつき，フランスのニュージーランドに対する重大な義務違反を宣言し公表した。

§4　国際請求

〔設問〕　X国国民 a が Y 国において不当に損害を被った場合，X国はどのような条件の下で a を保護することができるか。

1　外交的保護とその国家的性格

　国際違法行為の被害国は，加害国に対して国際請求を提起することができる。国際違法行為によって外国人が損害を被った場合，被害者たる外国人の本国が，被害国としてその保護のために介入し，加害国の国家責任の解除（広義の賠償）を求めて行う国際請求を，外交的保護（diplomatic protection）という。これが行使されてきた文脈は，伝統的に，加害国領域内（または管轄下）において外国人がその身体・財産を侵害された場合であり，在外自国民の外交的保護ともいわれる。

　外交的保護は，国家の権利であって，被害者個人の権利ではないとされる。したがって，国家は，個人の要請のいかんにかかわらず，その裁量によって任

意に外交的保護の行使・不行使を決定でき，外交的保護を行使すべき国際法上の義務はない。また，外交的保護の行使の結果加害国から賠償を得たとしても，それは国庫に帰属し，これを被害者個人に引き渡すべき国際法上の義務はないとされる。外交的保護のこのような国家的性格は，「個人請求の国家請求への埋没」とも表現される。

なお，外国人と国家が結ぶ契約（国家契約）において，当該契約上の紛争はもっぱら当該国の国内法にもとづく解決に服し，外国人本国の外交的保護を認めない旨の条項（カルボ条項）を挿入することがある。しかし支配的見解によれば，その事実上の効果はともかく，理論上は，外交的保護は国家の権利である以上，個人たる外国人が本国国家の権利を放棄することはできないので，カルボ条項は，外交的保護を排除する国際法的効果をもたない，と考えられている。

2　外交的保護の行使要件

他国の国際違法行為によって国家それ自身の法益が直接侵害された場合には，直ちに国際請求を提起できる。それに対して，国家が外交的保護を行使する場合には，①国内的救済（完了）の原則と②国籍継続の原則という二つの要件を満たさなければならない。これらの要件は，外交的保護が概して欧米列強により弱小諸国に対して発動されてきた歴史のなかで，おもにその濫用を防ぐために形成されてきた慣習国際法上の規則である。国際法委員会の最終草案は，国際請求が許容されるための条件（国家責任の援用が認められるための条件）として，請求の国籍に関する規則に従っていること，および，利用可能な実効的国内的救済手段を尽くしていることを要求している（44条）。ここでいう請求の国籍に関する規則には，国籍継続の原則のほか，国際司法裁判所のノッテボーム事件（第二段階，判決，1955年）で示された実効的国籍の規則（本書第4章，参照）も含まれる。〔設問〕は，X国が自国民aのためにY国に対して外交的保護を行使する場合の条件を問うものであり，やはりこれらの条件を満たさなければならない。

(1) 国内的救済原則

外交的保護を行使するに先立ち，被害者が，加害国の国内法上利用できるあ

らゆる実効的な救済手段を尽くさなければならない。これを尽くしてもなお救済されない場合に外交的保護を行使できる。この原則には，加害国の領域主権を尊重し，また，私人の問題が容易に国家間紛争に発展することを防ぐ機能をもつ。もっとも，この原則には例外もある。国家機関の地位にある個人など，国家が直接損害を被った場合には本原則は適用されない。また，実効的な救済手段が存在しなかったり，実効的救済の得られないことが判例から明らかであるような場合には，適用されない。さらに，予め被害者と加害国との間に，在留などの自発的関係が存在しなければ適用されないとする見解が有力である。

(2) 国籍継続の原則

被害者たる私人は，損害を被ったときから外交的保護による国際請求の提起またはその最終的な解決の時点まで，請求国の国籍を継続して保持しなければならない。この原則は，被害者が強国の国籍に変更することによって強国による外交的保護権の濫用が行われるのを防ぐ目的をもつとされる。もっとも，被害者の死亡にともなう相続や領域変動の結果として国籍が変更するような場合にこの原則を厳格に適用すると，被害者保護の観点からは酷な結果が生じることになる。

◇ **発展・研究** ◇

民衆訴訟について

他国の国家責任について国際請求を提起する資格，とりわけ国際裁判における出訴権（原告適格）を有するのは，原則として，違法行為によって自国の法益を侵害され，実質的に損害を被った国（被害国）である。しかし国際違法行為による損害が個々の国家というよりも国際社会全体に影響を与えるような場合に，実質的な法益侵害を受けていない国が，国際社会の一般利益にもとづいて，いわゆる民衆訴訟（*actio popularis*）を提起する資格をもつかどうか，問題となる。

前述のように，国際司法裁判所はバルセロナ・トラクション電力会社事件（第二段階，判決，1970年）の傍論において，国際社会全体に対して負う義務（obligations *erga omnes*）の存在を認め，この種の義務の違反についてはすべての国が法的利益をもつとした。また，国際法委員会の最終草案では，国際社会全体に対して負う義務の違反の場合，被害国以外の国家が加害国の国家責任を

援用する資格をもつとし，加害国に対して違法行為の停止と再発防止の確約を求め，また，被害国のために事後救済を履行するよう求めることができる旨を定めている（48条）。

しかし，一般利益を設定する個別の多数国間条約体制における条約当事国の場合はともかく，直接の被害国でない国に民衆訴訟を認めた国際判例はない。エチオピアとリベリアが南アフリカの委任統治義務違反の確認を求めた南西アフリカ事件（第二段階，判決，1966年）でも，原告自身の法益が侵害されていないことを理由にその訴訟資格は否認された。さらに，かりに一般利益にもとづく民衆訴訟が認められるとしても，その場合いかなる請求を行えるのか，明らかでない。南太平洋におけるフランスの大気圏内核実験に対してオーストラリアとニュージーランドがその違法性の確認と実験の停止を求めて国際司法裁判所に提訴した核実験事件（本案，判決，1974年）で，原告側は，放射能汚染から環境が保護されるべきことについてはすべての国が権利をもち，その遵守に関する法的利益をもつと主張したが，判決は，訴訟目的の消滅を理由に訴訟を打ち切ったため，原告適格性などの問題についてなんらの判断も示さなかった。

〔参考文献〕

山本草二『国際法における危険責任主義』（有斐閣，1982年）

安藤仁介「国際法における国家の責任」『岩波講座基本法学　5　責任』（岩波書店，1984年）

ウィルヘルム・カール・ゲック（中村洸訳）「今日の世界における外交的保護」法学研究（慶應義塾大学）59巻1号（1986年）

松井芳郎「伝統的国際法における国家責任の性格―国家責任法の転換（1）」，「国際連合における国家責任法の転換―国家責任法の転換（2・完）」国際法外交雑誌89巻1号（1990年），91巻4号（1992年）

「特集『国家責任法の方法と課題』」国際法外交雑誌93巻3＝4合併号（1994年）

兼原敦子「国家責任法における『一般利益』概念の適用の限界」国際法外交雑誌94巻4号（1995年）

長谷川正国「国際法における国家の責任―現代国家責任法の機能分化傾向に関する一考察―」国際法学会編『日本と国際法の100年　第1巻・国際社会の法と政治』（三省堂，2001年）

兼原敦子「法実証主義の国家責任論の基本原理再考」立教法学59号（2001年）

第8章　国家領域と国際化地域

§1　国家領域の構造

〔**設問**〕　国家領域において行使される国家の基本的権能は，どのようなものか。

1　国家領域とそれ以外の地域・空間の区分
(1)　国　家　領　域
　国家である以上，自国民の居住し，生活する場所や土地が必要であるため，一般に自国の陸地を持たない国家は考えられない。このように，国家が領有する土地を領土という。海に面した国家の場合，その領有する海洋部分として領海をともなうことになる。この領土と領海の上部空間を領空と呼ぶ。国家の領有するこれらの場所や空間を総称して国家領域という。
(2)　国　際　公　域
　他方，この地球上の地域およびそれを取り巻く空間のうち，国家領域でない部分を国際公域と称して区別することもある。その特色は，いずれの国家による領有も認められず，すべての国家が自由にその場所や空間を利用することができるという点である。具体的には南極大陸，公海とその上空，深海底，宇宙空間（月その他の天体を含む）である。また，公海は歴史的に万民共有物（*res communis*）とも称され，伝統的にいずれの国も領有することが禁じられ，いかなる国も自由に利用することができる場所とする慣習法が生成してきた（公海自由の原則）。

(3) 国際化地域

国際化地域は，国際公域と類似しているが，ある国の国家領域の一部でありながら，国際社会の共通利益のために条約などによってその国の主権や利用が規制されている特殊な地域である。たとえば，ベルサイユ講和条約（1919年）を通じて一時的に国際連盟の下に置かれたダンチッヒ自由市やザール，国際連合下の信託統治地域，また国際河川，国際運河などがある。

2 領域主権と国家の基本的権能

(1) 領域主権とは何か

国家は，原則として，自国領域内にあるおよそすべての人と物を一元的に統治し支配する権能を有し，この領域に他国が勝手に介入したり権力を及ぼしたりすることは基本的に許されない（国連憲章2条4）。このように，国家が自国の領域内で行使する最も基本的な権利を領域主権と呼ぶ。

国家が有する領域主権の本質については学説上争いがあった。今日では，領域主権は，私法上の所有権概念を類推して，国家が自国領域を客体として任意に使用，収益，処分する権利（$dominium$）としての見方（客体説・所有権説）と，国家領域内にある人や物に対する国家の統治・支配権（$imperium$）としての見方（空間説・権能説）であったが，今日では，領域主義権は，いずれの性質も兼ね備えているものと考えられている。領域主権は国内という場所的範囲を統治する最高権力であり，対外的には国家の独立を意味する。

(2) 国家の基本的権能

領域主権にもとづく国家の基本的権能は，上記の領域主権の本質に由来する。つまり，①国家が自国領域内で他国から干渉されずに一切の人や物を単独で自由に規律する権能と，②国家が領域主権の物権的性質にもとづいて自国領域を自由に使用・収益する権能である。前者は，統治のための権能として立法，行政，司法の三権（管轄権）すべてを併せもち，原則として，規律対象である領域内にあるすべての人，物，事象に及ぶ。

ただし，①について，たとえば，自国領域内に設定された大使館・領事館や外国軍事基地には特権免除や主権免除が認められ，自国領海内の外国船舶には無害通航権があるし，国際河川や国際運河については条約により主権的権能が

制約を受ける。

また，②についても，その行使に一定の制約がある。他国の権利を侵害するような方法で自国の領域を自ら使用したり，または私人に使用させたりしてはならないということは，トレイル熔鉱所事件（仲裁判決，1941年）で認定された（10章を参照）。これは「領域使用の管理責任」の原則と呼ばれ，国家の基本的な権利である領域主権の裏返しとして，当然のことながら国際法上も義務や責任がともなうということである。

3 国家領域の具体的な構造

国家の領域は，以下のように，一般に領土，領水，領空からなる三次元的な構造である。

(1) 領　　土

領土とは，国家領域を構成する陸地部分であって国家領域の中でも最も基本的なものである。領土の従物である河川，領海，領空は，その主物である領土の処分に従う。

(2) 領　　水

領水は内水と領海からなり，その両者の境界線である領海基線を挟んで内側が内水，その外側が領海である（群島国家の場合，群島基線の内側に群島水域，その外側に領海）。領土内の河川，湖沼，運河，港湾，内海も領土の一部であり，これらを総称して内水と呼ぶ。

領海とは，国家が領有する海域部分であり，通常は内水を除く一定の幅の沿岸海域をいう。そもそも国家が海洋を領有する主張を行ったのは，いわゆる地理上の発見が行われた大航海時代，ポルトガルとスペインとの海洋覇権争い，イギリスとオランダのインド貿易をめぐる競争などの過程である。海洋での漁業や通商を巡って，沿岸国はその沿岸部分に自国の主権を及ぼすことを主張し，海洋自由を主張する国家と争った。たとえば，オランダの学者グロティウス（Grotius, H., 1583-1645）は海洋の領有に反対したが，イギリスの学者セルデン（Selden, J., 1584-1654）は海洋の領有を支持した。「公海自由」の原則を背景に，18世紀ごろから「狭い領海と広い公海」という二元的な海洋法制度が形成されてきた。

領海に対する国家の権能は，沿岸国が自国領海に対して使用・処分する所有権という側面（所有権説）と，所有権をともなわない支配権という側面（支配権説）の両方を併せ持つ主権である（主権説）と，今日では考えられている。主権説は，1944年の国際民間航空条約（シカゴ条約）（1条・2条），1958年の領海及び接続水域に関する条約（領海条約）（1条1項・2条）や1982年の国連海洋法条約（2条1項・2項）のとる立場でもある。ただし，領海に対する主権は排他性を有する領土主権とは異なり，沿岸国は自国領海内にある他国船舶に対して無害通航権を認めなければならない。

(3) 領　空

国家は，領土と領海からなる国家領域の上方部分の空間，つまり領空についても領域主権を有する。20世紀に入って飛行機の利用が広まり，領空飛行の規制の必要が生じると，国家の領域主権がどこまで及ぶかが問題となってきた。当初は，海洋自由の原則を空にも類推して，空域は領域国によって領有されないと考えられた（自由説）。しかし，航空機が発達してその利用が増え，また第一次大戦での経験から安全確保を理由に，土地所有権の考え方にならって領域国の主権が領空にも及ぶとする立場（主権説）が支持を得るようになった。たとえば，1919年のパリ国際航空条約は，領空に対するすべての国の「完全かつ排他的な主権」を認め（1条），1927年国際法学会（Institut de Droit International）の「国際航空に関する決議」（1条）や1944年のシカゴ条約（1条・2条）にも同旨の規定が置かれている。

もっとも，シカゴ条約でも領空の上限については規定されず，国際法上，領空とそれ以遠にある宇宙空間との境界はまだ定まっていない。1967年の宇宙条約で宇宙空間に対する主権の主張やその使用・占拠などによる国家の取得が禁止されたので（2条），領空主権の及ぶ高度は無限ではないと考えられる（制限主権説）。また，領空における航空機には，領海における無害通航権のような権利は認められない。国家は自国領空における他国の航空機の通過や，領域への着陸の可否を決定する権限を有するほか，自国に乗り入れを認めた航空機に対してその後第三国に向かう権利（以遠権）を認めるか否かの権限も有する。

§2 領域権原の取得

〔設問〕 領域権原取得の態様にはどのようなものがあるか。

1 領域権原とは何か

ある地域を国家が領有するには，領有するに至った原因や根拠となる事実が国際法上重要となる。こうした原因や事実を権原（title）という。国家間で領土問題が生じた場合に，いずれの国家がその領土に対して有効な領域権原を有するかが重要な争点とされる。国家が一定の土地を自国領土として主張するには，その土地に対する国家の領有意思（animus occupandi）の表示と実効的占有とが必要とされる（東部グリーンランド事件（判決，P.C.I.J., 1933年））。領有意思は，普通，その土地に対する立法・行政措置，宣言，公の地図への掲載などを通じて表示される。実効的占有とは，領有意思の示された地域に国家権力が事実上及んでいる状態である。

2 領域権原の取得の態様

国家が領域権原を取得する主な態様としては，先占，時効，添付，割譲，併合，征服があげられる。なお，領域権原の取得という事象の逆の場合を領域権原の喪失といい，二つの場合をあわせて「得喪」とも呼ばれる。

(1) **先占**

先占（occupation）とは，ある国家が他国に先駆けて，国家の領有が行われていない土地，つまり無主地（terra nullius）を占有することである。国際法上，先占を行うのは国家であるが，国家自ら実際には行動できないので，国家の資格を有する自然人が国家の行為として実施することになる。国家の領有意思の表示は，関係地域を自国領域に編入する旨の宣言や利害関係国などへの通告などの行為として具体化されるものの，クリッパートン島事件（仲裁判決，1931年）では，他国に通告することが必ずしも義務ではないとされた。

先占には実効的占有が必要である。パルマス島事件（仲裁判決，1928年）でも，実効的占有には，国家の領域主権が平穏かつ継続的に発現されることが必要であるとされ，無主地のたんなる発見は「未成熟な」権原にすぎず，標識の設置や国旗の掲揚などの行為同様，先占としては不十分である。ただし，実効的占有として示される領域主権の行使や発現について，現状はケース・バイ・ケースといえる。一般に，関係地域での地方行政権や立法行為が現実に行われていることが必要ではある（マンキエ・エクレオ諸島事件判決，1953年）が，パルマス島事件，クリッパートン島事件，そして東部グリーンランド事件などによれば，実効的占有は事件の事情に応じて柔軟に解釈される場合がある。

(2) 時効

ある国家が他国の領域を相当期間にわたって平穏に，しかも領有意思をもって支配した結果，その領域を取得した場合を国際法上の時効（prescription）という。ローマ法や国内法の類推から導入された国際法上の時効は，国際法上確立しているか否かには争いがある。国際裁判でも取得時効の主張が直接的かつ一般的に認められた例はほとんどない。

(3) 添付

添付（accretion）とは，河口や海岸での土砂の堆積や海底の隆起といった自然現象により国家領域が増大することをいう。また，海岸の埋め立て，堤防工事，人工島の建設や，国境河川流路の人為的な変更なども添付に含まれる。なお，自然現象によっては領土を喪失する場合もある。侵食による海岸線の後退や海水面の上昇による領土の水没などがその例である。

(4) 割譲

国家間では，条約などの合意を通じてその領域のある部分が譲り渡されることがある。これを割譲（cession）という。一般に，割譲を規定した条約が発効してはじめて領域権原が移転する。割譲の具体例として，①売買（ロシアから米国へのアラスカの割譲），②無償（贈与）（フランスからイタリアへのロンバルディアの割譲），③領土交換（日本とロシアの間の南樺太と北千島の交換），などがある。割譲の結果，割譲地の住民は譲受国の国民となるのが原則であるが，民族自決の原則にもとづく植民地・非自治地域の割譲の場合はこのかぎりでない。

(5) 併合

併合（annexation）とは，国家間の合意（条約）により国家領域の全部を他国に譲り渡すことである。併合後は，被併合国は消滅し，その国民は従前の国籍から併合国の国籍に変わる。強制された条約による割譲や併合は，今日では，国際法上認められない。

(6) 征服

かつて，国家が実力を行使して他国の領域全部を自国の領域として一方的に編入することは征服（subjugation；conquest）と呼ばれ，国際法上有効な権原の一つであった。しかし，武力行使が一般に禁止されている（国連憲章2条4）今日，征服はもはや国際法上有効な権原ではない。

◇ 発展・研究 ◇

隣接性の原則・セクター主義

国家による領域取得の権原として主張される概念に，隣接性（contiguity）の原則がある。この概念は，ある国の領域と無主地とが地理的に近接していたり，その国家領域の自然の延長部分を形成していたりすることから，実効的占有がきわめて困難な場合に補助的な根拠としても援用される。しかし，こうした地理的・地質的事実を領域取得の権原として認める国際法は確立していない。パルマス島事件や，西サハラ事件での国際司法裁判所の勧告的意見（1975年）でも，この原則にもとづく主張は認められなかった。

上記の隣接性という事実を基礎に，領域取得の権原に関連して援用される考え方にセクター主義がある。この考えは，極を頂点として二つの子午線と一つの緯度線とで囲まれる扇形（セクター）の部分の全域をその近接国家が先占なしに自国の領土とすることができるという主張である。20世紀初頭，南北両極地に対する領土権をめぐる争いで，極地のような気象条件の厳しい広大な遠隔地域を占有するため提唱された。南極ではイギリスをはじめ全7カ国がセクターによる領土権の主張を行っている。他方，北極ではカナダと旧ソ連がセクター主義を援用しているが，デンマーク，フィンランド，ノルウェー，米国はこの方法を利用していない。しかし，セクター主義は領土画定の一つの方法にすぎず，国際法上の原則とは考えられていない。「隣接」という概念じたいが

不明確であり，南極には重複するセクターや領土権の主張が行われていないセクターもあって，この主義は原則としての一貫性に欠ける。

§3　国際河川と国際運河

〔設問〕　国際河川の利用を規律する法制度はどのように発展してきたか。

1　国際河川

(1)　国際河川とは何か

国際河川とは，一般に，複数の国の国境をなす河川（国境河川）と，複数の国を貫流する河川（貫流河川）をいう。たとえば，ヨーロッパのライン河，南米のリオ・グランデ河，北米のセント・ローレンス河，アフリカのニジェール河，アジアのメコン河などがある。現在では，国際貿易上の航行目的に加えて，河川に関連する灌漑，発電，農工業用水などにおける水利用（非航行的利用）について配慮した国際河川・水路の制度が拡充し，世界で広く行われている。

(2)　国際河川における航行の制度化

かつては沿河国の排他的権限の下に河川が置かれ他国船舶による航行の自由は制限されたため，商船などの航行の円滑化が必要とされていた。19世紀のヨーロッパで国際河川の管理に関する条約が成立するにつれ，国際河川の制度化は進んできた。たとえば，1815年のウィーン会議最終議定書でライン河やミューズ河などが，1856年のパリ条約でダニューブ河が，そして1919年のベルサイユ講和条約でエルベ河，オーデル河などが，それぞれ国際河川とされた。この制度の趣旨は，河川における航行の自由と，河岸国（riparian states）の権限の規制であり，その管理運営は条約当事国の代表者で構成される国際委員会において実施されている。

1921年の「国際関係を有する可航水路の制度に関する条約」(バルセロナ条約)には,国際河川に関する一般条約としての諸規定が盛り込まれた。こうした国際河川制度の本質は,オーデル河国際委員会事件(判決, P.C.I.J., 1929年)によれば,沿河国に対する航行自由の保障よりもむしろ国際河川にかかわる沿河国の「利益共同」にもとづき,すべての沿河国の権利義務関係における完全な平等であるとされる。なお,国際河川における航行の自由は,商船についてのみ認められ,軍艦には認められない。

(3) 国際河川・水路制度の拡充

近年注目されているのは,灌漑,発電,農工業用水のために水資源として利用される国際河川・水路の利用態様であり,またそうした利用に伴って生じる河川の汚染をはじめとした環境問題などである。上流国に無制限の自由があるわけではないが,上流国の水資源利用やその下流国との関係についての国際法上の規則には争いがあった。

たとえば,ラヌー湖事件(仲裁判決, 1957年)によれば,上流国は下流国に重大な損害を及ぼすような仕方で河川の流れを変更してはならないが,国際河川の水利用に関わる事業の実施に際して上流国は常に下流国の事前の同意を得る必要もないとされた。1966年に国際法協会(International Law Association)は,国際河川の水利用に関するヘルシンキ規則を国際法の現行規則を表明したものとして採択し,すべての関連事情の考慮にもとづく国際河川流域の衡平な利用を規定した。

2 国際運河

(1) 国際運河とは何か

各国の内水としての地位を有する運河のなかには,外国船舶による国際的な航行に利用され,特別の条約によって国際化されているものがある。このような運河は国際運河と呼ばれ,その例としてスエズ運河とパナマ運河があげられる。これらの国際運河は,軍艦を含むすべての外国船舶の自由な航行に開放され,その管理・運営にあたっては運河の帰属する国家の領域主権が国際的な規制の下に置かれている。

(2) スエズ運河

スエズ運河は，紅海と地中海を結ぶ運河でエジプト領内にあるが，フランス人レセップスにより1869年に建設された。1882年のエジプトでの暴動を契機にイギリスは運河を軍事占領し自国の基地としたため，ヨーロッパ諸国は運河における自由航行の保障を求めた。その結果，1888年のスエズ運河の自由航行に関する条約によって同運河はすべての国の商船・軍艦による自由な使用に平時・戦時を問わず開放され（1条），運河の中立化のために当時エジプトの宗主国であったトルコ帝国が交戦国となっても運河やその付近での交戦権の行使や敵対行為などが禁止された（4条）。ナセルによる革命を経たエジプトは，運河の実質的支配を続けていたイギリス軍の撤退後，スエズ運河を管理するスエズ運河会社を1956年に国有化したが，翌年には同条約の有効性を承認する旨の宣言を行った。同運河は1967年の第三次中東戦争の際に閉鎖されたが，1975年には再開された。

(3) パナマ運河

パナマ運河は，中米のパナマ地峡にあり，大西洋と太平洋とを結んでいる。スエズ運河を建設したレセップスがパナマ運河の建設に失敗すると，19世紀末にはアメリカ政府が建設計画を引き継ぎ，アメリカはその後次第に運河地帯への支配を強めた。すべての国の商船・軍艦に対してパナマ運河の自由航行，運河封鎖の禁止，運河内での戦闘行為の禁止などが規定された諸条約を通じて，アメリカは運河の建設工事と管理運営に関して幅広い権利（永久租借権）を認められた。しかし，1914年に運河が開通すると，パナマ国内で徐々に反米運動が盛り上がり，1977年には両国の間でパナマ運河条約とパナマ運河の永久中立と運営に関する条約の二つが調印された。この結果，パナマの領域主権が確認され，2000年以降は運河がアメリカからパナマに完全に返還され，運河の国際水路としての永久中立や平和的通航のための開放が規定された。

◇ 発展・研究 ◇

国際水路の非航行的利用に関する条約

さらに，国際河川・水路などの非航行的利用に関する国際法は近時，顕著に発展してきた。これまでの判例やヘルシンキ規則などを踏まえ，国際法委員会

(International Law Commission) での度重なる審議を経て，1997年には国際水路の非航行的利用に関する条約が国連総会で採択された。この条約では国際水路における航行以外の水利用に関する一般的な国際制度が条文化され，その一般原則として水路国による「衡平かつ合理的な利用と参加」（5条），重大な損害を引き起こさない義務（7条），関係当事国間の協力のための一般的義務などが導入されている。とくに，これらの規定では，上流国と下流国との間の権利義務関係のバランスに充分配慮し，越境水資源や生態系を巡る利害対立や環境紛争の防止を目指している。

§4 南極と宇宙

〔設問〕 国家は南極大陸や宇宙空間に対して国家の領域主権を及ぼすことができるか。

1 南 極
(1) 南極条約の成立経緯
　南極大陸はその厳しい自然条件のために長らく国家による領有を免れてきた。しかし，科学技術が進歩し，1908年のイギリスによる南極大陸の一部に対する領有権の主張を皮切りに，ニュージーランド，フランス，ノルウェー，オーストラリア，チリおよびアルゼンチンも追随し，計7カ国がセクター主義，地理的近接性，発見，探検，捕鯨などを理由に南極大陸の領有を主張するようになった。これに反対するアメリカや旧ソ連は，自国民による探検や捕鯨などの活動を根拠に南極に対する自国領土権の主張を留保している。

　こうした対立が第二次大戦後顕著となったが，1957年から開かれた国際地球観測年（IGY）を契機に，国際紛争の防止とその平和的解決を求める機運が生じた。1959年にワシントンで開かれた会議には，上記の9カ国に加えて南アフ

リカ共和国，ベルギーおよび日本が参加し，南極地域を規律する南極条約が採択された。

(2) 南極条約の内容

この条約は，南緯60度以南の地域（すべての氷棚を含む）に適用され，つぎのような点を大きな柱として成り立っている。

(a) **平和的利用と査察制度**　南極地域は平和的目的のみに利用され，特に軍事基地・防備施設の設置，軍事演習・兵器実験などが禁止され（1条），南極地域における核爆発や放射性廃棄物の処分も禁止されている（5条1項）。さらに，この条約の目的の促進と規定の遵守を確保するための監視員は，南極地域のすべての地域，施設，備品，船舶，航空機等に対する査察をいつでも自由に実施することができる（7条）。

(b) **科学調査の自由と協力**　南極地域における科学調査は自由に行うことができ，そのために国際協力を促進することが確認されている（2条・3条）。

(c) **領土権・請求権の凍結**　南極条約（1959年）の成立により，南極地域に対する領土権・請求権が凍結された（4条）。この条約によって，領土権や請求権を主張する立場もそれを否認する立場も害されることなく，また条約の有効期間中に行った活動が過去や将来の領土権・請求権の主張やその設定になんら影響を与えず，新たな請求権の主張や拡大も禁止されている。

(d) **協議国会議による運営方式**　南極条約には資源開発や環境保護に関する詳細な規定が置かれていない。南極地域で実質的な科学的研究活動を行っている条約当事国が協議国として会議を定期的に開催し，条約の原則や目的を助長する措置を立案・審議し，各国政府に勧告を行っている。

(3) 南極条約体制の発展

上記の勧告が蓄積されて，南極条約を中心とした包括的な法制度が南極地域を規律する国際法として，徐々に生成・発展してきた（南極条約体制）。

(a) **生物資源の保護・保存**　南極地域における生物資源の保護・保存のため，1964年には南極動植物相保存のための合意措置が協議国会議における勧告として採択された。1972年の南極アザラシ保存条約や1980年の南極海洋生物資源保存条約を通じて，南極地域における生物資源を保護・保存するための法制度も整備されてきた。

(b) 鉱物資源活動の規制　　1970年代に入ると，南極地域では鉱物資源の探査・開発の機運が芽生え，そうした活動を規制する必要から，1988年に南極鉱物資源活動規制条約が採択された。しかし，この条約は南極地域における環境保護への配慮が不十分であるとの批判を受け，その発効が極めて困難になった。

(c) 環境保護へのシフト　　こうした展開を受けて，1991年に環境保護に関する南極条約議定書が採択され（1998年発効），南極地域の生態系を含む環境保護のために科学的調査以外の鉱物資源活動が50年間禁止された。

2　宇　宙

(1)　宇宙条約の成立経緯

1957年にソ連による人類初の人工衛星の打ち上げが成功すると，米ソ中心の宇宙開発競争の時代が始まった。冷戦下では，科学的調査のための活動や通信・放送衛星の打ち上げなどを通じて，宇宙にまで軍拡競争が及びつつあった。そこで，国連における宇宙空間平和利用委員会での検討の結果，宇宙空間の平和利用の確保と宇宙活動の規制のために，1963年に全会一致で採択された国連総会決議1962の「宇宙空間の探査及び利用における国家活動を律する法原則の宣言」を踏まえて，1966年に国連総会で「月その他の天体を含む宇宙空間の探査及び利用における国家活動を律する原則に関する条約」（宇宙条約）が採択された（1967年署名）。

(2)　宇宙条約の内容

宇宙条約は，月その他の天体を含む宇宙空間における国家活動を規律する最も基本的な国際法規である。天体・宇宙空間の探査利用が「すべての国の利益のために」「全人類に認められる活動分野」として，無差別・平等に，国際法にしたがって自由に宇宙活動をすることができる（1条）。天体を含む宇宙空間の領有は禁止され（2条），国際協力・理解の促進が謳われている（3条）。さらに，宇宙活動は人類全体の利益と平和的利用のために供され，宇宙空間における核軍縮や天体の非軍事化なども定められた（4条）。こうした領有主張に対する規制や平和的利用の発想は，南極条約に通じるものがある。

(3)　宇宙法の生成・発展

宇宙条約は宇宙活動を規律する主要な原則だけを定式化した。その後の宇宙

活動の進展により，詳細かつ具体的な内容を有する法規則が次第に作成され，宇宙を規律する法制度（宇宙法）が生成・発展してきている。

(a) 宇宙救助返還協定　1968年に署名された「宇宙飛行士の救助及び送還並びに宇宙空間に打ち上げられた物体の返還に関する協定」は，「人類の使節」（宇宙条約5条）としての宇宙飛行士について不測の事態における処遇や遭難した宇宙飛行士の扱いを定めている。

(b) 宇宙損害責任条約　宇宙条約（6条・7条）では，宇宙活動に関連して生じる国際責任を，活動主体のいかんを問わず直接国家に負わせている（国家への責任集中の原則）。1972年に署名された「宇宙物体により引き起こされる損害についての国際的責任に関する条約」は，宇宙損害被害者への充分かつ衡平な賠償が迅速に行われることを目的とし，宇宙活動のような「高度の危険性を有する」活動に従事する打ち上げ国に対して，飛行中の航空機や地表への損害には無過失責任を，また地表以外での損害では過失責任を，それぞれ課している（2条・3条）。

(c) 宇宙物体登録条約　宇宙条約（8条）では宇宙空間や天体にある宇宙物体・乗員にはその登録国の属人的管轄権が及ぶ旨規定されたことを受けて，1974年の「宇宙空間に打ち上げられた物体の登録に関する条約」は，打ち上げ国に対しその宇宙物体の国内登録を義務付け（2条），登録国から提供される情報が公開されることになった（3条）。

(d) 月協定　1979年の「月その他の天体における国家の活動を律する協定」は，宇宙条約に規定された平和的利用をさらに具体化し，「月その他の天体」の平和的利用を再確認しながら（3条），月およびその資源を「人類の共同の財産」とする（11条）ことで天然資源の開発・利用に関する国際法上の新分野を規律している。

◇ 発展・研究 ◇

1 宇宙基地

1984年に常時有人の宇宙基地開発を始めたアメリカは，その友好・同盟国として，欧州宇宙機関（ESA）の加盟国（9ヵ国），日本やカナダにその共同開発・利用を呼びかけ，1988年に「常時有人の民生用宇宙基地の詳細設計，開発，

運用及び利用における協力に関するアメリカ合衆国政府，欧州宇宙機関の加盟国政府，日本国政府及びカナダ政府の間の協定」が締結された（1992年発効）。アメリカ主導のこの協定は，常時有人の宇宙構築物の運営・利用やそのための国際協力の態様・組織などの面で注目され，基地の部位を分担して開発する各参加主体の利害を反映した分権的な性格も有している。冷戦終了後，アメリカその他の諸国は，優れた宇宙開発能力を有するロシアにも参加を呼びかけ，1998年には「民生用国際宇宙基地のための協力に関するカナダ政府，欧州宇宙機関の加盟国政府，日本国政府，ロシア連邦政府及びアメリカ合衆国政府の間の協定」が作成された。この協定は1988年協定の内容をほぼ踏襲し，国際宇宙基地に関わる法規則の新たな基本的枠組みとなっている。

2 ミール落下事件

2001年3月，ロシアの宇宙ステーション・ミール（1986年に旧ソ連が打ち上げ）が南太平洋に落下したこの事件は，機能停止したミールをロシアが大気圏内に突入させて廃棄させるという軌道離脱計画の結果発生したものであった。無事終了したものの，このように老朽化が進んだ宇宙物体の廃棄（処分）方法については，地表などへの損害を引き起こす危険性があるため反対の声もあった。ロシアは落下の恐れのある周辺諸国に対して事前に詳細な情報を提供するなど，万が一の場合に備えていた。こうした処分方法は，宇宙環境の保護のため宇宙ゴミ（space debris）を減少させる可能性があるともいわれる。

〔参考文献〕
島田征夫ほか訳『ブラウンリー・国際法学』（成文堂，1989年）
山本草二『国際法（新版）』（有斐閣，1994年）
杉原高嶺ほか『現代国際法講義（第2版）』（有斐閣，1995年）
横田洋三編『国際法入門』（有斐閣，1996年）
西井正弘編『図説　国際法』（有斐閣，1998年）
波多野里望ほか『国際法講義（新版増補）』（有斐閣，1999年）
池島大策『南極条約体制と国際法』（慶應義塾大学出版会，2000年）
国際法学会編『日本と国際法の100年　第2巻　陸・空・宇宙』（三省堂，2001年）

第9章 海　洋　法

§1　通　航

〔設問〕　2001年4月30日，中国は，台湾海峡を航行中のオーストラリアの軍艦に領海からの退去を求め，外国の軍艦が中国の領海に入る際には中国政府の許可が必要である旨主張した。この主張は，領海の無害通航との関係でどのように評価されるか。

1　領海の通航
(1) 基　線

　領海の幅を測定するためのもとになる線を基線 (baseline) という。基線は，通常の場合，海岸の低潮線（潮が引いたときの波打ち際の線）である（通常基線）が，海岸が入り組んでいたり，海岸に沿って近くに一連の島があるような場合には，適当な地点を結ぶ直線基線 (straight baseline) の方式を採用することができる。1951年の国際司法裁判所イギリス・ノルウェー漁業事件（ノルウェー漁業事件）判決は，ノルウェー北部の沿岸海域に引かれた直線基線が国際法に反しないとした。この方式は，1958年「領海及び接続水域に関する条約」（領海条約）に取り入れられ，国連海洋法条約に引き継がれている。直線基線は，海岸の一般的方向から著しく離れて引いてはならず，その内側の水域は，内水となるため陸地と十分密接な関連をもたなければならない（国連海洋法条約7条）。

　湾については，湾の入口を結ぶ湾口が24カイリ以下で，湾口を直径とする半

円の面積よりも湾内の面積が大きい場合に国際法上の湾となり，湾口上の線が基線となる。湾口が24カイリを超える場合には，上記の条件で湾内の面積を最大にする方法で湾内に24カイリの直線を引き，それが基線となる。なお，このような条件に該当しなくても，沿岸国が古くから湾内水域を内水として主張し，他国もそれを承認している場合には，歴史的湾とされ，その中が内水となる。

港については，港湾の不可分の一部をなす恒久的な港湾工作物で最も外側にあるものは，海岸の一部を構成するものとみなされる（11条）。

基線の内側水域は，内水であり，群島水域（後述）の場合を除いて，外国船舶は，原則として，沿岸国の許可なく通航できない。

(2) 無害通航

領海は，沿岸国の国家領域を構成し，その上空，海底を含めて沿岸国の主権が及ぶ（2条1項・2項）。しかし，領海に対する主権は，国際法に従って行使され（2条3項），とくに沿岸国は，外国船舶の無害通航権を認めなければならない。無害通航権は，公海における航行の自由の延長として，航行の自由と領海の概念を調和させたものであり，慣習国際法上発達した。

領海の通航は，沿岸国の平和，秩序および安全を害さないかぎり無害とされ，この通航の権利はすべての国の船舶に認められる（17条・19条1項）。外国船舶の通航の無害性の基準は，領海条約14条4項では，平和，秩序，安全を害するかどうかに求められ，その場合には，船舶の通航の仕方（行為態様別基準）のみならず，船舶の種類，積み荷，目的地等（船種別基準）から判断することができた。海洋法に関する国際連合条約（国連海洋法条約）第19条は，1項で領海条約と同様の規定をおき，2項で有害な行為を12列挙しているが，1項と2項の解釈において，行為態様別基準のみならず，船種別基準を採用しうる（つまり，2項は1項を具体的に列挙したものではなく，1項からも独自の基準を引き出すことができる）と解釈する余地がある。

通航は継続的かつ迅速でなければならず，停船・投錨は航行に通常付随するものである場合等に限り，通航に含まれる（18条2項）。潜水船，水中航行機器は海面上を航行し，その国旗を掲げなければならない（20条）。

沿岸国は，航行の安全，海上交通の規制等一定の事項に関して無害通航に係る法令を制定することができる（21条）。また，沿岸国は，航行の安全のため

必要と認めるときは航路帯を指定しまたは分離通航方式を設定し，それらを使用することを要求することができる（22条1項・2項）。

沿岸国は，外国船舶の無害通航を妨害してはならず，外国船舶に無害通航を否定または害する実際的な効果を有する要求を課してはならない。また，外国船舶の間に差別をしてはならない（24条1項）。領海内における航行上の危険で自国が知っているものを適当に公表しなければならない（24条2項）。また，領海の通航のみを理由とするいかなる課徴金を課すこともできない（26条1項）。

領海を通航している外国船舶内でその通航中に行われた犯罪に対する刑事裁判権に関しては基本的には沿岸国に影響を及ぼすもの以外に沿岸国権限の行使を認めることは妥当ではないとされてきた。沿岸国は①犯罪の結果が沿岸国に及ぶ場合，②沿岸国の安寧または領海の秩序を乱す場合，③旗国の要請がある場合，④麻薬・向精神薬の不法取引を防止するために必要な場合，のほか刑事裁判権を行使し得ない（27条）。民事裁判権については，領海通航中に生じた債務または責任に関する場合（衝突事故等）を除いて民事上の執行措置をとることができない（28条2項）。

軍艦，非商業用政府船舶は沿岸国の裁判権行使から免除される。

軍艦が無害通航権を有するかどうかについては，学説，諸国の慣行は分かれている。領海条約ではすべての船舶に適用される規則（無害通航を含む）が軍艦にも適用されると解釈しうる規定の仕方になっており，それが国連海洋法条約に引き継がれている。実際には，アメリカ，イギリス，フランス等かなり多くの国は軍艦の無害通航権を認めている。わが国は，軍艦の無害通航を認めているが，核兵器積載艦の領海通航を無害な通航とは認めていない。外国軍艦の領海通航に事前の許可を必要としている国は，バングラデシュ，カンボジア，中国，オマーン等である。外国軍艦の領海通航に事前の通告を必要であるとしている国は，エジプト，フィンランド，韓国，インド，マルタ，スウェーデン等である。アメリカと旧ソ連は，1989年9月にジャクソン・ホール共同声明を出し，それに付された「無害通航を規律する国際法の規則の統一的解釈」は，軍艦を含むすべての船舶が領海の無害通航権を享有し，事前の通告も許可も要求されないことを確認した。

軍艦が領海通航に関する沿岸国の規則を遵守せず、かつ、その軍艦に対して行われた遵守の要請を無視した場合には、沿岸国はその軍艦に対して退去を要求することができる（30条）。

2 接続水域

沿岸国は、自国の領域内への不法入国、密輸あるいは伝染病の進入を防止しあるいはこれらを行ったものの処罰のために、領海外の一定水域において管轄権を行使することが認められている。このような接続水域の起源は、イギリスの一連の徘徊法（Hovering Acts）などの各国の国内法にあるとされる。アメリカは1920年代の禁酒法時代に、アメリカの領海外の区域での関税規制に関する二国間条約を関係国との間で締結した。領海条約は、一般的制度として、接続水域を規定した。この条約では接続水域は、領海外に基線から12カイリまでとされたが、国連海洋法条約は、24カイリまでとした。沿岸国は、自国の領土・領海内の通関上、財政上、出入国管理上の自国の法令の違反を防止、これらの法令の違反の処罰のために必要な規制を行使することができる（国連海洋法条約33条）。わが国は、1996年の「領海および接続水域に関する法律」で接続水域を設定した。

3 国際海峡

国際海峡に使用される海峡すなわち国際海峡は、軍事上および通商上の観点から重要な地位を占める。このような海峡が幅が広く中央部分に十分な公海を残す場合には自由な航行が保障されるが、幅が狭く海峡が沿岸国の領海からなる場合には、従来の法制度では無害通航権が適用された。もっとも、通常の領海の無害通航権と比べて二つの点で異なっていた（強化された無害通航ともいわれる）。通常の領海では外国軍艦が無害通航権を有するかどうかについては争いがあるが、公海と公海を結ぶ国際海峡においては、慣習国際法上、平時において、外国軍艦は無害通航権を有する（コルフ海峡事件（判決、本案、I.C.J., 1949年））。また、通常の領海では外国軍艦の無害通航権を一時的に停止することができるが、公海と公海（または他国の領海）を結ぶ国際海峡においては無害通航を停止してはならないとされた（領海条約16条4項）。

このような国際海峡の一般的法的地位とは別に，とくに重要な海峡のいくつかについては，個別の条約で各海峡の通航制度が設定されてきた。たとえば，黒海と地中海を結ぶトルコ海峡（ボスポラス海峡およびダーダネルス海峡）は1936年のモントルー条約で，デンマーク海峡は1857年のコペンハーゲン条約で，マゼラン海峡は1881年のブエノスアイレス条約でそれぞれ通航制度が定められている。

第三次国連海洋法会議では，領海12カイリの制度化に伴い，従来海峡に公海部分を残してきた国際海峡の大部分が沿岸国の領海に包摂されることになり，その結果，外国船舶は，領海における無害通航権に服し，外国航空機は上空飛行が認められなくなることを前提として，国際海峡における外国船舶，航空機に公海およびその上空と同様な自由な通航を認めようとする米ソ等先進海洋国の立場と国際海峡における外国船舶を従来どおり無害通航に服せしめようとする海峡沿岸国の立場の対立があった。会議では，結局，国際海峡の通航制度についてイギリス提案を基本とする「通過通航制度」でまとまった。

通過通航は国連海洋法条約第三部に従い，公海または排他的経済水域の一部と公海または排他的経済水域の他の部分との間にある国際海峡において，航行および上空飛行の自由が継続的かつ迅速な通過のためのみに行使されることをいう（国連海洋法条約38条2項）。船舶および航空機は通過通航権を行使している間，海峡またはその上空を遅滞なく通過しなければならず，沿岸国に対する武力による威嚇，武力の行使を慎まなければならず，継続的かつ迅速な通過の通常の形態に付随する活動以外のいかなる活動も差し控えなければならない（39条1項）。船舶は，海上安全，汚染防止のための国際規則・手続および方式を遵守しなければならず，航空機は国際民間航空機関の航空規則を遵守し，国際的に権限のある航空交通管制当局によって割り当てられた無線周波数または適当な国際遭難無線周波数を常に聴取しなければならない（39条2項・3項）。これらの違反に対して，沿岸国が通過通航を排除する権限を有するとする見解と，沿岸国は，旗国，登録国の国家の責任を追及しうるにすぎないという見解が対立している。沿岸国は，船舶の安全な通航を促進するために必要な場合には，海峡内に航路帯を指定しおよび分離通航帯を設定することができる（41条1項）。沿岸国は，また，航行安全および海上交通の規制，海洋汚染の防止規

制その他一定の制限された事項について法令を制定することができる（42条）。沿岸国は，通過通航を妨害してはならない（44条）。

通過通航が適用される海峡以外の海峡，すなわち海峡が海峡沿岸国の島と本土によって形成され，その島の外側に航行に便利な公海の航路がある場合のその海峡（イタリア本土をシシリー島との間のメッシナ海峡）および公海または一国の排他的経済水域と他国の領海との間にある海峡（アカバ湾のチラン海峡）には，無害通航が適用され，このような海峡における無害通航は，停止してはならない（45条）。

特定の現行条約で特定の海峡について通航制度が定められている場合（上述のトルコ海峡等）には当該条約の通航制度が適用される（35条(c)）。

4　群島水域

多数の島が接近して群をなして存在する場合を群島といい，このような群島が大洋の中にまとまって存在する場合を大洋群島という。また，このような群島で構成される国を群島国（群島国家）という。

群島国については，従来の海洋法において特別な制度は存在しなかったが，第三次国連海洋法会議でフィリピン，インドネシア等の提案が提出され，会議ではそれに積極的に反対する国もなく，群島水域の制度が国連海洋法条約の中に取り入れられた。

この条約では，「群島」は，島，それを連結する水域，その他の天然の地形が一つの地理的，経済的および政治的単位を構成しているかまたは歴史的にそのようなものとして認識されているものをいい，一つまたは二以上の群島からなる国を群島国というとされる（46条）。

群島国は，領海等を個々の島の周囲に設定するのではなく，群島の最も外側の島の外側の諸点を結ぶ直線の基線（群島基線）を引き，その外側に領海等が設定される。群島基線の内側は群島水域と呼ばれる。群島基線を引くためには，基線内の水域の面積と陸地の面積が1対1から9対1の間となることが条件とされる。また，1本の群島基線の長さは，100カイリを超えてはならない。ただし，基線の総数の3パーセントまでは，最大の長さを125カイリとすることができる。（47条1項・2項）

群島水域には群島国の主権が及ぶ（49条2項）。群島国は，群島水域において，湾，港に関する規定に従って，湾，港などの閉鎖線を引きその内側を内水とすることができる（50条）。群島水域自体が基線の内側にあり，さらにその中に内水があることになり，群島水域とその中の内水の法的関係が必ずしも明らかではない。

群島水域では，外国船舶は，国際海峡の通過通航権に類似した群島航路帯通航権を享有する。群島航路帯通航は，公海または排他的経済水域の一部分と公海または排他的経済水域の他の部分との間において，通常の形態での航行および上空飛行の権利が継続的な，迅速なかつ妨げられることのない通過のためのみに行使されることをいう。沿岸国はこのための航路帯および航空路を指定することができ，指定しない場合は，この通航権は通常国際航行に使用されている航路において行使することができる（53条）。航路帯以外の群島水域（湾，港等の内水を除く）では，外国船舶は，無害通航権を有する（52条）。

群島国であることを主張している国は，フィジー，インドネシア，キリバス，マーシャル諸島，パプア・ニューギニア，フィリピン，ソロモン諸島，ツバル，バヌアツ等である。

5 排他的経済水域

排他的経済水域は，沿岸国が基本的には資源管轄権を行使する水域である（後述）。この水域において，外国は，航行の自由，上空飛行の自由，海底電線およびパイプライン敷設の自由その他これらの自由に関連しこの条約の規定と両立する他の国際的に適法な海洋の利用の自由を享受する。また，排他的経済水域制度と抵触しないかぎり，公海制度に関する国際法の一定の規則もこの水域に適用される（58条1項・2項）。

6 公　　海

(1) 公海の自由

領海，排他的経済水域以遠の公海は，いかなる国の領有の対象ともならず，すべての国の使用に開放される。この公海の自由は，領有禁止（帰属からの自由）とその帰結としての使用の自由を含む。公海使用の自由には，航行，上空

飛行，海底電線・海底パイプラインの敷設，人工島・施設の建設，漁業，科学的調査がある（これらのうち漁業については，現在，諸条約で大幅に制限されている）。これらの自由は，他国の利益に「妥当な考慮」を払って行使されなければならない。これらのほかに，軍事演習も他国への通報を条件に違法とはされていない。

(2) 船舶の国籍

船舶の国籍は，船舶と旗国（国籍国，登録国）とを結びつける法的紐帯であり，船舶が国籍をもつことは，その船舶が旗国に所属し，その管轄権に服し，あるいはその保護を受けることを意味する。国際法上，船舶について，自然人の場合と異なり，無国籍の存在を認めておらず，船舶はいずれかの国の国籍をもつものとされる。

各国は，船舶に対する国籍の許与，登録および自国の国旗を掲げる権利に関する条件を定めることができる。船舶は，その旗を掲げる権利を有する国の国籍を有する。その国と当該船舶の間には，真正な関係が存在しなければならない（91条）。多くの国は，船舶の所有権の全部あるいは一定割合が自国民に属することを基準として船舶に自国籍を付与する国内立法を制定している。しかし，リベリア，パナマ，ホンジュラス等の一定の諸国は，外国人が所有，管理する船舶に対し，緩やかな条件で登録を認めている。このような船舶は，便宜置籍船と呼ばれるが，便宜置籍船は，船員の労働条件，社会保障あるいは船舶に対する国家の管理の不十分さの点で問題を生ぜしめたが，最近は，便宜置籍国の側でこれらの点で改善もみられる。1986年の「船舶の登録要件に関する国際連合条約」は船舶の所有者等の識別に関する旗国の義務のほか，船舶の自国民による所有，配乗，管理について非常に緩やかであるが，基準を示している。

(3) 船舶の航行

いずれの国も，沿岸国であるか内陸国であるかを問わず，自国を旗国とする船舶を公海において航行させる権利を有する（90条）。船舶は，公海上では，旗国の排他的管轄権に服し，船体自体の行動についてあるいは船舶内の人および物について旗国の法令が適用され，その裁判権が及ぶ（旗国主義）。

船舶は，所有権の現実の移転または登録の変更の場合を除き，航海中または寄港中にその国旗を変更することができない。二以上の国旗を適宜使用して航

行する船舶は，無国籍船とみなすことができる（92条）。

　船舶の航行の安全に関しては，各国は，自国船舶について，船舶の構造，設備および堪航性，船舶における乗組員の配乗および労働条件および訓練，信号の使用，通信の維持および衝突の予防に関し必要な措置をとり，また，その際に，国際規則・手続等を遵守しまたその遵守を確保するために必要な措置をとることを要求される（94条3項・5項）。このような国際規則・手続等は，海上における人命の安全のための国際条約，満載喫水線に関する国際条約，海上における衝突予防規則，船員の訓練・資格証明および当直維持の基準に関する国際条約等によって設定されている。

　公海における船舶の衝突その他の航行上の事故の場合の船長その他の乗組員の刑事上または懲戒上の手続は，その船舶の旗国またはそれらの者が属する国の司法，行政当局においてのみとることができる（97条）。公海上の衝突の刑事裁判権に関して，1927年の常設司法裁判所ローチュス号事件判決は，衝突事故の結果（死者発生）が被害船であるトルコ船内において発生したことを理由として，フランス船ローチュス号の旗国のフランスのほかに，トルコにも裁判権があるとして（客観的属地主義），トルコの刑事裁判権行使を正当とした。しかし，この判決には，海運界から反対があり，1952年にブリュッセルで採択された「衝突又は他の航海事故についての刑事裁判権に関する若干の規則の統一のための国際条約」（衝突事故等の刑事裁判権に関するブリュッセル条約，1952年）は，船舶の旗国または乗組員の本国のみが刑事上の懲戒手続をとりうるとし，公海条約，国連海洋法条約もこの趣旨を踏襲している。

(4) 継続追跡権

　継続追跡権（追跡権）は，外国船舶が沿岸国の内水または領海で沿岸国法令に違反した場合に，一定の条件の下に，その外国船舶を公海上まで追跡し，拿捕引致することができる権利をいう。この権利は，19世紀の船舶の高速化に伴う実際的必要にもとづいて慣習国際法上発達し，確立した。公海における外国の正当な権利を侵害することなく，沿岸国の利益と秩序を保護しようとするものであり，公海自由と沿岸国の利益を調和させたものである。

　継続追跡権は，公海自由の例外として，厳格な要件の下にのみ許される。追跡は，被追跡船またはそのボートが沿岸国の内水または領海にあるときに開始

しなければならず，また，視覚的あるいは聴覚的停止信号を被追跡船が見たりあるいは聴いたりすることのできる距離から発した後に開始されなければならない。追跡船は，必ずしも領海内にあることを必要としない。追跡権は，軍艦もしくは軍用航空機または政府の公務に使用されているその他の船舶もしくは航空機でとくにこのために権限を与えられたもののみが行使することができる。追跡は，途中で中断してはならず，悪天候，故障，燃料不足等の理由により追跡不能となった場合には，追跡権は消滅し，その後に公海上で被追跡船に遭遇しても追跡権はない。また，被追跡船がその旗国または第三国の領海に入った場合にも追跡権は終了する。継続追跡権は，接続水域の設定によって保護しようとする権利の侵害があった場合には，外国船舶が接続水域にある場合にも開始することができる。

わが国で継続追跡権の行使が問題になった裁判事例として，不法出国および同幇助が問題となったいわゆるフェニックス号事件（長崎地判昭45・4・30）などがある。

国連海洋法条約は，排他的経済水域または大陸棚（大陸棚上の施設の周囲の安全区域を含む）において，この条約に従って排他的経済水域または大陸棚（安全区域を含む）に対して適用される沿岸国の法令の違反について追跡権が準用されるとしている（111条2項）。

◇ 発展・研究 ◇

1 非核三原則とソ連原潜の領海通航事件

わが国で外国軍艦の領海通航が無害通航かどうかが問題になった事件として，ソ連原子力潜水艦の領海通航事件がある。1980年8月21日に，ソ連のエコーI型原子力潜水艦が沖縄東方の約110キロの公海上で火災を起こし，航行不能となり，同月23日ソ連海軍のタグボートによって，わが国からの領海通過を認めないとの申入れを無視して沖永良部島と与論島の間の日本の領海を強行通過して東シナ海の公海上に出て，対馬海峡を経て，ウラジオストックに向かった。

この事件について，日本政府は，ソ連原子力潜水艦が日本の領海通過を完了するまで，放射能の危険性と核搭載の有無についてソ連側から満足すべき回答がない以上領海通過は認められないという立場をとったが，同年8月26日に政

府見解として,「ソ連側が当該潜水艦の領海通過後通報してきた回答を考慮して,事後的に当該潜水艦のわが国領海通過の態様事態を検討すれば,今後とも放射能汚染が生ぜず,かつ核搭載の事実がないとの前提に立つ限り,無害通航と認識しうるものである」との判断を示した。

つまり,ソ連原子力潜水艦が,核兵器を積載しておらず,また,放射能汚染が生じていないことにもとづいて,同潜水艦のわが国領海通過を,結果的に無害通航であるとした。

2 海上犯罪の規制

公海上の船舶に対しては,原則として,旗国の排他的管轄権が行使されるが,国際法は,一定の場合に,他国の権限行使を認めている。いいかえれば,国家は一定の場合に公海上の他国の船舶に対して規制しうる。しかし,その場合でも,軍艦および非商業用政府船舶は,旗国以外の管轄権から完全に免除される。

(1) 海賊行為

海賊行為は,公海における航行の自由を侵害するものとして,古くから「人類一般の敵」といわれ,国際的な犯罪行為として認められてきた。海賊行為は,私有の船舶・航空機の乗組員や旅客が,私的目的で,公海における船舶,航空機,その中の人,財産,または,いずれの国の管轄権にも服さない場所にある船舶,航空機,人または財産に対して行う不法な暴力行為,抑留または略奪行為をいう(国連海洋法条約101条)。海賊行為が成立するためには,加害者が他の船舶・航空機に対してこのような行為を行うことが必要であり,同一の船舶・航空機内で行う同様の行為は,海賊行為ではない。海賊行為に対しては,すべての国の軍艦あるいは権限のある政府船舶は,公海上で拿捕し,自国に引致し,その軍艦等の所属する国は,自国の国内法に照らして処罰することができる(普遍主義)。わが国の場合,現行刑法には海賊に関する規定はない。

なお,1985年のアキレ・ラウロ号事件のように船舶の乗客が政治犯釈放を要求して暴力等によりその船舶の運航を支配し,他の乗客を人質とするような行為は,上記の定義にいう海賊には含まれない。事件の後,1988年にローマで採択された「海上航行の安全に対する不法な行為の防止に関する条約」(ローマ条約,1988年)は,航行中の船舶に対するまたは船舶内の暴力行為または威嚇

行為を規制対象とし，旗国，犯行地国，犯人の国籍国に裁判権設定を義務づけ，犯人である無国籍者の常居所国，被害者国等に締約国の選択で裁判権を設定することができるとした（6条1項・2項）。また，この条約は，容疑者が領域内に所在する締約国は，裁判権を設定した国に容疑者を引き渡すか，自国で訴追のために事件を権限のある当局に付託しなければならないとした（10条）。

(2) 奴隷輸送

各国は，自国船舶による奴隷輸送を防止・処罰するために，また，奴隷の輸送のために自国の国旗が不法に使われることを防止するために実効的な措置をとらなければならない。旗国のいかんを問わず，どの船舶に避難する奴隷も避難したという事実によって自由となる（99条）。軍艦は，奴隷取引の疑いのある船舶を臨検しうる（110条）。奴隷取引についての処罰は，船舶の旗国または輸送を行った者の本国で行われる。

(3) 国旗の濫用と無国籍船

軍艦は，公海上で自国船舶が国旗を濫用していることを疑う根拠がある場合，または国旗を示すことを拒否した場合，臨検しうる（110条1項(e)）。この場合，自国船舶であることを疑う十分な根拠があれば，確認の結果，外国船舶であっても，臨検は違法ではない。国旗の濫用についての処罰は，当該船舶の属する国または国旗が濫用された国で行う。国連海洋法条約は，無国籍船に対して軍艦が臨検しうるとしている（110条1項(d)）。

(4) 無許可放送

国連海洋法条約によれば，無許可放送に従事するものは，船舶の旗国，設備の登録国，そのものの本国，放送を受信することのできる国，許可を得ている無線通信が妨害を受ける国，の裁判所において訴追することができ，このような裁判権を有する国の軍艦は，無許可放送に従事している船舶を公海上で臨検することができ，無許可放送に従事している者を逮捕し，このような船舶を拿捕し，放送機器を押収することができる（109条・110条1項(c)）。

(5) 麻薬・向精神剤の不正取引

国連海洋法条約は，公海上における麻薬または向精神薬の不正取引については，防止のための協力のみを規定し，臨検を規定していない（108条）。一方，1988年の「麻薬及び向精神薬の不正取引の防止に関する国際連合条約」は，航

行の自由を行使する他国船舶が麻薬等の不正取引に関与していることを疑う合理的理由がある場合に，締約国は，旗国に通報し，登録確認の要請および適当な措置をとることの許可の要請をすることができ，また，旗国は，条約等がある場合には，要請を行った国に対し当該船舶の乗船・捜索の許可を与えることができることを定めている。

(6) 海底電線の損壊

国は自国船舶または自国の管轄権に服する者が，故意または過失により海底電線を損壊し，海底パイプラインをまたは海底高圧電線を損壊することが処罰すべき犯罪であることを定めるために必要な法令を制定するものとされる（113条）。1884年の「海底電線保護万国連合条約」は，故意・過失による海底電線の切断等この条約の違反に対して条約締約国の軍艦またはとくに犯罪捜査のために派遣された船舶の司令官は，違反船の国籍を確認し，違反の調書を作成しうる旨規定する。しかし，処罰は違反船の旗国で行われる。

§2 資　　源

〔設問〕　大陸棚に対する沿岸国の権利と排他的経済水域に対する沿岸国の権利はどのような点で異なるか。

1　大　陸　棚

大陸棚は，もともと地質学上の概念であり，陸地に続く海底は一般的に陸地から緩い傾斜で沖に向かい，その後傾斜の角度を増しているが，その緩やかな傾斜部分の海底とその下が大陸棚と呼ばれる。石油・石炭などの大陸棚資源が注目されるようになり，大陸棚が国際法の問題として扱われるようになったのは，第二次大戦以後のことである。1945年9月28日にアメリカのトルーマン大統領は，「大陸棚の地下及び海底の天然資源に関するアメリカ合衆国の政策宣

言」(トルーマン宣言)によって,公海の海底でかつアメリカの海岸に隣接する大陸棚の地下と海床にある天然資源がアメリカに所属し,その管轄権と管理に服すべきものとみなすと主張した。その後,中南米,中東,アジアの諸国を含む少なからぬ諸国が国内立法により自国沖合の大陸棚の資源に対する管轄権を主張した。もっとも,大陸棚に関する諸国の慣行は画一的なものではなかった(アブダビ事件仲裁判決,1952年)。1958年の第一次国連海洋法会議は,大陸棚に関する戦後の動きを背景として,「大陸棚に関する条約」(大陸棚条約)を採択した。この条約によれば,大陸棚を,領海の外にある水深が200メートルまでの海床およびその下であるが,水深がそれ以上であっても天然資源の開発が可能であれば,そこも大陸棚に含まれる(1条)。沿岸国は,大陸棚を探査し,その天然資源を開発するための主権的権利を有する。この権利は,沿岸国が大陸棚を探査していないかまたはその天然資源を開発していない場合にも,他のいかなる国も沿岸国の明示の同意なしにはこれらの活動を行いまたはその大陸棚に対して権利を主張することができない,という意味で排他的である(2条1項・2項)。国際司法裁判所は,1969年の北海大陸棚事件判決で,「陸地領土の自然の延長を構成する大陸棚に関する沿岸国の権利」は,陸地に対する主権によって,また,主権的権利の行使という形における主権の延長として,「当然にかつ最初から」存在する固有の権利であるとした。大陸棚の天然資源には,鉱物資源だけではなく,定着性種族の生物資源(貝類など)も含まれる。

　国連海洋法条約は,排他的経済水域制度を設定したが,大陸棚制度をも維持した。

　国連海洋法条約は,大陸棚の範囲を,領海以遠で,距岸200カイリまで,または領土の自然の延長をたどって大陸縁辺部まで,の海底およびその下とし,最大幅は,距岸350カイリの線または2,500メートルの等深線から100カイリ沖合の線を超えてはならないとした(76条)。

　これより先は別の法制度すなわち深海底制度が適用される。この条約は,大陸棚その資源に対する沿岸国の主権的権利について,定着性種族に関する規定を含めて大陸棚条約を踏襲している(77条)。なお,定着性種族については,排他的経済水域の生物資源の場合と異なり,沿岸国の保存,管理義務は規定されていない。200カイリを超える大陸棚の部分については,沿岸国は,非生物

資源の開発について，支払または現物による拠出を行わなければならず，国際海底機構がこれを発展途上国の利益および必要を考慮して，衡平な配分基準にもとづいて締約国にこれを配分する（レベニュー・シェアリング）（82条）。

わが国の「排他的経済水域及び大陸棚に関する法律」（排他的経済水域・大陸棚法）は，わが国の主権的権利の及ぶ大陸棚の範囲として，①基線から200カイリまでの線（その線が外国との間の中間線を超えているときは中間線または当該外国と合意した線およびこれと接続する線）までの海域，②200カイリ以遠で国連海洋法条約第76条に従って定められる一定限度までの海域，のそれぞれの海底およびその下とした。

2　排他的経済水域

(1)　排他的経済水域概念の形成

1960年の第二次国連海洋法会議の後，12カイリ漁業水域を設定する国がかなりの数にのぼり，国際司法裁判所は，アイスランド漁業管轄権事件（判決，1974年）で，12カイリ漁業水域の概念が慣習法として結晶化したことを述べた。しかし，1970年以降多くの国が200カイリ漁業水域あるいは排他的経済水域を設定した。

排他的経済水域の概念は，領海外の沿岸海域の天然資源に対する沿岸国の永久的主権の主張として，中南米諸国およびアフリカ諸国によって提唱された。中南米諸国は，1970年に沿岸国資源管轄権に関する二つの宣言（モンテビデオ宣言，リマ宣言）を採択し，1972年には，ドミニカ共和国のサントドミンゴで開かれた「海洋法の諸問題に関するカリブ海諸国の特別会議」で採択されたサントドミンゴ宣言は，沿岸200カイリ水域の生物資源・非生物資源に対する沿岸国の権利を主たる内容とするパトリモニアル海の概念を主張した。また，アフリカ諸国も1972年にカメルーンのヤウンデで開催された「海洋法に関するアフリカ諸国地域セミナー」の宣言で，ほぼ同様の内容をもつ排他的経済水域の概念を提唱した。

第三次国連海洋法会議においても，ケニアの排他的経済水域提案をはじめ，200カイリ資源管轄権に関する多くの提案が提出され，会議の第二会期（1974年）には，排他的経済水域概念はほぼコンセンサスに達した。その後の会期に

おいて，沿岸国の権利義務と他の国の権利義務が調整されて，排他的経済水域に関する具体的制度（国連海洋法条約第5部）ができあがった。国連海洋法条約は，第5部で排他的経済水域を規定している。わが国は国連海洋法条約批准に際し，「排他的経済水域・大陸棚法」で排他的経済水域を設定し，「生物資源の保存及び管理に関する法律」で排他的経済水域を含めた水域の漁業資源の保存管理を定めている。

(2) 排他的経済水域の法的地位

排他的経済水域の法的地位については，第三次海洋法会議において，これが公海であるか，固有の（*sui generis*）水域であるかが争われた。国連海洋法条約では，排他的経済水域がこの条約の第5部に定める特別な法制度に従うものとされ（55条），また，沿岸国の権利義務と他の国の権利義務のバランスが図られている。さらに，この条約が一定の権利・管轄権を沿岸国にも他の国にも帰属させていない場合に沿岸国と他の国の間で紛争が生じたときは，紛争当事国および国際社会全体にとっての利益の重要性を考慮して，衡平の原則にもとづき，かつ，すべての関連事情に照らして解決するものとされる（未帰属の権利）（59条）。これらのことから，現在は，排他的経済水域は，一般に，固有の地位をもつものと理解されている。

(3) 排他的経済水域の開発制度

国連海洋法条約によれば，排他的経済水域は，領海以遠でかつ領海の基線から200カイリまでの範囲の水域であり，沿岸国はその水域内の生物資源および非生物資源の探査，開発，保存および管理の目的のための主権的権利を有し，また，この水域のその他の経済的探査・開発のための活動（たとえば，海水，海流および風からのエネルギーの生産）に関する主権的権利を有する。さらに，沿岸国は，人工島，施設，構築物の設置および利用，海洋の科学的調査，海洋環境の保護および保全に関して管轄権を有する（56条1）。沿岸国は，排他的経済水域における生物資源の保存と最適利用を促進する義務を負い，そのため，沿岸国は，この水域における生物資源の漁獲可能量と自国の漁獲能力を決定し，余剰分について協定を通じて他国に漁獲を認めなければならない。(61条1項・62条1項・2項)。

この条約では，一定の魚種別規制が採用され，高度回遊性魚種（カツオ，マ

グロ），海産哺乳動物（クジラ），溯河性資源（サケ・マス），降下性魚種（ウナギ），定着性種族についての規制が定められている（64条〜68条，なお，定着性種族については，この条約の第6部（大陸棚）で規定）。たとえば，高度回遊性魚種については，沿岸国および漁業国は排他的経済水域の内外を問わず，当該魚種の保存の確保と最適利用の目的の促進のため協力するとされる（64条）。また，溯河性資源については，母川国（魚が産卵する川の所属する国）が当該溯河性資源について第一義的責任を負い，溯河性資源の漁獲は原則として排他的経済水域の外側の限界から陸地側においてのみ行われるものとされる（66条1項・3項）。この条約によれば，さらに沿岸国は，排他的経済水域の生物資源の保存と管理のための法令の遵守を確保するために，水域内の外国船舶に対して，乗船，臨検，拿捕および司法的手続など必要な措置をとることができる（73条）。

3 深 海 底

(1) 深海底制度の形成

科学技術がめざましく進歩し，深海底の開発が可能となり，1960年代の半ば以降深海底の法制度の必要性が認識されるようになった。1967年にマルタ政府代表のパルドー（Pardo, A.）は，国連総会で，深海底を人類の共同遺産としてそこに新しい国際法制度を樹立することを提唱した。国連総会は，このマルタの提案にもとづいて，深海底の法制度を検討するために海底平和利用委員会を設置した。

その後，総会は，1970年12月に，「国家管轄権の範囲を超える海底及びその下を律する原則宣言」（深海底原則宣言）を採択した。この宣言は，深海底およびその資源が人類の共同遺産であること，深海底は取得の対象とはならないこと，深海底の資源の探査・開発に関する活動は，将来設立される国際制度によって規律されること，深海底はすべての国によるもっぱら平和目的のための利用に開放されること等を内容とするものであった。

第三次国連海洋法会議における深海底開発に関する審議では，開発の主体および方法，国際海底機構の役割，開発利益の国際社会への還元，機構の理事会の表決手続，陸上資源国の経済的利益の保護などをめぐって先進国と発展途上

国との間に対立があった。緩やかな国際管理と私企業などの利益の確保を基本的立場としたアメリカ，イギリス，ドイツは，国連海洋法条約における機構の直接開発を含む開発方式，理事会の手続などを不満として，この条約への不参加および公海自由にもとづく深海底開発の意向を示した。このためこの条約の再検討の必要性が強く認識され，1990年から国連事務総長の主催により非公式協議が開催され，1994年7月28日に「1982年12月10日の海洋法に関する国際連合条約第11部の規定の実施に関する協定」（国連海洋法条約第11部実施協定，実施協定）が国連総会で採択された。

この「実施協定」は，国連海洋法の第11部の規定を一部修正して実施しようとするもので，国連海洋法条約と「実施協定」との関係，署名，批准等，暫定適用のほか，国際海底機構の当初の機能の縮小，国際海底機構の機関の表決の見直し，深海底開発を行う主体の義務の緩和等を規定している。この協定によって，アメリカを除き，イギリス，ドイツなども国連海洋法条約の締約国となった。

(2) 深海底の開発制度

国連海洋法条約は，深海底を規律する原則として，深海底原則宣言に規定された原則を導入している。また，この条約は，深海底の資源を管理し，そこにおける活動を組織化し，管理するため国際海底機構を設立することとした。深海底における開発活動は，①国際海底機構の開発機関であるエンタープライズ（事業体），および，②機構と提携する締約国，締約国の国籍を有するか締約国またはその国民に効果的に支配されている国営企業，自然人もしくは法人で当該締約国によって保証されるもの，またはこれらの集合体で一定の要件を満たすもの，によって行われる（153条2項）。この点は，第三次国連海洋法会議において，国際海底機構を単なる開発のためのライセンス発給機関としようとする先進諸国と国際海底機構による直接開発を主張する開発途上国との対立があったが，エンタープライズと国家・私企業によって並行的に行われるという「パラレル方式」が採用されている。また，その場合に，申請者が，同等の商業的価値を有すると見込まれる2つの鉱区を申請し，そのうち一つについて開発の権利を取得し，残りの鉱区（留保鉱区）は，機構がエンタープライズを通じて，または，発展途上国と提携して，開発するという「バンキング方式」も

採用されている（附属書Ⅲ8条）。「実施協定」では，エンタープライズは当初の深海底採掘活動を合弁事業によって行うものされた。深海底からの鉱物資源の採取は，陸上生産国への経済的影響をもたらすために，国連海洋法条約では発展途上国および陸上生産国の主張にもとづき，深海底から生産されるニッケルについての生産制限の規定が設けられている。しかし，「実施協定」は，生産制限を取り消し，深海底の資源の開発活動が健全な商業原理にしたがって行われることとし，深海底活動に関する不正な経済慣行に対して「関税及び貿易に関する一般協定」（ガット）（現WTO）の原則および義務が適用されることとした。

(3) 国際海底機構の組織

国際海底機構は，主要な機関として，総会，理事会および事務局で構成されるが，第三次国連海洋法会議では，総会に政策決定，規則制定の権限を与えようとする開発途上国と，それらの権限を理事会に与えようとする先進国との対立があった。国連海洋法条約では，総会は，機構のすべての構成国で構成され，国際海底機構の最高機関とされ，また，機構の一般的政策を決定する権限を有する。総会の各構成国は，一個の投票権を有する（159条・160条）。理事会は，機構の執行機関であり，個別的政策を定める権限を有するほか，深海底の活動に対する管理権をもつなど実質的な権限を有する（162条）。理事会は，36カ国で構成される。「実施協定」では，理事会の構成について，国連海洋法条約発効の日に国内総生産との関連で最大の経済の規模を有する国が理事会の構成国になりうるなどの修正を加えた。また，国連海洋法条約では，総会，理事会の意思決定は，過半数3分の2の多数などで行うこととされたが，「実施協定」では機構の機関の意思決定は原則として，コンセンサス方式で行うこととされ，コンセンサスに達しなかった場合に多数決（過半数3分の2の多数）によることとされ，その場合に，理事会では四つのグループ（深海底から生産される鉱物の消費国・輸入国，深海底活動の投資国，深海底から生産される鉱物の輸出国，開発途上国等）のいずれかのグループの過半数の反対がないことを条件とする方式（チェンバー方式）が導入された。

国際海底機構は，ジャマイカのキングストンに所在する。

(4) 先行投資保護

国連海洋法条約と同時に採択された「深海底資源先行投資保護に関する決議Ⅱ」によって，この条約が発効して深海底の開発を行うことができるようになるまでの間，国連海洋法条約準備委員会によって「先行投資者」として登録を認められた事業体は，登録の日から割り当てられた鉱区で探査を行う排他的な権利を与えられることになった。1987年から1994年までに日本の深海資源開発株式会社（DORD）含む七つの主体が準備委員会によって鉱区登録を認められた。1994年の「実施協定」では，先行投資者がこの条約の発効後機構に業務計画を提出する期限を条約に比べ延長するなど鉱区に関する権利確保の要件を緩和している。

◇ 発展・研究 ◇

公海漁業規制

公海における漁業は自由であるとされてきたが，漁業技術の進歩あるいは漁業資源に対する関心の高まりによって漁業資源が枯渇するおそれがでてきたため，とくに第二次大戦後，漁業資源の保存，生産性の維持のための多くの漁業条約が締結されてきた。1946年の国際捕鯨取締条約，1949年の北西大西洋漁業国際条約，1952年の「北太平洋の公海漁業に関する国際条約」（日米加漁業条約），1956年の「北西太平洋の公海における漁業に関する日本国とソヴィエト社会主義共和国連邦との間の条約」（日ソ漁業条約），1959年北東大西洋漁業条約などがそれである。これらの条約では，漁業資源の保存および持続的最大生産量の維持のために規制水域を設けて，また，漁業委員会を設置して，漁業規制を行った。規制の内容は，条約によって異なるが，漁期，禁漁期の設定，魚の体長制限，漁網の網目制限，漁業方法の限定などである。漁獲割当が取り入れられたものもある（日ソ漁業条約）。

第二次国連海洋法会議で採択された条約の一つである「漁業及び公海の生物資源の保存に関する条約」（公海生物資源保存条約，1958年）は，生物資源保存義務として，同一漁場で同一魚種について一カ国のみが漁業に従事している場合は，その国が保存措置をとるものとし，二カ国以上が漁業に従事している場合には，それらの国の合意によって保存措置をとるものとされる（3条・4条）。

また，この条約は，沿岸国がその領海に隣接する沖合公海水域における漁業に関して特別な利害関係をもつことを認めている（6条・7条）。この条約は，手続が明確ではなく，権利義務が複雑になっていることや，資源配分が考えられていないことなどが批判され，実際にも締約国の数は少なかった。

国連海洋法条約は，第7部第2節で，公海における生物資源の保存および管理について規定する。そこでは，公海で自国の条約上の義務などに従う漁獲の権利（116条），生物資源の保存のための措置を自国民についてとる自国の義務（117条），国家間の協力（118条），生物資源の保存（119条）を規定する。保存措置については，最大持続生産量（MSY）を実現することのできる水準に漁獲される種の資源量を維持または回復することのできるようなものをとることとされ，MSYの決定において環境上および経済上の関連要因を考慮するものとされる。（119条）。

1995年の国連公海漁業実施協定は，国連海洋法条約のストラドリング魚種および高度回遊性魚種に関する規定の効果的な実施を促進することを目的とするものであり，国連海洋法条約の一般的保存管理義務に対し，方法，手段，措置を特定することによって具体的内容を与え，その中には，公海の措置と沿岸国の措置との一貫性の原則を含む。また，この協定は，協力の実施措置を規定している。とりわけ，地域的機関・取決の非加盟国，機関，取決で採用された保存管理措置に同意しない国に対して，当該資源へのアクセスを排除している。

現在，200カイリ時代に対応する公海漁業（公海，200カイリ双方の漁業を含む）に関する漁業条約が多数締結されている（たとえば，1978年の「北西大西洋の漁業についての今後の多数国間の協力に関する条約」，1994年の「中央ベーリング海におけるすけとうだら資源の保存及び管理に関する条約」など）。これらの条約では，漁期，漁獲方法などの従来の規制方法の他に，資源保護のための漁獲禁止の方法あるいは漁獲可能量を決定し締約国に割当てる方法すなわち総量規制にもとづく資源配分の方法が進んでいる。

§3 環　　境

〔設問〕　海洋環境保護の目的で沿岸国がとることのできる措置にはどのようなものがあるか。

1　個別条約による海洋汚染の規制

　船舶からの油による海洋汚染を国際的に規制しようとする動きは，第二次大戦以前にもみられたが，海洋汚染に対する国際的関心が高まり，規制のための条約が締結されるようになったのは，第二次大戦後のことである。1954年にロンドンで開催された会議は，「油による海水の汚濁の防止のための国際条約」（海水油濁防止条約，1954年）を採択した。この条約は，船舶からの油および油性混合物の排出を規制し，違反の取締りについては，従来からの公海制度の原則である旗国主義にもとづき，船舶の旗国が違反を処罰することとしている。船舶起因海洋汚染の規制に関しては，1973年に政府間海事協議機関（IMCO，現在の国際海事機関 IMO）が招集した海洋汚染防止会議で採択され，1978年に修正・追加された「船舶による汚染の防止のための国際条約」（MARPOL 73/78）は，海水油濁防止条約の内容を強化するものであり，とくに船舶からの油以外の汚染物質の排出の規制に加え，一定の新造船に対する分離バラストタンクの設置義務などの船舶の構造面の規制も強化している。

　1967年のトリー・キャニオン号事件（後述）を契機として，IMCO が1969年にブリュッセルで開催した会議で二つの条約，すなわち「油による汚染を伴う事故の場合における公海上の措置に関する国際条約」（公法条約）および「油による汚染損害についての民事責任に関する国際条約」（私法条約）が採択された。これらの条約は，船舶の油濁事故に関連する法的問題を扱ったものであり，公法条約は，公海上（領海以遠）の外国船舶の事故により沿岸国に油による重大かつ急迫した汚染の危険がある場合に，沿岸国は，均衡の原則にもとづき，必要な防除措置を，旗国などと協議のうえ，また極度に緊急な場合は，通

告，協議をすることなく，公海上でとることができるとするものである。これは緊急時における旗国主義の例外を認めたものであり，トリー・キャニオン号のような油濁事故の場合に従来の国際法では沿岸国の対応が法的に十分でないことにてらして，このような規則が新たに条約によって作成されたものといえる。

　私法条約は，油濁事故から沿岸国領域内に生ずる損害に対する民事責任の主体を船舶を船舶所有者とし，責任の性質については，きわめて限定された免責事由（事故が，戦争，敵対行為，内乱，暴動，第三者の行為，例外的で不可避的・不可抗力的な自然現象等による場合）を認める厳格責任を採用し，一方，船舶所有者の責任限度額を定めている。1971年の「油による汚染損害の補償のための国際基金の設立に関する国際条約」（基金条約）は，私法条約のもとで損害賠償が不十分な場合，または賠償責任が生じない場合に，一定の石油会社から拠出される基金から損害賠償を補おうとするものである。1978年にフランス沖で生じたアモコ・カジス号油濁事故の後，賠償・補償額の増額が検討され，1984年に責任限度額を引き上げる私法条約議定書と補償限度額を引き上げる基金条約議定書が採択された。しかし，これらの議定書は発効せず，1992年に，84年の改正を基本的にとり入れ，発効要件を緩和し，また，締約国の排他的経済水域で生じた油濁損害にも適用することなどを内容とする私法条約・基金条約の各議定書が採択されている。

　1972年のストックホルム国連人間環境会議の準備過程で草案が作成され，会議後の11月にロンドンで採択された「廃棄物その他の物の投棄による海洋汚染の防止に関する条約」（海洋投棄規制条約）は，陸上廃棄物の海洋投棄を廃棄物の危険性，有害性に応じて，投棄の全面禁止，各国の特別許可による投棄，各国の一般許可による投棄に分けて規制している。この条約の1996年の議定書（未発効）では，とくに，投棄規制について，それまでとは発想を転換し，投棄禁止を一般的前提として，締約国の許可により投棄が許されるものを個々に規定している（リバース・リスティング）。

2　国連海洋法条約の規制措置

　国連海洋法条約では，海洋環境の保護・保全に関して，総則，世界的および

地域的協力，技術援助，監視および環境評価，汚染の防止，軽減および規制のための国際規則並びに国内法，執行（陸上起因汚染，海底開発汚染，海洋投棄起因汚染，船舶起因汚染，大気軽油汚染），責任および賠償責任，主権免除等を扱っている。とくに船舶起因汚染に関して，汚染防止の実効性を高めるために，従来の旗国主義を補うものとして，沿岸国が一定の範囲で自国の排他的経済水域内の汚染に対して管轄権を行使しうるものとし，また，入港国による規制も定め，旗国管轄権を基本原則としつつも，海洋汚染防止に関する管轄権の再配分を図っている。すなわち，旗国は，自国船舶からの海洋汚染を防止するための法令制定・執行の義務を有する（211条2項・217条）。沿岸国は，領海，排他的経済水域において国際規則・基準に合致しそれを実施する法令を制定することができる（211条4項・5項）。沿岸国は，自国の港に入港した外国船舶による自国の領海，排他的経済水域での国際規則・基準に従って制定された法令の違反について手続を開始することができ，また，自国の領海通航中の外国船舶が国際規則・基準に従って制定された自国の法令に違反したと信ずる明白な理由がある場合には，違反についての物理的な検査を行うことができ，また事実が証拠によって裏付けられる場合には，自国の法律に従って手続（船舶の抑留を含む）を開始することができる（220条1項・2項）。また，沿岸国は外国船舶が自国の排他的経済水域において自国の法令に違反したと信ずる場合には，船名識別などに関する情報を要求することができ，違反によって沿岸国の沿岸，関係利益または資源に著しい損害をもたらす排出が生じたときは，自国の法律に従って手続を開始できる（220条6項）。

　入港国も自国の内水，領海または排他的経済水域の外での外国船舶からの国際規則・基準に違反する排出について調査し，手続を開始することができる。他国の内水・領海・排他的経済水域における排出違反については，関係国からの要請がある場合，あるいは入港国の内水・領海・排他的経済水域に汚染が生じたかそのおそれがある場合にのみ手続を開始できる（218条）。

　また，旗国および船舶の利益を保護するため，沿岸国・入港国による調査が遅延されてはならないこと，沿岸国・入港国の手続開始から6カ月以内に旗国が手続を開始するときは，前者の手続は停止されることなど，旗国，船舶の利益を守るための詳細な保障措置が規定されている（223条～233条）。

海洋投棄起因汚染の国際規則・基準に関しては，①沿岸国の領海もしくは排他的経済水域における投棄または大陸棚への投棄については当該沿岸国，②自国を旗国とする船舶，自国登録の船舶・航空機については，旗国，登録国，③領土，係留施設において廃棄物等を積み込む行為については当該国，が執行することとされる（216条）。

◇ 発展・研究 ◇

トリー・キャニオン号事件

1967年3月18日，リベリアのタンカー，トリーキャニオン号が，ペルシャ湾から11万9,328トンのクウェート原油を積載して，イギリスのミルフォード・ヘヴンに向けて航行中にイギリスのシリー諸島とランズエンドとの間の公海上のセブン・ストーンズ岩礁に座礁した。トリー・キャニオン号は，アメリカのユニオン・オイル社（カリフォルニア）の子会社でバミューダにあるバラキューダ・タンカー会社が所有し，モンロビアに登録されている便宜置籍船であった。事故当時，ユニオン・オイル社に用船され，イギリスのペトロレアム・トレーディング社の原油を輸送中であった。船長および乗組員は，イタリア人であった。この座礁により，約8万トンの原油が流出し，イギリスの観光地のコーンウォール海岸を約100マイルにわたって汚染し，流出油は英仏海峡を渡りフランスのブルターニュ海岸にも及んだ。この事故は，汚染の規模が未曾有のものであり，大型タンカーがもたらしうる汚染の脅威を世界に示した。

イギリスの海軍は事故発生以来，洗浄剤を散布して油を分散させる作業を行った。オランダのサルベージ会社によるサルベージ作業の失敗の後に，イギリス政府は同号の船体を爆破することを決定し，海軍および空軍の爆撃機によって公海上にある船体が爆破された。この爆破に対しては船舶所有者からもリベリアからも抗議はなされなかった。

この事故の後政府間海事協議機関（IMCO，現在の国際海事機関IMO）は，1967年5月に臨時理事会を開催し，IMCOにおいて検討すべき技術的，法的問題を選び，またIMCO内に法律委員会を設置した。その後，IMCOで条約案を作成して，1969年11月にブリュッセルで開催された「海水油濁損害に関する法律会議」で公法条約および私法条約が採択された。このように，この事故は，

油濁事故に関連する国際法の整備の契機となった。

なお，英仏両国政府は，同号船主の本店所在地であるバミューダで訴訟を提起し，また，油濁防止費用を請求して船主側と示談交渉に入り，上記のブリュッセル会議の開催中に両国政府と船主側の間で示談が成立した。

§4 紛争解決

〔設問〕 海洋紛争の平和的解決手続を国連海洋法条約に則して説明しなさい。

1 多様な海洋紛争

これまで国家間の海洋紛争が平和的解決手段で扱われた例は少なくない。国際審査で扱われた例として漁業水域内での違法操業に関するレッド・クルセーダー号事件（デンマーク・イギリス間，報告書1962年），国際調停で扱われたものとして，アイスランドとヤンマイエンとの間の大陸棚境界画定についての事件（アイスランド・ノルウェー間，報告書1981年）がある。国際裁判で扱われたものは多い。一例を挙げれば，仲裁裁判で扱われたものとして，古くは，公海におけるオットセイ漁業に関するベーリング海オットセイ漁業事件（イギリス・アメリカ間，仲裁判決，1893年），船舶の国旗を掲げる権利に関するマスカット・ダウズ事件（イギリス・フランス間，判決，1905年），最近でも，英仏大陸棚事件（イギリス・フランス間，判決，1977年），ギニア・ビサウ大陸棚事件（ギニア・ギニアビサウ間，判決，1985年）などの事件があり，国際司法裁判所で扱われたものとして，国際海峡の通航に関するコルフ海峡事件（イギリス・アルバニア間，本案，判決，1949年），基線の引き方および漁業管轄権に関するイギリス・ノルウェー漁業事件（イギリス・ノルウェー間，判決，1951年），大陸棚に関する北海大陸棚事件（西ドイツ・デンマーク間，西ドイツ・オランダ間。判

決，1969年），チュニジア・リビア大陸棚事件（チュニジア・リビア間，判決，1982年），リビア・マルタ大陸棚事件（リビア・マルタ間，判決，1985年），領土・島・海洋境界紛争事件（エルサルバドル・ホンジュラス間，判決，1992年），グリーンランド・ヤンマイエン海洋境界画定事件（デンマーク・ノルウェー間，判決，1993年）などの事件がある。

2　国連海洋条約における紛争解決手続

　国連海洋法条約は，第15部で，この条約の解釈または適用に関する紛争解決の手続を規定している。国連海洋法条約の締約国は，この条約の解釈・適用に関する締約国間の紛争を，国連憲章第33条1項に示されている従来の平和的解決手段で解決するものとされ（279条），平和的手段によって紛争解決に合意した場合には，この部の手続は，その平和的手段によって解決が得られず，紛争当事国の合意が他の手続の可能性を排除していない場合にのみ，この条約第15部に規定する紛争解決手続を適用するものとしている（281条）。

　締約国間でこの条約の適用・解釈に関する紛争が生じた場合，紛争当事国は，交渉その他の平和的手段による紛争解決について速やかに意見の交換を行う（283条）。紛争当事国は，他方の紛争当事国に対して，附属書Ⅴ第1節に規定する調停手続または他の調停手続に付託することを要請することができる（284条1項・2項）。これらの調停手続は強制管轄権を持たず（任意調停），その報告は拘束力がない。

　このような手続で紛争が解決されなかった場合には，一定の場合を除いて，第15部第2節で定める強制的でかつ拘束力を有する解決手続に付託しなければならない。強制的手続に属する裁判所として，つぎの四つがある。①国際海洋法裁判所，②国際司法裁判所，③附属書Ⅶにもとづく仲裁裁判所，④附属書Ⅷにもとづく特別仲裁裁判所。各締約国は，文書による宣言を行うことによって，これらの強制手続のうち一つまたは二つ以上のものを選ぶことができ，このような宣言で効力を有するものの対象とならない紛争の当事国である締約国は，附属書Ⅶに定める仲裁手続を受諾したものとみなされる。紛争当事国の双方が同一の手続を選んでいるときは，紛争は，別段の合意がない限り，その手続のみに付託され，紛争当事国が同一の手続を選んでいないときは，紛争は，別段

の合意がない限り，附属書Ⅶに定める仲裁裁判所にのみ付託することができる（287条）。

なお，ミナミマグロ事件（仲裁判決，2000年）では，当事国の日本，オーストラリア，ニュージーランドは，287条にもとづく裁判所の選択の宣言をしておらず，オーストラリア，ニュージーランドの訴えの提起によって附属書Ⅶにもとづく仲裁手続が開始された。

このように，国連海洋条約は，紛争当事国が選ぶ紛争の平和的解決手段および調停で解決が得られなかった場合，裁判により強制的に解決することを原則としており，このことは，国連の下で採択された条約と比べて国連海洋法条約の一つの特徴となっている。1958年ジュネーブ四条約の場合は，四条約とは別の「選択議定書」によって「選択議定書」締約国間で国際司法裁判所の義務的管轄権を設定していた。これに対し，国連海洋法条約ではこの条約の本質的な制度として強制的紛争解決手続を条約の中に設け，全締約国に適用あるものとして，条約の統一的・効果的実施を図った。

また，この条約は，締約国の当局が他の締約国を旗国とする船舶を抑留した場合において，合理的な保証金の支払等の後に船舶・乗組員を速やかに釈放するというこの条約の規定を抑留した国が遵守しなかったと主張されているとき釈放の問題について紛争当事国が合意する裁判所または抑留のときから10日以内に合意しないときは，別段の合意がないかぎり，抑留した国が第287条によって受け入れている裁判所または国際海洋法裁判所に付記することができる（292条）。速やかな釈放が問題になった事件として国際海洋法裁判所で扱われたサイガ号事件（判決，1997年）などがある。

この条約は，一定の種類の紛争について，強制的手続からの除外をみとめている。除外される紛争には，①自動的に除外されるものと②選択的に除外されるものとがある。自動的に除外されるのは，沿岸国による主権的権利または管轄権行使に関する特定の紛争であり，これには，排他的経済水域・大陸棚の海洋の科学的調査に関する沿岸国の権利・裁量に関する紛争，調査計画の停止または終止を命ずる沿岸国の決定に関する紛争（297条2項），および排他的経済水域における生物資源に関する沿岸国の主権的権利（漁獲可能量，漁獲能力および他の国に対する余剰分の割当を決定するための裁量権ならびに保存・管理のため

の自国の法令において定められる条件を決定するための裁量権を含む），またはその主権的権利の行使に関する紛争が含まれる。これらの紛争は，強制的手続から除外され，排他的経済水域における生物資源の維持を確保する義務を明らかに遵守しなかった場合などが申し立てられた場合に，いずれかの紛争当事国の要請で附属書Ｖ第２節の調停手続（強制調停）に付託されるにとどまる（297条３項）。

　強制的手続から除外される他の一つは，選択的に除外されるもので，締約国が特定の紛争について文書による宣言で，強制管轄の除外を行いうるものとされる。これには，領海・排他的経済水域および大陸棚の境界画定ならびに歴史的湾・歴史的権原に関する紛争が含まれ，その他，軍事活動に関する紛争，第297条２項・３項によって裁判所の管轄権から除外された主権的権利・管轄権の行使にかかる法律の執行活動に関する紛争，国連安全保障理事会が国連憲章によって委託された任務の遂行に関する紛争がある。これらのうち，境界画定および歴史的湾・歴史的権原に関する紛争については，大陸または島の領土についての紛争の検討を伴わないかぎり，いずれかの紛争当事国の要請により，附属書Ｖ第２節の強制調停に付託される（298条１項）。

　このように沿岸国が紛争当事国である重要な紛争の多くが強制的手続から除外され，あるいは除外されうるものとされ，紛争解決手続における条約の統一的実施の精神は，その意味で必ずしも十分なものではない。

　1995年の国連公海漁業実施協定は，国連海洋法条約の第15部の紛争解決規定が，この協定およびストラドリング魚種・高度回遊性魚種に関する協定に関する紛争でこの協定の締約国間の紛争に準用され，国連海洋法条約第287条に従って受諾した手続（裁判所の選択）が，この協定のために他の手続を受諾しない限り，この協定の紛争解決に適用されるものとしている（30条）。

◇ 発展・研究 ◇

国際海洋法裁判所

　国際海洋法裁判所は，国連海洋法条約にもとづいて設立された。国連海洋法条約附属書Ⅵが国際海洋法裁判所規程となっている。裁判所はドイツのハンブルクにあり，1996年に発足した。裁判所は，９年の任期の21人の裁判官で構成

される。裁判所全体のうちに世界の主要な法体系が代表されること，および裁判官の配分が地理的に衡平に行われることを確保するものとされる（規程1条・5条）。

　国際海洋法裁判所は，国連海洋法条約の下において，国際司法裁判所および仲裁裁判所と同じく，この条約の解釈・適用に関する紛争を一般的に扱う裁判所である。裁判所の管轄権は，この条約に従って裁判所に付託されるすべての紛争およびこの条約に従って裁判所に対して行われるすべての申立ならびに裁判所に管轄権を与える他の取決に特定されているすべての事項に及ぶ（規程21条）。また，この裁判所の海底紛争裁判部は，とくに，深海底活動に関する紛争について管轄権を有する。国際海洋法裁判所は，三つの種類の特別裁判部を設置することが認められている。すなわち，特定の種類の紛争を扱う特別裁判部，特定の紛争を扱う特別裁判部，簡易手続によって事件を扱う特別裁判部である（規程15条）。特定の種類の紛争を扱う特別裁判部として，漁業紛争裁判部および海洋環境紛争裁判部が設置されている。簡易手続特別裁判部は，毎年設置される。

〔参考文献〕
山本草二『国際漁業紛争と法』（玉川大学出版部，1976年）
小田滋『注解国連海洋法条約　上巻』（有斐閣，1985年）
高林秀雄『領海制度の研究（第3版)』（有信堂，1987年）
小田滋『海洋法の源流を探る』（有信堂，1989年）
杉原高嶺『海洋法と通航権』（日本海洋協会，1991年）
山本草二『海洋法』（三省堂，1992年）
栗林忠男『注解国連海洋法条約　中巻』（有斐閣，1994年）
水上千之『船舶の国籍と便宜置籍』（有信堂，1994年）
水上千之『日本と海洋法』（有信堂，1995年）
高林秀雄『国連海洋法条約の成果と仮題』（東信堂，1996年）
国際法学会編『日本と国際法の100年　第3巻　海』（三省堂，2001年）

第10章　環境の国際的保護

§1　国際環境法とは何か

　近年，国際法の新しい法分野として地球環境の国際的な保護が研究されるようになった。しかし，そのような新しい分野を従来の国際法の体系から切り離して理解することはできない。というのは，**国際環境法**と呼ばれるものは，環境の国際的保護を目的とする国際法規の総称であり，それらの規則は，条約または慣習国際法の規則として国家間で成立し，適用・執行されるからである。

　そのような新しい分野の国際法の規則の特色を理解するためには，国際法が規律の対象とする「環境」について考える必要がある。**環境**とは，一般に，人間や生物を取り囲む世界であり，その意識や行動に何らかの作用を及ぼすもの，またはそうした外界の状態を意味するといわれる。環境と開発に関する世界委員会（WCED）によれば，「環境」とは，われわれが住む場所（地球の生物圏）である。しかし，環境を直接に定義する一般的な条約は存在しない。多くの環境保護条約をみても，そこで扱う特定の環境（または資源）を定義することなしに，むしろ条約の規制に必要なかぎりで「資源や環境に対する悪影響」（損害または危険）について定義するにとどまる。1972年の国際連合人間環境会議の宣言（ストックホルム人間環境宣言）は，環境を自然環境および人間が作り上げた人為的な環境に区別する。前者の自然環境を構成する要素として，大気，水，大地，動植物（その生息環境を含む）および天然資源をあげる。後者の人為的な人間環境は，人間の尊厳や福祉を保持するのに不可欠な環境である（前文1，原則1）。こうした現状で，環境をあえて定義するならば，それは国際法が諸国に対して健全な管理を要求する「天然資源」や人間や動植物の「生活・生息空間」を意味するものと理解することができる。

§2 環境損害とは何か

　環境の定義とともに，国際法が規律する環境損害（または環境リスク）とは何かについても一定の理解が必要である。三つの基準によって環境損害を分類するならば，以下のようになる（各分類による複数の環境損害は別の分類による環境損害に必ずしも対応するものではない）。

1 保護される環境を基準とする分類

　①環境の中にある物質が人間活動をとおして人間の生命維持のシステムに悪影響を与えるような環境損害として，たとえば，オゾン層の破壊，有害廃棄物の放置，大気や水の汚染がある。②人類にとって有益な天然資源や人工物が人間の活動によって棄損されたり枯渇するような環境損害として，たとえば，森林の破壊，土壌の浸食，石油の漏出，そして建築物や記念物の人為的な損傷がある。③自然の摂理（森羅万象を支配する法則）を無視して人間の活動が自然現象を改変するような環境損害も考えられる。たとえば，生物多様性の破壊や絶滅の危機に瀕する種である。③については，長期的には人類の利益を害する可能性はあるが，現在のところ直ちに人間の健康や福祉を害するものではない。しかし今日では，動植物とそれを取り巻く環境の相互作用は人類を含む生物圏の生命の保持に不可欠であることが一般に認められて，特定の人間活動による生物多様性の著しい減少を防止するための適正な管理が要求されている（生物の多様性に関する条約（1992年））。

2 損害発生の態様を基準とする分類

　①損害の発生源となる特定国が識別できないような環境損害として，たとえば，オゾン層の破壊，地球温暖化がある。②直ちに損害は発生しないが，時間の経過とともに徐々に有害な結果をもたらすような環境損害として，たとえば，河川や海洋の汚染，地球温暖化がある。③社会的に有用であるが，高度に危険な活動に付随する重大な損害が事故によって発生する環境損害もある。たとえば，宇宙活動による汚染，原子力活動である。

3　実害と危険を区別する分類

①実害とは，上記の環境損害を意味するものであり，後述する国家責任の原則が直接に適用される環境損害である。他方，②危険とは，必ずしもそのような事後救済の対象とはならないものであって，損害が発生する蓋然性が認められるという意味での環境リスクである。

前者の実害（**環境損害**）は，人間活動に起因し，他国または国際公域で発生する有害な影響のうち，国際法上の保護法益を違法に侵害するような損害を意味する。このような環境損害は，一般に，越境性をもつこと，人間活動に起因すること，人間活動の物理的結果であること，そして損害が重大（または実質的）であるという四つの条件を満たす場合に，加害国の事後賠償の責任が追及される。後者の危険（**環境リスク**）は，損害の発生時点または発生する被害の範囲が確実に予見できないものであり，つぎのような二つの典型的な事態が含まれる。①損害発生の蓋然性は低いものの，ひとたび事故が発生ならば相当に重大な損害が生じるもの（原子力発電所の炉心溶解など）と②その蓋然性は高いが，小さな損害の累積的効果によって重大な損害が発生するもの（オゾン層の破壊，地球温暖化など）である。これらのリスクは，関連条約で，「人間の健康や環境」または「自然の生態系および人類」に対する「重大な危険」または「有害な影響をもたらすおそれ（見込み）」として規定される。

§3　国際環境損害と国家責任

〔**設問**〕（1）　A国にある民間の熔鉱所は鉛と亜鉛を精錬していた。そこから多量の煤煙が放出し，それが大気に運ばれて隣りのB国の農業や森林業に損害を与えた。このような場合に，B国はA国に対して損害賠償を請求しうるであろうか。B国はその賠償請求を国際法のどのような原則に基礎づけることができるか。

（2）　1972年のストックホルム**人間環境宣言**の原則21によれば，「各

国は，国連憲章及び国際法の原則に従い，自国の資源をその環境政策に基づいて開発する主権的権利を有し，また自国の管轄内または管理下の活動が他国の環境または自国の管轄の範囲外の地域の環境に損害を与えないように確保する責任を負う。」この原則21とトレイル熔鉱所事件判決で示された領域使用の管理責任の原則との関係，あるいは両者の異同について述べなさい。

1 領域使用の管理責任

　環境の国際的保護が国際社会全体の課題として意識されようになったのは1970年代以降であるが，従来の国際法はこの問題と決して無関係ではなかった。〔設問〕(1)は，1920～30年代の実際の越境環境損害事件を素材とするものである。伝統的な慣習国際法の規則によれば，国家はその領域主権にもとづいて，その領域をいかなる目的のために利用するかを自由に決定することができるが，同時に，このような国家の主権は，他国の権利を害してはならないという国際法の制限に服する。この場合，国家自らがその領域を使用する場合はいうまでもなく，その領域内の私人に特定の活動を使用を許す場合にも，こうした制約を受ける。これを**「領域使用の管理責任の原則」**という。

　〔設問〕(1)において，B国はA国に対してこの原則を主張することによって損害賠償を請求することができる。すなわち，A国はその領域主権にもとづき自国領域内での熔鉱所の経済活動を認めるとしても，その活動がB国の権利を侵害しないように注意すべき一般的な義務を負うのである。その義務違反（注意義務の欠如）が立証されるならば，B国はA国に損害賠償を要求できる。

　〔設問〕(2)のモデルとなったカナダとアメリカの間のトレイル熔鉱所事件（判決，1941年）によれば，国際法の諸原則によって，「事態が重大な結果をもたらし，侵害が明白でかつ納得のいく証拠によって立証されるかぎり」，国家は他国の領域またはそこにある国民の身体と財産に対して，煤煙による被害を与えるような方法で，自国の領域を使用したり，または使用させる権利を有するものではないとされた。この判決部分が加害国の過失責任を前提とするものであるかどうかについて議論の余地はあるものの，一般には，重大な環境損害

が発生すること，損害と加害活動の間に因果関係があること，および加害国の側に相当の注意義務の違反（過失）が存在することを条件に，加害国は越境環境損害について賠償責任を負うと考えられている。

トレイル熔鉱所事件と同様に，隣接する諸国の間における環境や資源の利用に関する事件としてラヌー湖事件（判決，1957年）があげられる。これは，国際河川の転流をめぐるスペインとフランスの間の事件である。その仲裁裁判の判決では，国際河川の一つの沿岸国は他の沿岸国の利益を尊重しなければならず，上流国は下流国の利益に合理的な考慮を誠実に払うこと，他方で，下流国は自国の領土保全の権利のみを強調して，上流国の河川の利用を制限することはできないとされた。これは，領域主権にもとづく国際河川の水利用が，同一河川を利用する他の沿岸国の利用を妨害してはならないという趣旨である。国際河川の水利用にともなって生じる汚染問題を国際法が規制するさいに適用される基本的な立場（制限主権論）として注目される。

さらに，環境保護には直接には結びつかないが，コルフ海峡事件においても，国家の領域使用の管理責任が問題となった。その国際司法裁判所の判決（1949年）では，沿岸国アルバニアはその領海を排他的に管理する権利を有するが，その領海内で行われる第三者による機雷敷設によってイギリス軍艦が受けた損害を賠償する責任があるとした。裁判所は，アルバニアはその領海内で行われる行為が他国の権利を侵害する危険性を知りつつ，それにもかかわらずアルバニアは損害の防止に必要な措置（イギリス軍艦への警告）を怠ったとし，このことによってアルバニアはイギリスに与えた損害を賠償する責任を負うとのべた。

2 環境保護に関する国家の管理責任の強化
(1) 人間環境宣言の原則21

1972年に地球環境の保護と保全という人類共通の課題をテーマにストックホルムで国連人間環境会議が開催され，「人間環境宣言」が採択された。この人間環境宣言は，相当に広い範囲の国際環境損害を扱う。すなわち，宣言は，人間が直接または間接に環境のなかに持ち込む物質やエネルギーをとおして，他国や国際公域に与える有害な結果をその規律の対象とする。さらに，同宣言の原則21は，上記のトレイル熔鉱所事件の判決が示した国家の義務を確認するだ

けでなく，それを拡大しようとするものとして注目される。〔**設問**〕(2)に関する解答は，つぎの二点に要約されよう。

第一に，原則21の文言から明らかなように，国家はその領域内の活動が他国の環境に悪影響を与える場合（トレイル型の越境汚染）のみならず，その領域外の加害活動（たとえば，その管理下にある船舶，航空機そして宇宙物体などの活動）が与える環境損害についても，それを防止する一般的な義務を負う。ここでトレイル型の越境汚染とは，いうまでもなく「自国の管轄（領域）内の活動」が「他国の環境」に損害を与える場合である。

第二に，そうした領域内や管理下の活動が，他国の環境のみならず，国際公域の環境に与えるであろう損害をも防止する一般的な義務を負うとされる。こうして，原則21は伝統的なトレイル型の越境汚染だけでなく，その他のタイプの国際環境損害も防止すべき義務を諸国に課している。

その意味で，原則21は，将来生じるであろう多様な国際環境損害を念頭において，それを防止すべき国家の管理責任を強化する方向をうち出すものといえる。原則21はまた，1992年の環境と開発に関する国連会議で採択された「**環境と開発に関するリオ宣言**」（リオ宣言）の原則2においても確認されている。その後，国際司法裁判所においても，二つの事件に関連して，原則21に定める諸国の一般的な義務は「今や環境に関する国際法の総体の一部分である」とされた（1996年の核兵器の脅威・使用の合法性事件の勧告的意見および1997年のガブチコボ・ナジュマロス計画事件の判決）。

(2) **環境保護条約における国家責任**

上記の諸宣言にみられる国家の管理責任の原則は，国家の領域使用の場合に限定されない国家の一般的な義務を規定するが，しかし，その防止義務（「確保する責任」）の内容は必ずしも明確ではない。伝統的な国家責任論の立場にしたがうならば，それは相当の注意を払って環境損害を防止すべき国家の義務であるが，それ以上に，具体的なケースで加害国に要求される防止義務の内容は原則21（およびリオ宣言の原則2）で予め特定されているわけではない。

このことに関連して，国家が，領域国または管理国として，具体的にいかなる条件で事後賠償の責任を負うかについても必ずしも明確ではない。国際環境保護の条約は，この点についてどのような規定を設けるのであろうか。特定の

環境損害について，加害国が負う国家責任の内容が条約上具体的に定められることはまれである（たとえば，環境損害には直接関係しないが，1972年宇宙損害賠償条約2条・3条のような規定はほとんど存在しない）。

のちに見るように（§5の2），多くの環境保護の条約では，特定の地域や空間で生じる汚染源を防止したり規制するための適切な措置をとるように締約国に要求するのが普通である。たとえば，国連海洋法条約は，海洋環境の保護について，上記の諸宣言にみられるような締約国の一般的な義務を定めるが（192条・193条・194条2），海洋環境の汚染を防止し，軽減しおよび規制するための措置については，自国の能力に応じた実行可能な措置（「適切な措置」）をとるように要求するにすぎない（194条1項）。このような義務は，特定の汚染を防止し規制するための国家の努力義務でしかない。したがって，国際的な環境損害が発生し，加害国の賠償責任を実効的に追及するためには，領域国または管理国に要求される相当の注意義務の内容が予め定型化されていることが必要である。つまり，個々の環境保護条約で特定の汚染を防止するための技術的かつ科学的な基準を具体的に定めておくことが重要となる。

◇ 発展・研究 ◇

トレイル熔鉱所事件

　1　事　　実

　イギリス自治領カナダのトレイルで，カナダの民間会社は熔鉱所が多量の鉛および亜鉛を精錬していた。1925年と1927年に建設された二基の高い煙突によってその生産量は増加したが，熔鉱所から亜硫酸ガスが発生し，コロンビア川の渓谷にそって南下し，米国ワシントン州の農作物，森林などに被害を与えた。米国は，1927年にこの損害についてカナダに苦情を申し立てた。

　両国は1909年の英米境界水条約で設立された国際合同委員会に本件を付託し，その審査，報告および勧告を求めた（1928年8月）。同委員会は過去のすべての損害および1932年1月1日までに生じるであろう損害が計35万ドルであり，将来の損害を減らすための設備の改善などを両国に勧告した（1931年2月）。カナダがその勧告を受け入れ賠償額を支払うことで事件は一応決着したが，米国は損害が継続して発生していることを理由にカナダに外交交渉の再開を要請した

(1933年2月)。その結果，1935年8月に両国は本件解決のための条約（以下，仲裁条約）を締結し，仲裁裁判で解決することに合意した。

カナダは1932年1月1日以前の損害について35万ドルの損害賠償を認めたので（仲裁条約1条），仲裁裁判に付託される事項はつぎの4つの問題に限定された。(a), 本件損害は，1932年1月1日以降も発生しているか否か，もしそうであるならば，どのような賠償が支払われるべきか。(b), 問題(a)が肯定される場合，熔鉱所は将来発生する損害を防止すべきか否か，そしてどの程度まで防止を要求されるか。(c), 問題(b)が肯定される場合，熔鉱所はどのような措置または制度を採用し，維持すべきであるか。(d), 問題(b)と(c)に対する判決によっていかなる賠償額が支払われるべきか（同3条）。さらに，裁判基準として「国際法と国際慣行，および米国で同種の問題を処理するために採用されている法と慣行」を適用し，裁判所は両国がすべての関係当事者にとって公正な解決に達することを希望していることに考慮を払うとした（同4条）。

　2　判決の要旨

　カナダ政府は損害の発生をもたらす熔鉱所の行為に対して国際法上責任があり，損害の一部につき賠償責任を負う。熔鉱所は損害発生を防止し，操業改善の具体的措置を実施する義務を負うとともに，今後発生する損害についても賠償責任を負う。

〈1938年の中間判決〉

　(1)　損害賠償の認定　　上記(a)について，1932年1月1日から1937年10月1日までの森林に対する損害が発生し，賠償額は計7万8,000ドルである。

　(2)　損害防止の義務と暫定的な制度　　上記(b)について，熔鉱所は最終判決の日までワシントン州への損害発生を防止すべきである。この防止の義務は，上記(c)に関するつぎのような暫定的な制度（操業体制）に服する。すなわち，1940年10月1日までの試験期間に，①両国は裁判所が任命する技術顧問が認める気象学的観測を実施し，ガスの放出状態を決定すること，②熔鉱所はその観測結果を操業規制に迅速に適用するため，技術顧問が認める観測所や煙突装置などを設置・維持し，定期的報告を行うこと，③1938年5月以降の特定期間に，熔鉱所は硫黄放出量を一定の数値まで制限すること等である。この試験期間以降については，熔鉱所は暫定的な制度を前提とする最終判決のなかで裁判所が

§3　国際環境損害と国家責任　203

要請する恒久的な制度に服するという。

〈1941年の最終判決〉

　中間判決による試験期間が1940年10月に終了し，恒久的制度を決定するための両国政府および弁護人への聴聞が行われ，上記(b)と(c)に関する最終判決が下された。

　(3)　1937年以降の損害発生　　上記(a)の中間判決は既判力を有し，原則として変更されない。米国は1937年10月から1940年10月1日までの損害（煤煙発生による作物および樹木などに対する損害）を立証しえなかったので，カナダは賠償を支払う必要はない。

　(4)　国内法の類推　　上記(b)について，大気汚染と水汚染に関する米国判決を「国際的な事件に類推することは合理的」であり，国際法の一般的規則に合致する。国際法の学説では「国家は自己の管轄権の範囲内で行われる私人の侵害行為から他国を保護する義務をつねに負う。」「アラバマ号事件（仲裁判決，1872年）以来の国際判例およびそれ以前の古い国際判例も同様の一般原則に基づいている」。

　(5)　損害防止の義務　　合衆国の法と国際法の諸原則によれば「煤煙による損害が重大な結果をともない，そしてその損害が明白かつ納得させうる証拠により立証される場合には，いかなる国家も他国の領土内でもしくは他国の領土に対して，または他国の領土内の財産もしくは人に対して，煤煙による損害を発生させるような方法で自国の領土を使用し，またはその使用を許す権利を有するものではない。」「事件の諸状況に考慮するとき，カナダ自治領は，トレイル熔鉱所の行為に対して国際法上責任があり……本判決が決定するようなカナダ自治領政府の義務に，熔鉱所の行為を合致させるように注意を払うことは同政府の義務である。」よって，上記(b)について，熔鉱所は，コロンビア渓谷の現在の状態が続くかぎり，煤煙によるいかなる損害もワシントン州内に発生させないように要求される。

　(6)　恒久的な制度　　上記(c)について，将来発生する損害を防止するための操業規制が必要である。熔鉱所は，過去3年間の調査結果をふまえて裁判所が決定する操業条件（ガス濃度の決定・記録のための器具・文書の装備，煙突の高さ制限など）および硫黄の最大許容放出量等を完全に実施すべきである。上記(d)

について，煤煙損害およびこの操業規制の実施から生じる損害（1941年10月以降）は，仲裁条約（11条）に従って締結されうる両国間の損害賠償請求協定によって処理される。この恒久的制度は1942年12月以降，いずれかの政府の要請で検討され，修正または停止されうる。

3 論　　点

上記判決では，領域使用の管理責任の原則を定式化する際に，汚染関連の米国法を類推適用できるとし，それが国際法の原則にも合致するとされた。判決文は国際法の学説を参照し，かつ米国州際紛争の事例を引用する。その米国法（ニューサンスの法理）の要件を本件にあてはめるならば，判決は「損害の重大性」は認定したが，熔鉱所の活動の社会的有用性，損害防止の可能性等から構成される「行為の非合理性」については具体的に判断していない（「事件の諸状況を考慮するとき」とのみ判示する）。よって，カナダの賠償責任の性質を重大損害の発生と相当因果関係に求める見解（無過失責任原則）がある。他方，本件判決がいう**領域使用の管理責任**は，国家の相当注意の義務違反による責任（伝統的な過失責任）であると捉える学説もある。たしかに，判決は科学的証拠による相当注意の欠如を具体的に検討しない。裁判所の決定事項が賠償額の決定と熔鉱所の操業条件であるという事情もあり，いずれの説が正しいかは断定しがたい。しかし，民間会社による重大損害の発生をカナダが黙認していたことに国家責任の根拠を求めたとすれば，当時の「国際法と国際慣行」にしたがい相当注意の欠如（過失）を暗黙に想定していたともいえる。

つぎに，判決は，カナダの損害防止義務を確保するため，カナダが採用すべき将来の操業規制の制度を命じた。かかる規制措置は米国関連判決に見られる衡平法上の解決であるため，それが本件のように仲裁条約（3条）が特に認める場合にのみ国際法上可能と考えるかどうかについても議論の余地がある。カナダの国際違法行為にもとづく賠償責任を前提とすれば，理論上は再発防止の保証措置（国際法上の賠償の一形態）と捉えることは不可能でない。ここでは，環境保全と経済活動の両立を考慮しつつ，加害活動の継続を条件つきで許す判決のアプローチに注目したい。それは損害防止の義務を将来に向けて具体化する機能も有するからである。

§4　国際環境法の発展

　上記のように，国家が負うとされる領域使用の管理責任の原則は，近年，その範囲や内容が変質したりあるいは強化されようとしている。その背景は何か。また，そのような最近の傾向のなかで締結された地球環境の保護に関する一般的な条約はどのような義務を国家に課しているのであろうか。

1　地球環境保護と南北問題

　1972年に地球環境の保護を目的にストックホルム国連人間環境会議が開催されて，国際社会は環境問題に積極的に取り組む姿勢を初めて明らかにした。この会議を契機に，1970年代の国際環境法はつぎのような特色を有する。

　第一に，人類は地球の管理者であり，健全な環境で一定の生活水準を享受することは人間の権利であるとし，同時に，環境の保護や改善は，人間の厳粛な責任であり，すべての国家の義務でもあるという認識が高まった。第二に，一般的かつ地域的なレベルで多くの環境保護条約が締結された。とくに海洋環境の保護や自然保全に関する条約が数多く結ばれた。第三に，こうした条約の増加にともなって，環境保護に関する国家の権利義務の内容が広がった。もっとも，すでに見たように（§3の2），環境損害に関する事後の救済（国家責任）については必ずしも十分なものではなかった。すなわち，宣言の原則21は領域使用の管理責任という既存の慣習国際法を確認し，その適用範囲を広げたが，しかし，原則22は環境損害に関する国家責任とその救済手続に関する現行の国際法が不備であるとし，その発展のための国際協力を求めた。第四に，途上国の開発と国際的な環境保護をどのように両立させるか（ストックホルム人間環境宣言の原則9—12），そして長距離越境大気汚染の規制などの新しい地球的規模の問題が発生し，これらの問題はいずれも1980年代の主要な課題とされた。

　さて，1980年代に入ると，**地球的規模の環境破壊**が現実の問題として懸念されるようになる。たとえば，オゾン層の破壊，二酸化炭素濃度の上昇にともなう地球の温暖化，酸性雨による大気汚染，有害廃棄物の国際輸送が途上国に及ぼす汚染などである。そのため国連の宣言やサミット経済宣言では，浪費的な

消費活動の見直し，貧困の克服，国際協力の一層の充実，途上国への技術的・財政的な支援の必要が強調された。途上国の側でも環境と開発に関する宣言を採択して，地球環境の保護はかれらの開発の権利と両立するものでなければならないと主張した。

1992年には国連主導のもとに「環境と開発に関するリオ宣言」が採択された。そこでは21世紀に向けて地球環境を健全に維持するために国家や個人がとるべき行動が確認された。その主要な一般原則として，第一に，環境保護に関する国家の管理責任が規定された。もっとも，1972年の人間環境宣言と異なり，**持続可能な開発**の権利が強調されて，この開発の権利は現在の世代と将来世代の開発や環境に関する必要を満たすものでなければならないとされた（原則1—5）。第二に，地球環境の悪化はおもに先進諸国の責任であるから，現在の世代のなかでも途上国の特別な状況や要求を優先させ，各国は地球環境の悪化への加担の程度に応じて「共通であるが差異のある責任」を有するとされた（原則6—7）。第三に，国家は環境損害の被害者を救済する国内法を整備し，環境影響評価を実施すべきこと（原則11），第四に，環境を保護するために，完全な科学的証拠がなくともその能力に応じた**予防的アプローチ**を採用すべきこと（原則15）などである。しかし，地球環境の保護を重視する先進諸国と開発の権利を優先させる途上国との間の意見の対立は，いまだ解消されていない。

なお，リオ宣言について若干補足するならば，リオ宣言の原則2では，各国はその環境政策のみならず「開発政策」に従って自国の資源を開発する主権的権利を有するとされる。この字句の変化は，地球的規模の環境保護を推進しようとする1980年代以降の国際社会の変化に対応するものであり，発展途上国の開発の権利が十分に考慮されるべき要因であることを示唆する。環境と開発に関する世界委員会（WCED）はすでに1987年に，環境保護と開発（とくに途上国の人々の生活をよりよくするための努力）は両立されなければならないと強調していた。

2 地球環境保護条約の実体的義務

1980年代に国際社会が意識した地球環境（海洋，大気，オゾン層，地球の気象，南極地域など）に対する環境損害は，人間活動に起因するが，人間の抑止力の

及ばない自然の諸力を介して発生するものが少なくない。また，そうした損害は累積的に発生し拡大する傾向にある。さらに，そのような損害の加害国を特定することは難しい（§2の2，3を参照）。そこで，これらの地球環境損害については，伝統的な国家責任の原則に依拠する事後の救済よりも，むしろ損害の発生を事前に防止する義務を強化することがいっそう重要となる。

地球的規模の環境問題の発生に対処するために，関連の多数国間条約がいくつか締結された。それら条約が扱う海洋，大気，オゾン層，南極地域，地球の気象，そして多様な生物の存在は，**地球の共有物**（global commons）である。それら条約の特色として，第一に，条約が定める損害防止の義務は，国際社会全体に対する普遍的な義務であるとされる。たとえば，1991年の南極環境保護議定書（前文），1992年の気候変動枠組み条約（前文・3条1項）などである。しかし，第二に，関連条約が要求する義務は，通常，相当の注意を払って行動すべき国家の一般的な義務である。たとえば，国連海洋法条約では，国家はあらゆる汚染源による海洋環境の汚染を防止するために実行可能な最善の手段とその能力に応じた措置をとるものとする（194条1項）。1979年の長距離越境大気汚染条約（2条），1985年のオゾン層の保護のためのウィーン条約（オゾン層保護条約）（2条）も同様である。これら条約が国家に要求する必要な措置あるいは適切な措置とは，国家がそのように考える措置であって，損害発生を防止すべき絶対的な義務ではない。

もっとも，そのような一般的な防止義務の内容は，必要に応じて具体的な国際基準となりうる。そこで，第三の特色として，相当の注意義務の内容を具体化する方法が工夫される傾向にある。その方法として，つぎの二つがある。①一般的な防止義務を定める多数国間条約が他の関連条約の国際基準に言及することによって，実際には既存の国際的な規則や基準を実施するように求める場合である。国連海洋法条約の汚染防止の規定がその一例である。そこでは陸上源からの汚染，海底活動からの汚染，投棄による汚染および船舶からの汚染について，必要とされる汚染防止の措置は既存の諸条約で合意された国際的な規則・基準に合致するものでなければならないとする（207条・208条・210条・211条）。有害廃棄物の越境移動とその処分の規制に関するバーゼル条約（バーゼル条約，1989年）も同様である。それによれば，有害廃棄物等の国際輸送に際し

て，廃棄物のこん包，表示そして運搬について一般に受諾されている国際的な規則や基準に従うことを締約国に要求する（4条7項(b)）。

②もう一つの方法は，枠組み条約方式を採用する場合である。これは，特定分野の地球環境保護条約の基本目的および一般的な防止義務を規定しておいて，のちに科学的な知識の進展をまってその一般的な義務を具体化する新たな議定書を採択するものである。これを**枠組み条約方式**（厳密には「枠組み条約と議定書」の組み合わせ方式）という。たとえば，オゾン層保護条約はオゾン層を破壊する悪影響について科学的知識の一層の研究や組織的な観測が必要であるとし（前文），締約国の一般的な防止義務，情報提供や国際協力に関する規定をおくにとどまるが，その後のオゾン層破壊物質のモントリオール議定書（1987年）では科学的知識の発展に成果があったとして（前文），具体的な規制物質や規制方法を詳細に定めている。このような方法は，長距離越境大気汚染条約においても採用され，高い評価を得ている。気候変動枠組み条約においても，入手可能な最善の科学的知見にもとづいて温室効果ガスの排出規制を見直すこと（議定書の採択を含む）が予定されている（4条2項(c)(d)・17条）。

3　地球環境保護条約の手続的義務

地球環境保護の条約は，さきにみた損害防止の実体的な義務を効果的に履行させるために，つぎのような手続的な義務を定めている。

(1)　事前の通報および協議

環境リスクの防止や緩和を目的とする事前の通報，そして交渉や協議の必要は古くから国際河川法の分野で発展してきた。代表的ケースとして，スペインとフランスの間の**ラヌー湖事件**（1957年）がある。フランスは，自国の水力発電の計画を実施するために，ラヌー湖から流れる国際河川（このキャロル河はスペイン領土内ではセグレ河となり地中海に向かう）の水をラヌー湖に還流させて大西洋に向けて流路を変える計画をスペインに提案していた。しかし，スペインはこの転流が問題の国際河川の水利用を規律するフランスとの間の二国間条約（1866年のバイオンヌ条約）に違反すると主張した。実際，その条約では一方の沿岸国が河水の質量に変化をもたらす利用計画については相手国の事前の許可が必要であるとしていた。この事件の仲裁判決（1957年）では最終的に，

スペインは重大な損害が発生する可能性を主張していないし、また、それを立証もしていないという理由で、スペインの事前の同意は不要であるとした。この判決でとくに注目すべきは、つぎの点である。判決では、慣習国際法上、国際河川を利用する各沿岸国の利益は合理的に調整されなければならず、フランスはその転流計画をスペインに事前に通報し、かつスペインとの交渉や協議によってスペインの利益に合理的な配慮を払う義務を負うとした。判決はまた、フランスの提案を受けたスペインはフランスの計画を妨害したり、フランスに対して特別の損害防止の措置を要求する権利をもつものではないという。

このような手続的な義務はその後、国際河川の分野にかぎらず、すべての活動に起因する環境リスクを効果的に防止するために必要不可欠なものとされている。事前の通報義務については、たとえば、1974年の北欧環境保護条約（5条）、1979年の長距離越境大気汚染条約（8条）、1982年の国連海洋法条約（198条）、1985年の自然と天然資源の保存に関するアセアン協定（19条・20条）などがある。環境条約で事前の協議が要求される事態や状況は多様であるが、国境付近の原子力施設の建造に関するヨーロッパ諸国間の協定、上記の長距離越境大気汚染条約（5条）、海洋汚染の防止に関する諸条約がある。

これらの条約に共通する点は、つぎのとおりである。まず、**事前の通報義務**については、①通報には潜在的な被害国が問題となる環境リスクを適切に評価できるような情報が付随していなければならない。②通報国は計画を実施する前に迅速に通報しなければならない。③環境リスクの重大性は通報国の判断にまかされるが、潜在的な被害国の要請がなくとも通報義務が生じる。④通報を受けた潜在的な被害国は合理的な期間内に自国の見解を表明しなければならない。また、**事前の協議義務**については、①計画を実施する国は、潜在的な被害国の意見を誠実に考慮しなければならず、②協議によって最終的な同意が得られない場合には、計画を実施する国はその判断で計画を実施する権利を有する。ただし、重大な損害が発生した場合にはその実施国は事後の国家責任を追及される。

(2) **環境影響評価**

通報や協議は環境リスクに関する適切な情報にもとづくものでなければならない。その意味で、環境影響評価の義務は事前の通報・協議の義務の一環であ

ると考えられる。とくに科学的な不確実性をともなう地球環境損害については，環境リスクを可能な限り客観的に評価するため，環境影響評価は不可欠である。1974年の北欧環境保護条約（7条），海洋汚染に関する国連海洋法条約（204条），1991年の南極環境保護議定書（2条2項）などが締約国に影響評価を要求する。1991年のECE（国連欧州経済委員会）越境環境影響評価条約は，環境影響評価に関するモデル条約である。それは，重大な越境汚染をひきおこす活動（石油の精錬所，原子力発電所や廃棄物処理施設など）を詳細に列挙し，環境影響評価にもとづく事前通報，影響評価文書の作成とそれにもとづく協議の義務について規定する。環境影響評価および協議の結果は，計画を実施するかどうかの最終決定で締約国によって適切に考慮されなければならない（3条—6条）。

このように，地球環境条約の主要なものは，客観的で科学的な影響評価をとおして，予想される環境損害の軽減または防止の措置について，関係国の利害が調整される仕組みを備えている。ここでとり上げた手続的義務は，事後救済が不適切または困難な地球環損害について，上記の損害防止の実体的・一般的な義務を関係国に事前に履行させる手段ないし方法として有用である。事前の通報と協議を通して，関係国は個別ケースの事情を考慮した具体的な防止義務の内容や方法を決定できるからである。

◇ 発展・研究 ◇

1 持続可能な開発と予防的アプローチ

環境と開発に関する世界委員会（WCED）は，**持続可能な開発**を「未来の世代がその必要を満たす能力を損なうことなく，現在の世代の必要を満たす発展」と定義する。ある学説によれば，これは「とくに貧しい人々の不可欠の必要」に対する優先権を認め，そして同時に「現在と将来の世代の必要に応じる環境の能力が，技術と社会組織の現状によって制約されている」という認識を示すものであるとされる。また，より重要な理解として「持続可能な発展（開発）は経済成長を否定するものではなく……成長が環境破壊のコストを計算に入れないなら，環境は保護することはできないという認識に基づいて，環境政策と発展戦略を統合する枠組を与える」概念であるといわれる。この概念にもとづいて先進諸国に要求される行動の指針は，ECE（国連欧州経済委員会）の

協力のもとで採択された1990年のベルゲン宣言のなかで詳述されている（同宣言の「持続可能な経済」および「持続可能な産業活動」の項目を参照）。

ベルゲン宣言でもう一つ注目されるのは，**予防的アプローチ**に関する部分である。それによると，持続可能な開発を達成するためには防止の原則にもとづく政策が必要であり，「重大な又は回復不能な損害の脅威がある場合には，完全な科学的確実性の欠如が環境悪化の防止措置を遅らせる理由とされてはならない」という（同宣言1の7）。この考えは今日，国際環境法で予防原則（precautionary principle）あるいは予防的アプローチと呼ばれるものであり，リオ宣言の原則15，気候変動枠組み条約第3条3項，生物の多様性に関する条約の前文，1995年国連公海漁業実施協定第6条2項，そしてロンドン海洋投棄防止条約の1996年議定書の第3条1項などに導入されている。

予防的アプローチないし原則は，科学がつねに環境保護に有効な知識を提供するとは限らず，重大損害が発生しているという科学的証拠があってはじめて防止措置が可能であるという理解に立つならば，回復不能な損害が発生しうるという考えである。地球環境損害を実効的に防止する必要を考えるとき，このアプローチを正面から否定することは難しい。他方で，これが諸国を一般に拘束する慣習国際法の規則であるかどうかは疑わしい。その主な理由は，このアプローチ（原則）にもとづく国家の義務の内容や範囲が不明確であるという点にある。伝統的な国家責任法では，重大損害発生の予見可能性（過失）と科学的な因果関係の立証を条件に加害国の損害賠償の責任が追及される。他方，この予防的アプローチを採用する場合，科学的に不確実な因果関係を前提として，潜在的加害国が防止しなければならない環境リスクの範囲はどのように決定されるのであろうか。それを客観的に決定するのはきわめて困難である。

2 枠組み条約方式

この方式は，環境保護条約の基本目的や締約国の一般的な義務については賛同するが，しかし具体的な義務の内容やその実施措置について条約交渉国の間に意見の対立がある場合に採用される。とりあえず賛同の得られる条約の一般的な枠組みに関する文書を作成し，その後で科学的な知見が得られた段階で厳格な義務や実施方法に関する別の文書（一般に「議定書」と呼ばれる）を作成し

採択するものである。この方式を採用する上記の1985年オゾン層保護条約は，議定書の採択を予定し（8条1項），これに従い採択されたオゾン層保護に関するモントリオール議定書（1987年）はその附属書（A～E）に掲げる特定の規制物質について，その生産や消費の凍結ないし削減を義務づける。

つぎに，このような規制の見直しは通常「議定書の附属書」を改正することにより可能であるが，1985年オゾン層保護条約は「議定書の附属書」に関する採択・改正について特別な手続を導入する。それは，議定書の附属書が締約国全体の賛成なしでも採択されるとし，一定の条件のもとでそれに反対する締約国をも拘束する手続規定を設けている。すなわち，附属書はいうまでもなく議定書の不可欠の一部分であり，「議定書の附属書」それ自体（およびその附属書の改正）は議定書の締約国会合で提案され採択されるが，その場合，出席しかつ投票する議定書の締約国の3分の2の多数で採択される。また，このようにして採択された「議定書の附属書」に反対する締約国は，その採択の通報を受けてから6カ月以内に反対の意思を書面で寄託者（国連事務総長）に通報しないかぎり，「議定書の附属書」に拘束される（オゾン条約10条1項・2項参照）。この場合，6カ月以内に反対を表明した締約国はその附属書（またはその改正）に拘束されない。これを contract-out 方式という。

③ 原子力事故に関する早期通報と援助

上記の事前の通報・協議の義務に類似する国家の義務として，原子力事故に関する早期通報の義務がある。1986年のチェルノブイリ事故において旧ソ連が事故発生の時点で事前の通報ないし警告（さらには情報提供）の義務を負うかどうかが問題となった。この点に関する従来の慣習国際法の規則は必ずしも明確ではなかった。しかし，この事故を契機として，1986年に原子力事故後の損害を最小化するための二つの条約が締結された。一つは，**原子力事故に関する早期通報条約**（1986年）であり，他の一つは，**原子力緊急事態における援助条約**（1986年）である。前者の通報条約では，放射性物質の放出による悪影響を他国に与えるおそれのある事故について，締約国は，他国がすべての可能な防止措置をとることができるように，その悪影響を最小化する情報を提供しなければならない。通報されるべき情報の内容は条約で特定される（事故原因と予

想される影響，放出される放射性物質の特質，気象条件や必要とされる保護措置など)。それ以上の関連情報が要請される場合には，通報国は（潜在的）被害国と協議しなければならない（以上，2条・5条・6条)。もっとも，早期通報条約にも欠陥はある。たとえば，放射性物質による悪影響の程度は基本的には通報すべき国家の判断に任され，実際には事故発生国が悪影響を監視し評価する能力を有する場合に条約が適用される仕組みになっている。

　後者の援助条約は，原子力事故その他の放射性緊急事態から「生命，財産そして環境」を保護するための国際協力について規定する。締約国は悪影響を最小化するために迅速な援助を提供できる。援助を要請する国は，援助の範囲とタイプを特定し，情報を提供しなければならない。それを受けて，援助を要請された国家は，要請された援助を自国が与えることができるかどうか，そして提供しうる援助の範囲や条件を決定して，要請国に通報しなければならない。その上で要請国と援助国は協議により援助の範囲と形態を決定できる（1条・2条)。さらに，この援助条約は，援助費用の支払や自国領域内で行われる援助活動に対する要請国の規制権，援助国要員の特権・免除について規定する（3条・7条・8条・10条)。援助条約の基本は，要請国に対して援助国が与える国際協力の枠組みを設けることにある。もっとも，原子力事故発生国が他の締約国に悪影響を与える場合でも，その事故発生国は当該他国からの援助要請に応じる義務は負わない。また，当該他国が事故発生国に援助を要請すべき義務を負うわけでもない。ともあれ，二つの条約をとおして国際社会は原子力事故に関する国際的対応の枠組みを整備し強化する方向にあるといえる。

§5　地球環境保護条約の履行確保

　地球環境保護条約の義務は，締約国によって誠実に履行されなければならない。締約国は国内の立法措置や行政措置をとおして，私人や私企業に条約義務を履行させる義務を負う。1985年のオゾン層保護条約では，締約国はオゾン層を変化させる自国の人間活動を規制するために，利用可能な手段や能力に応じ

て、自国が適切と考える立法および行政上の措置をとらなければならない（2条1）。また、1992年の気候変動枠組み条約は、より具体的に、すべての締約国に対して特定の温室効果ガスの人為的な放出および吸収源による除去に関する自国の目録を作成し公表するように義務づける（4条1）。1992年の生物の多様性に関する条約では、締約国は生物多様性の保全と持続可能な利用についての考慮を可能なかぎり自国の関連ある計画や政策（意思決定）に組み入れ、多様性に対する悪影響を回避したり最小にするための関連措置をとらなければならない（6条(b)・10条）。こうした国内的レベルにおける義務履行確保の方法は、地球環境保護の条約に固有のものではない。（それは、たとえば、国際人権条約が締約国にいわゆる「**結果の義務**」（特定の結果の達成を要求する義務）を課する場合に、その締約国に要求される義務履行の通常の態様である。1966年の社会権に関する国際人権規約（A規約）第2条1項の締約国の義務を参照。）しかし、こうした条約実施の国内措置は、関連の条約機関に報告され、そこで審議・検討されることで、国際的レベルの問題となる。

1　国家報告制度

　国際的なレベルで、締約国が条約義務を履行するためにとった措置を条約機関に報告し、それを条約機関が審査・検討する制度を**国家報告制度**という。国際人権条約における国家報告制度をモデルとし（国際人権規約（A規約）16条以下の実施措置を参照）、多数国間の環境条約においても一般に採用されるものである。その意味で、とくに目新しい制度ではない。もとより、すべての締約国が参加する全体の会合で、条約実施のためにとられた国内措置が審査・検討され、それが公表されるということは、国際世論という圧力によって条約義務の履行を関係国に促す契機となる。

　オゾン層保護の条約では、締約国は条約の実施のためにとった措置に関する情報を締約国会議に送付しなければならず、同会議はそれを受けて実施状況を審査・検討し、必要な場合には適切な措置を勧告する（5条・6条）。1987年のオゾン層保護に関するモントリオール議定書では、規制物質の生産量などの統計資料を提出することは締約国の義務であり、締約国会合が議定書の実施を審査・検討し、適切な措置をとる権限を有する（7条・11条4・12条(c)）。気候変

動枠組み条約では，条約の実施のためにとった措置に関する詳細な情報が定期的に締約国会議に提出され，締約国会議は条約の実施状況を検討し，効果的な実施措置を促進するための決定を下すことができる（4条2(b)・7条1項・2項）。生物多様性に関する条約でも，同様の国家報告制度が採用される。締約国会議は条約の実施状況を検討して，条約目的の実現に必要な多様な措置（科学的・技術的助言，他の条約の機関との協力，補助機関の設置，新たな議定書の作成・採択など）をとることができる（26条・23条4）。

なお，条約機関に対する国家報告は必ずしも条約機関による審査・検討，さらには勧告に結びつかない場合もある。たとえば，条約の実施措置に関する報告がすべての締約国と条約機関に送付される場合でも，これが全体会議で審議され公表されるだけの場合もある（1991年の南極環境保護の議定書17条）。

2 不遵守手続

このような国家報告制度をさらに押し進めて，条約義務が履行されない場合に，条約機関がその不遵守を審査・認定し，ある程度まで定型化された措置が勧告される場合がある。以下にみるように，オゾン層保護議定書はすでにそうした**不遵守手続**（NCP；Non-Compliance Procedure）を導入している。それは，条約機関が条約違反の行為を認定し，違反国に違反を是正するための措置を勧告する特殊な制度である。

これは従来の締約国相互の監視制度を発展させたものである。たとえば，1989年のバーゼル条約では締約国が他の締約国による条約違反を確信する場合には，事務局に通報することができるとし，事務局はすべての関連情報を締約国に送付する（19条）。南極環境保護の議定書には，締約国が指名する個別のまたは集団的な監視員による査察の制度がある。これによって違反の疑いのある締約国には査察報告書に対して意見を陳述する機会が与えられ，その報告書は全体会議（協議国会議）で検討されたのち公表される（14条）。

さて，ここで扱うオゾン層保護に関するモントリオール議定書が設ける不遵守手続は，議定書の違反の認定および違反国の取扱いについて特殊なものである（図10・1の概要図を参照）①いずれの締約国，事務局，そして違反国みずからが，条約機関（履行委員会）に違反の申立を行うことができる。②申立は条

図10.1 オゾン層保護議定書の不遵守手続の概要図
（オゾン層破壊物質に関するモントリオール議定書の附属書Ⅳ；1992年決定，1998年改訂）

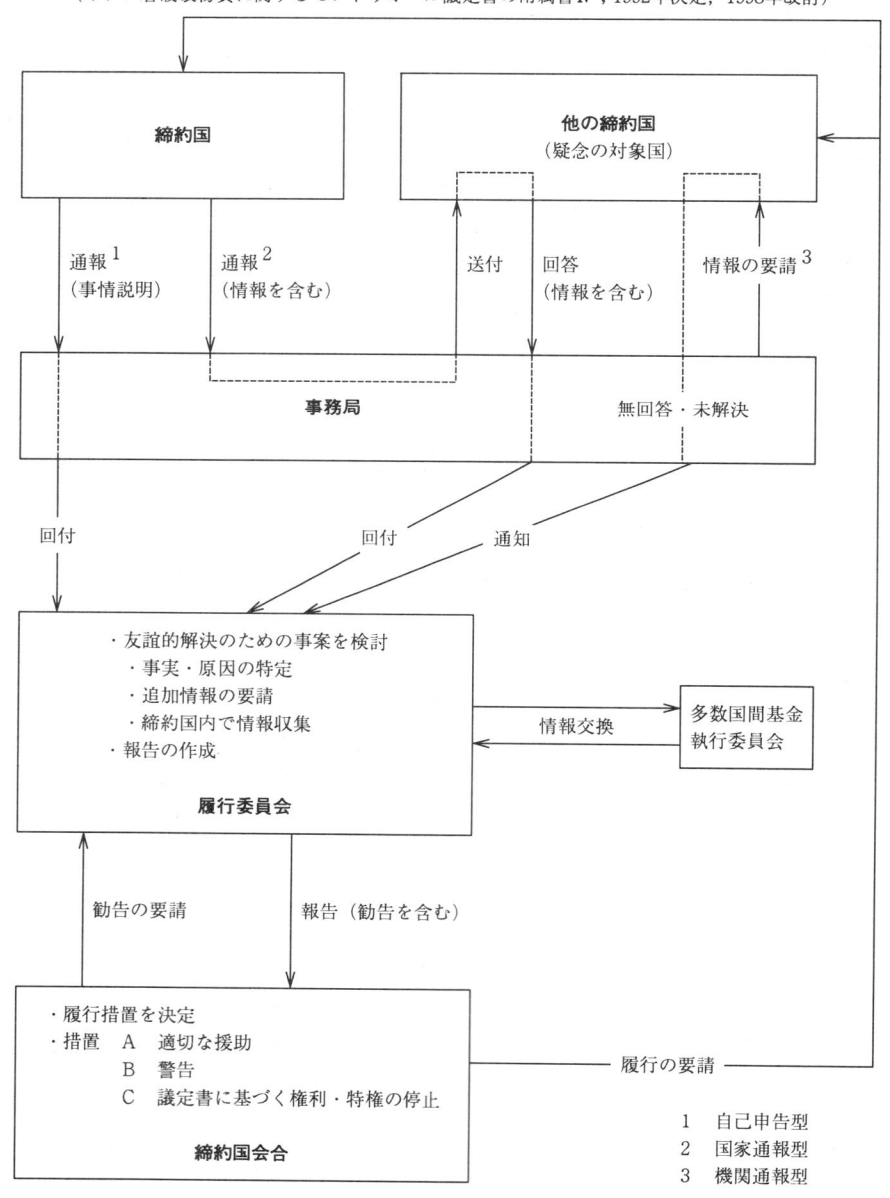

```
        ┌──────────────┐         ┌──────────────────┐
        │   締約国      │         │   他の締約国      │
        │              │         │  (疑念の対象国)   │
        └──────────────┘         └──────────────────┘
           │     │                  ↑   │        ↑
        通報1  通報2              送付  回答    情報の要請3
      (事情説明)(情報を含む)           (情報を含む)
           ↓     ↓                  │   ↓        │
        ┌─────────────────────────────────────────┐
        │            事務局         │ 無回答・未解決 │
        └─────────────────────────────────────────┘
           │         │           │
          回付       回付        通知
           ↓         ↓           ↓
        ┌─────────────────────────────────┐
        │ ・友誼的解決のための事案を検討    │        ┌──────────┐
        │   ・事実・原因の特定              │        │多数国間基金│
        │   ・追加情報の要請       情報交換 │◄──────►│執行委員会 │
        │   ・締約国内で情報収集            │        └──────────┘
        │ ・報告の作成                      │
        │          履行委員会                │
        └─────────────────────────────────┘
           ↑               │
        勧告の要請      報告（勧告を含む）
           │               ↓
        ┌─────────────────────────────────┐
        │ ・履行措置を決定                   │
        │ ・措置 A  適切な援助               │────── 履行の要請 ──────
        │       B  警告                      │
        │       C  議定書に基づく権利・特権の停止│
        │           締約国会合                │
        └─────────────────────────────────┘
```

1　自己申告型
2　国家通報型
3　機関通報型

約機関によって「友誼的な解決をはかる目的で」検討され，締約国会合に報告される（勧告を含む）。③それを受けて，締約国会合は違反国に対して「完全な遵守のための措置」を要求することができる。この締約国会合による措置には，「適切な援助，警告，議定書に関する違反国の権利の停止」が含まれる。適切な援助の措置として，データの収集と報告のための援助，財政援助，技術援助，情報の伝達や訓練がある（附属書V）。とくに注目されるのは，違反の状況に応じて，締約国会合が制裁措置（権利の停止）ではなく遵守を促す措置をとりうることである。途上国や市場経済移行国が誠実に遵守する意図があっても，財政的または技術的な理由から議定書を遵守できない場合，他の締約国がその遵守を支援することには合理的理由がある。地球環境損害の防止について重要なことは，なによりも環境リスクを予防するための国際協力である。この協力をとおして科学的証拠が不十分であっても一応の予防措置を講じ，科学的知識の進展に応じて更なる規制措置を継続的かつ迅速に採用することができる。

あらゆる不遵守のケースで遵守促進型の措置（警告，援助）がとられるとは限らない。たとえば，警告を一貫して無視するような悪質な不遵守については，法執行型の制裁措置（権利や特権の停止）がとられるであろう。また，どのような状況や事態が「不遵守」にあたるかについて具体的なリストは存在しないが，つぎのような事態が考えられる。オゾン層の破壊をもたらす物質の規制措置の違反（議定書2条），貿易制限措置の違反（4条），規制物質に関する資料提供義務の違反（7条）などである。

なお，近年，気候変動枠組み条約の京都議定書についても不遵守手続の導入の可否が論じられているが，締約国会議では結論は出ていない。この枠組み条約では，先進国による温室効果ガスの排出削減は法的義務とはされなかった。その後の交渉で1997年に京都議定書が採択された。これは，①「**共通ではあるが差異のある責任**」の考えにもとづいて，先進諸国と市場経済移行国（附属書Ⅰの締約国）にのみ法的義務としての削減を義務づける（途上国に削減義務なし）。しかし，オゾン層保護の条約やモントリオール議定書と異なり，京都議定書は，②削減数値の決定に関する複雑な仕組み（ネット方式，バンキング，排出権取引，共同実施）を導入する。したがって，「削減義務の違反・不履行に関する法的結果」を扱う手続として，従来の不遵守手続をそのまま京都議定書の

なかに導入できるかどうかについては慎重な検討を要する。

◇ 発展・研究 ◇

不遵守手続の意義

　不遵守手続の性格について，履行委員会の議長は，不遵守問題の審議は「建設的な協力の精神」にもとづくものであり，同委員会は「協力的，非司法的かつ非対決的な雰囲気」のなかで行動したと報告した（1995年）。そこで審議された問題は，1996年に予想されるロシアほか東欧3カ国の不遵守に関するものであった。同委員会の報告書によれば，履行委員会は関係諸国と十分な討議を行い（関係国は手続上，履行委員会の勧告の作成・採択には参加できないが，討議には参加できる），そして議定書の専門家機関（市場経済移行国の技術・経済問題を評価する機関）の報告を考慮しながら，関係各国の合意にもとづく勧告が締約国会合に報告されたという。

　また，1998年のオゾン層保護の議定書の締約国会合では，旧ソ連邦を構成する8カ国による規制物質削減に関する不遵守が問題となった。これら諸国は，かれらが示す削減スケジュール（2000年から2002年までの削減）を約束し，それを受けて締約国会合は，削減実施を可能とする国際支援措置の継続を勧告し，削減スケジュールが遵守されない場合には厳格な対応措置（制裁）をとることが可能であると警告した。

　このような不遵守問題に関する柔軟な対応は何を意味するものであろうか。これについて，つぎの2点が不遵守手続の意義と考えられる。第一に，地球環境損害を防止する義務は（準）普遍的な性質を有するものであり，制裁的な措置のみに依存していてはその目的を有効に達成できない。そうした厳格な対応は地球環境リスクに対処するための国際協力を損うおそれがある。つまり，すべての国家の参加が望ましい地球環境保護条約おいては，重大な条約違反を理由に条約を終了させたりまたは運用停止にすることは望ましくなく，いわんや条約の違反・不履行を理由に直ちに違反国を条約制度から追放することは得策ではないという判断である。第二に，議定書の不遵守によって直接に被害を受けた締約国を見いだすことは難しい。そのため，特定の締約国がその不遵守（違反）を現行の国際裁判制度で是正させることはできない（原告適格の問題）。

よって，不遵守が問題となる（準）普遍的義務の違反については，厳格な法執行（遵守の強制）よりもむしろ条約機関内で遵守を自発的に促すという，履行の確保を優先させるアプローチが採用されたといえよう。すなわち，締約国相互の監視制度を設けて，不遵守があれば締約国全体でそれを討議し，援助中心の対応措置を勧告することで不遵守国にその遵守を促すという手法である。（なお，悪質な不遵守に対する対応措置については不明確なままである。これは，1998年の段階で，そのような対応措置を制裁措置（不遵守国の除名処分＝条約制度からの追放）に固定するのは時期尚早であるという意見が有力であったことによる。今後の議定書慣行の定着に期待するほかない。）

〔参考文献〕

村瀬信也「地球環境保護に関する国際立法過程の諸問題　国家主権の位置と限界」『講座・地球環境4　地球環境と政治』（中央法規，1989年）

尾崎重義「トレイル熔鉱所事件」東寿太郎＝波多野里望編『国際判例研究　国家責任』（三省堂，1990年）

山本草二「国際環境協力の法的枠組みの特質」ジュリスト1000号（1992年）

兼原敦子「地球環境保護における損害予防の法理」国際法外交雑誌93巻＝4号（1994年）

杉原高嶺＝水上千之他著『現代国際法講義（第2版）』（有斐閣，1995年）

高村ゆかり「国際環境条約の遵守に関する国際コントロール」一橋論叢119巻1号（1998年）

遠井朗子「多数国間環境保護条約における履行確保――モントリオール議定書不遵守手続の検討を手がかりとして」阪大法学48巻3号（1998年）

地球環境法研究会編『地球環境条約集（第3版）』（中央法規，1999年）

磯崎博司『国際環境法』（信山社，2000年）

特集「地球環境保護の法制度――その現状と課題」世界法年報19号（2000年）

堀口健夫「国際環境法における予防原則の起源――北海（北東大西洋）汚染の国際規制の検討」国際関係論研究（東京大学）15号（2000年）

水上千之＝西井正弘＝臼杵知史編『国際環境法』（有信社，2001年）

石野耕也＝磯崎博司＝岩間徹＝臼杵知史編『国際環境事件案内』（信山社，2001年）

吉田脩「国際法における「国際制度」の新展開――国際社会の組織化現象の理論的再検討」国際法外交雑誌99巻3号（2000年）

渡部茂己『国際環境法入門』(ミネルヴァ書房, 2001年)
松井芳郎『国際法から世界を見る 市民のための国際法入門』(東信堂, 2001年)
　(本書前掲図10.1の作成にあたって, p.158の概念図を参照した)
国際法学会編『日本と国際法の100年・第6巻 開発と環境』(三省堂, 2001年)
磯村英司「武力紛争当事国による中立国に対する戦時環境損害の違法性―1990～91年の湾岸戦争の考察」法学研究論集 (西南大学) (2002年)

第11章　国際経済関係と国際法

§1　国際経済法の発展

〔設問〕　第二次大戦後の国際経済秩序の基本構造はどのような要因にもとづいて成立しているものか。

1　国際経済活動

　私たちは今日，日常的に外国において生産された商品に接している。ちょっとスーパーに並んでいる商品を見るだけでも，食品売り場にはアルゼンチン産のアボガドや，中国産のニンニク，オーストラリア産の牛肉など数多くの輸入製品が並んでいる。目に見えないところでも日本で飼育されている牛の飼料はほとんどが輸入飼料であり，そのほかにも電気製品や衣料品，医療品など外国産の原材料や製品は日本での生活に不可欠のものとなっている。このように国家間で原材料や製品が移動し，生活関係が緊密になるのは第二次世界大戦以降の現象であり，そのような現象の増大に対応して国際経済法と呼ばれる法分野が成立・発展してきた。

　このような国境を越える経済活動はさまざまな態様をとって行われる。たとえば，あなたが外国にある書店から本を購入する場合など，購入した本が手元に届いたときに落丁があったり壊れていたといった場合には，どのような法的救済が受けられるであろうか。そもそもこの売買契約はどの国の法により規律されるべきものだろうか。他の事例で考えてみると，たとえば日本の建設会社がアメリカの建設会社と合弁でフィリピンのマニラ市内にビルを建設するとい

う場合，この合弁契約はいずれの国の法にもとづいて成立するものなのか。そもそも日本の国内法に従って設立された日本の建設会社とアメリカの国内法に従って設立されたアメリカの建設会社が契約を締結できる法主体として相互に認められるのはなぜなのか。両社にとっては外国であるフィリピンでもこれらの外国の会社は会社としての法主体性を当然に認められるものなのかなど，国境を越える活動が行われる場合には国内における活動と違いさまざまな法律上の問題が発生するのである。

　法は今日，各国の国内法とその国家間の関係を規律する法の二種類に大きく区別される。国際関係を規律する法は国際法として成立し，国家間関係は経済関係を含めて基本的には国際法の原則により枠づけられている。国境を越えるものであっても私的な生活関係は各国の国内私法が直接に規律するものである。しかし，各国国内私法の適用範囲は原則としてその国内に限定され，国際法による国家主権の原則に制限される。そして直接には各国の国際私法もしくは抵触法とよばれる国内法により調整されている。国内法は基本的には各国の領域内においてのみ有効な法として認められるもので，国は外国法や外国裁判所の決定の有効性をその国内において当然に承認しなければならない義務を負うことはない。特定国においてその国以外の人や法人が法主体として認められるのも，基本的にはその特定国の法制度において法主体として認められるからである（たとえば日本民法4条を参照）。このように国境を越える経済活動を行う主体や活動に関する条件や規制が，基本的には各国国内法の規律によりなされているために，国際法により直接それらの活動を個々的に規制する積極的な必要はなかったといえる。国際法は各国国内法に枠をはめ，間接的に国際的な取引を規制するだけで十分であった。

　しかし国家間で行われる私的な通商関係を円滑なものとするためには，二国間においてそれらの通商関係を安定的なものとして継続できるような条件を整備する必要がある。国家は特別の条約などで義務づけられていないかぎりは外国からの製品や生産物を輸入しなければならない義務を負うものではない。国内産業保護の目的で原則的には自由に特定外国製品の輸入を制限，禁止することができることになる。そのため突然に国家が特定製品の輸入を禁止することもありうる。そのようなことになれば特定国の輸出産業に重大な影響が及ぶだ

けでなく，国家間の経済秩序は大きく混乱してしまう。したがって，国家間の経済秩序を国家間の条約等の国際法に従い，一定の安定を作り出しておく必要が存在する。具体的には，そのような国際的規制は通商航海条約，投資保護条約などの条約による国家間の合意として形成された。

これらの条約秩序は，国境を越える取引が成立する基盤を整えることにとどまらず，たとえば農産物に危険な農薬が使われていないかというような製品の安全基準や特許が侵害されていないかなど高度の知的財産に関する関連国内法の調整など，国家間において調整されるべき事項は多岐にわたる。これらの複雑な問題を調整するためには，関係国は通商条約などの条約を締結する必要があった。今日の国際経済法は，このような二国間条約の積み重ねに基礎をもち，一般的な多数国間条約へと発展したものをその中核としている。国際経済法が他の国際法の分野と顕著な相違を見せるのは，このような成文法，とくに多数国間条約が基幹的な法源となっているという点である。

2　国際経済の発展
(1)　近代ヨーロッパ世界

国際社会において経済自由主義にもとづく国際貿易活動が構造的に展開されるようになるのは19世紀にイギリスが産業革命を経て「世界の工場」としての地位を確立した後のことである。このときから，イギリスを中心にそれを取り巻くヨーロッパ諸国およびアメリカが，イギリスからの資本と工業製品を輸入し，イギリスへは原料と農産品を輸出するという構造ができあがる。当時イギリスは綿工業においていち早く工場制度を導入，これを基軸として他の石炭，製鉄，機械工業等に機械制大工業を建設，資本主義的発展を他国に先駆けて展開し，イギリスの工業国としての地位を決定的なものとした。1820年には世界の工業生産の半分を占めるに至った。このような発展のなかで，イギリスは16世紀以来の保護貿易的な重商主義政策を放棄せざるをえず，自由主義政策へと転換していくのである。それまでの重商主義政策では国内産業保護のために輸入品に高関税をかけ輸入制限を行っていたが，それがかえって原材料の価格を上げイギリス製品の生産費を高め，その国際競争力を弱めることとなる。また，貿易相手国の輸入制限という対抗措置によりイギリスの輸出を阻害する場合も

あった。1846年イギリスが穀物条例を廃止しほぼ自由貿易が完成すると、イギリスの輸出は著しい増加を始めることになった。

　それまでの制限的貿易規制を廃止しイギリスが自由貿易国となるとともに、周辺諸国もイギリスへの農産物輸出を中心に自由貿易政策を採用し、ここにイギリスとの間で自由貿易圏が成立することになった。そこにおいては、イギリスは綿製品を中心とする工業製品を供給する工業国であるとともに、ロンドンが「世界の銀行」と呼ばれていたように周辺諸国に資本を供給する資本輸出国であり、周辺諸国はイギリスに対し綿花を中心とする原料、食糧を供給する農業国として位置づけられ、明確な国際分業が形成された。

　この時期、イギリスは積極的にヨーロッパ諸国に対し自由貿易体制を補強する条約の締結を働きかけ、最恵国待遇と関税の引下げを主要な内容とする条約をヨーロッパ諸国との間で締結し、二国間通商条約網により自由貿易体制を制度的に確立した。

　イギリスを中心とした自由貿易を基調とする国際経済関係は1890年以降、周辺諸国のなかでも後進資本主義国であるドイツとアメリカにおける重工業部門の発展に伴い著しい変化をみせる。この時期ドイツやアメリカでは資本の独占・集中が鉄工業を中心に重工業の分野において急速に発展し、1880年代に入ると工業生産においてアメリカはイギリスを追い越し、新興工業国として台頭する。そのため世界市場におけるイギリスの優越的地位は相対的に低下し、イギリスと新興工業国とが市場分割を巡り互いに競争する時代へと移った。このような市場競争は、典型的に帝国主義的植民地獲得競争として展開し、20世紀に入り世界はほぼすべての土地がいずれかの国家の領有するものとなり、列強による世界分割が完了することとなる。

　この時期は、それまでのイギリスを中心とする自由貿易による国際経済関係を支えていた、巨大な工業国とその生産を支える周辺原料供給国という構図は崩れ、いくつかの肩を並べる工業国による競争と帝国主義的発展による市場の分割という構図に変化した。ドイツを筆頭とする欧米新興工業国は、そのような競争を支える国内産業保護のために関税強化策をとるようになり、自由貿易体制は徐々に崩れていく。

(2) 第一次および第二次大戦

1914年6月28日のサラエボでのオーストリア帝位継承者夫妻暗殺事件を契機とした第一次大戦は、列強による帝国主義膨張政策にもとづく領土再分割戦争という性格をもつものであり、アフリカにおいて3C政策を遂行したイギリスは弱体化し、3B政策を採用して対抗したドイツは世界経済における地位をほとんど喪失した。この戦争によって大きく国力を増大させたのがアメリカであった。アメリカはモンロー主義のもと開戦以来中立を守り、貿易により巨大な利益を収めていたが、ドイツ潜水艦による中立国船舶の無警告撃沈を契機に参戦し、1917年4月にドイツに宣戦した。

第一次大戦後の国際経済では、経済力において戦後債権国となったアメリカの優越と、戦場として破壊されたドイツ、イギリス、フランスなどヨーロッパ諸国の凋落による国家間経済関係における主体の交代がみられた。ヨーロッパ諸国が戦争の疲弊から立ち直り戦前の経済水準を回復する1925年頃において、アメリカは鉄鋼で世界総生産額の半分近くを占め、輸出においても世界の輸出の15パーセント近くを占めるまでになり、イギリスを凌ぐ勢いをみせていた。第一次大戦後の時期は、世界経済における支配的地位を占める国家が、イギリスからアメリカに移行する過渡期であった。

第一次大戦後、世界経済における重心がイギリスからアメリカへ移行したことは、それまでのイギリス中心の国際経済構造を基本から揺るがした。イギリスは既に述べたように自国内産業の圧倒的優位を背景に関税の逓減による自由貿易体制を押し進めたが、アメリカは戦前からの保護主義的政策を戦後も転換しなかったために、国際経済関係においても各国は保護政策に傾き、全体として保護主義的傾向が強化されるようになった。戦後もアメリカは高関税を維持し国内市場を閉鎖的状態におき続けたことから、国際的な多国間経済関係の形成が阻害され、国際経済は縮小し、1929年の秋に始まる大恐慌を経て保護主義とブロック経済への傾向が強まり、アメリカ、イギリス、ドイツなどの国々は日本を含め、それぞれ自国中心の経済領域の構築とその拡大を目指し、再び市場分割競争を行うことになった。

国際経済関係からみた第二次大戦の最も重要な帰結は、国際経済におけるアメリカの圧倒的に優位な地位が確立したことである。この優越的な地位を背景

に，アメリカは戦間期における高関税を基軸とする輸入制限という保護主義的政策が他国の国際収支を悪化しアメリカの債権の回収を困難にすると同時に，アメリカの輸出を報復的輸入制限によりかえって困難にした経験から，戦後は一転して開放政策を採り，自由で多角的な国際経済体制の樹立を目指した。アメリカは他の連合国の窮状を巧みに利用して，武器貸与法による同盟国への武器援助の代償として，武器供与先国の対外経済政策の解放を要求した。これによりアメリカは，第二次大戦後の国際経済体制をアメリカを中心とする自由で多角的な貿易制度として再構築することについて主導的な立場に立つようになった。

(3) ブレトン・ウッズ協定

第二次大戦後に予定される経済組織，とくに貿易に関する秩序の基本に関する戦時中の議論は，もっぱら英米間の武器貸与協定第7条（U.S.-U.K. Lend Lease Agreement）に従って行われ，すでに1943年の9月にワシントンの会議で話し合われた。議題は，数量制限，補助金，差別的措置，関税逓減などであり，GATT-WTO体制の基本的内容と同様の議論がなされた。この時からほぼ10年をかけて，国際貿易機構憲章が起草されることになる。

1944年，アメリカのブレトン・ウッズにおいて連合国代表が集まり，連合国通貨金融会議を開催，国際通貨基金と国際復興開発銀行に関する二つの協定が成立した。この会議において同時に国際貿易に関する国際機構を設立する必要が認識された。1945年に国際連合が設立され，翌年，経済社会理事会は国際貿易に関する国際機構の設立条約を起草する会議を招集する決議を第一回会議において採択した。1946年10月，ロンドンにおいて準備委員会が招集され，都合四回の会議の末，国際貿易機構（International Trade Organization; ITO）憲章草案が起草された。最後の会議は1948年，キューバのハバナにおいて開催されたため，この憲章はハバナ憲章ともよばれる。ITO憲章起草と並行して，関税の逓減に関する関税と貿易に関する協定の交渉も行われ，1947年のジュネーヴにおける第三回会議において，関税と貿易に関する一般協定（General Agreement on Tariffs and Trade）が成立した。

ITO憲章は，関税，補助金，制限的商慣行など国際貿易に関連する包括的な規制を内容とし，そのための国際機構を設立するものであった。ITO憲章

は批准のために開放されたが，署名した53カ国のうちわずかに2国しか批准せず，中心的な役割を果たしたアメリカも上院の反対で批准せず，結局ITO憲章は発効しなかった。他方，関税と貿易に関する一般協定（1947年10月30日）は，ITOが成立するまで暫定的な制度として発足したが，ITOが成立しなかったために，むしろそれに代わる国際貿易制度としてその後発展し，今日の世界貿易機関となっている。ブレトン・ウッズ協定による制度とGATTの制度を一緒にしてIMF・GATT体制と呼ばれ，第二次大戦後の国際経済体制の基本的秩序をなしている。ブレトン・ウッズ協定は，通貨・金融面から国際経済の自由化を促進することを目的とし，GATTは貿易障害，とくに，関税の除去により国際貿易の自由化を促進することを目的とするものである。

3 伝統的国際経済紛争と国際法

そもそも，国境を越えて行われ複数の国家が関係する経済活動であっても，それは基本的には私人により行われるものであった（国家貿易などの例外は存在する）。そのため，伝統的な国際法学はこれらの活動を国家が関与する活動ではなく，私人の行う活動として私法の規律対象として捉えた。したがって，その実質は私法的性格をもっていたために公法規範として成立した国際法が直接関与する対象ではないというのが，伝統的な国際法学の前提であった。したがって，このような活動が国際紛争として生起した場合にも，国際法の伝統的枠組の中では外国人の権利保護の問題として，国家責任，とくに外交的保護の分野で対処するという方法がとられた。そこには国家の行為を規制することを原則とする国際法において，私人の国際的活動をどのように規制することができるかという原則的問題が伏在している。このような前提のもとに，当時国際経済紛争として注目されたのは国有化であった。

国有化とは，国家が公目的を遂行するために私有財産の所有権を強制的に取得することをいい，一般的に行われるため外国人財産が関係する場合に国際法上の重大な紛争要因となるものである。経済的利益の一方的収用という性格から，当初は国際経済関係において国際法の関与する重要な問題であった。その際，国際法上は外国人財産の国有化の問題として，外国人保護の一般法理との関係で処理された。そこでは個人財産保護の原則の投影として，国有化の条件

である公目的，無差別，補償に関する国際法規が適用された。国家の国有化の権利，その合法性の条件，補償の算定基準などの論点が問題となったのである。このような問題の取上げ方は，外国人保護の枠内で，個人の権利保護をどのようにして国際法上実現すべきかという問題設定として捉えられていた。

　国有化の重要な先例であるアングロ・イラニアン石油会社事件（先決的抗弁，1952年）においても，そこでの主要な問題は，とくに補償との関連での国有化行為の合法性であり，その他の国有化事件においても，補償問題が中心的な争点となっていた。補償問題の議論は，「十分・迅速・実効的」という基準や，「適当な補償」などさまざまな基準が主張されたが，基本的には財産権の補償として捉えられ，複雑な基準を回避する趣旨から「一括払い」による補償が行われる場合もあった。しかし，このような国有化における問題処理において，経済活動の特性を法として受けとめる契機がみられる場合がある。それは，国有化の補償において，補償額算定の基準として「継続企業価値」の考え方を導入した例がそれである。通常は補償額算定基準としては「簿価」であるとか「時価」などが採用されるが，企業活動の特性に着目した基準をとることにより，資源開発活動の経済活動として特徴を補償問題において反映したものである。ただこのような場合でも，補償問題の基本は財産権保護の問題であり，国有化される企業の活動を本質において経済活動として捉えるという観点からは不十分なものであった。

　また，常設国際司法裁判所も司法機能との関連ではあるが，「自由地帯事件」（1932年）で関税免除という「相互的経済利益の作用」は「法規則の適用に携わる司法裁判所がその二国間紛争の解決に手を貸しうる領域の外にある問題である」とし，高度に政策的問題に関しては司法として内在的な限界が存在することを示唆している。そのため，政策法としての経済法は二重の意味で国際法と距離を置くこととなった。

　司法手続においては概して経済的紛争は形式的な基準で判断されることになる。常設国際司法裁判所のオスカー・チン事件（1934年）や，国際司法裁判所のバルセロナ・トラクション電力会社事件（第二段階，1990年）などは経済活動の特性が争点と密接に関連していた事件であるにもかかわらず，そのような観点からは不十分な判断である理由はここに求められる。

オスカー・チン事件は，旧ベルギー領のコンゴ川における通商の自由を保障した1919年のサンジェルマン条約の規定が問題となった事件である。第一次大戦前後をとおしてコンゴ川の運送事業はベルギー政府により事実上独占的に行われてきた。1921年にベルギー政府はこの事業を政府の管理下にあるソナトラ会社に譲渡し，後に会社は他の会社と合併しウナトラ会社となった。会社の支配株主はベルギー政府であり，会社はコンゴ川流域の河川航行サービスを提供する義務を負っていた。イギリス人であるチン氏は1929年はじめにレオポルドビルにおいて河川運送，船舶製造修理事業を始めた。世界的な不況によりコンゴ川における運輸事業も影響を受け，ベルギー政府は自己の管理下にある運輸会社に対し運賃の引下げと，引下げにより被る損害の補填を行った。そのためこの措置の対象とならなかったチン氏の事業は継続不能となった。このような結果をもたらしたベルギー政府の措置が，コンゴ川における自由通航を保障した条約の義務に違反するかどうかが争われた。常設国際司法裁判所は，サンジェルマン条約（1919年）に規定されている航行の自由は船舶の移動の自由，入港する自由，積み荷の積み卸し，積み荷や乗客の運送などを意味し，この範囲で通商の自由を含む。しかしこのことは，航行の自由に付随して認められる通商の自由以外の自由が，航行の自由により保障されているとはいえない。また，条約が保障する通商の自由は商業上の競争を前提としているもので，そこでの競争にはユナトラ会社のような国家と特別の関係にある会社との競争も含まれる。条約が禁止している独占とは，法的に強制された独占であり，条約が禁止している差別待遇とは国籍による差別を意味し，本件の場合はいずれも該当しない。

　国際司法裁判所もバルセロナ・トラクション電力会社事件で会社の国籍に関し判断を求められた場合，多くの批判の対象となった設立準拠法，会社の本店所在地という形式的基準を採用し，経済の実態を反映する経営・統括の中心地，主要株主の本国などの実質的基準を排除した。事件はベルギーとスペインとの間で争われた。バルセロナ・トラクション電力会社はカナダのトロントで設立され，スペインのカタロニア地方における電源開発を行うため多くの子会社を設立し，自身は持ち株会社として活動していた。1940年，バルセロナ電力会社が発行していたポンド債がスペイン政府の外貨割当てが得られず償還できな

かった。1948年，ポンド債債権者が利息の未払を理由にスペイン国内裁判所にバルセロナ電力会社の破産を申し立て，裁判所により会社は破産の宣告を受けた。バルセロナ電力会社はカナダ法に準拠して設立された株式会社であるが，その資本のほとんどはベルギーの法人が保有していた。そのため，バルセロナ電力会社の破産により経済的損害を受けた株主であるベルギー法人の本国であるベルギーが，スペイン政府に対し国際違法行為にもとづく損害賠償を請求したのがこの事件である。

　裁判所によると，スペイン裁判所による破産手続により権利を侵害され，損害を被ったのはバルセロナ電力会社であり，ベルギー人株主はその結果として経済的損害を被っただけである。本件では，ベルギー政府が侵害されたと主張する権利が，ベルギー国籍を有しない会社の自国民株主の権利の侵害にもとづいているかどうかが問題である。この点，会社と株主は別個の法主体として存在していることから，会社に対する行為でその株主が損害を蒙ったとしても，権利が侵害されたのは会社であり，外交的保護により保護権を行使できるのは会社の本国であるカナダである。本件において，ベルギーは自国民株主に対し外交的保護権を行使する当事者適格をもたない。

　この事件を契機として，国際裁判所は近代国際法の国家主体の原則から離れることができないことが示され，国際経済紛争に関しては経済活動の実態に即した判断が望めないことが露呈した。その後は国際司法裁判所に国際経済紛争が係属することはほとんどないといってよい。このように国際裁判において，経済問題を慣習国際法により規制することの限界が示されるにともない，国際経済関係の規制は主に条約により発展していった。慣習国際法は今日における国際経済活動をそれとして規制することができないため，今日国際経済関係を規制する国際法規はほとんどが条約による規制という形式をとっている。しかしそのような条約による規制も，深海底開発に関する国際合意のように多数国間規則として定着できなかったものもある。

　深海底資源開発に関する国際的規制は，深海底資源を人類の共同遺産として位置づけ，開発途上国の必要に特別の考慮を払って開発が行われる。そのような規制を具体化する制度として，国連海洋法条約に従い深海底機関が設立され，その下部機関であるエンタープライズが先進国企業と並行して深海底資源を直

接開発する。その際，エンタープライズは開発資金も技術もないためにそれらを先進国から供与される仕組みが規定されている。まず，先進国で深海底資源を開発する国は鉱区登録の際，同等の価値を有する二つの鉱区を申請し，その内の一つを深海底機構が留保し，将来，エンタープライズもしくは発展途上国がその鉱区を開発する（バンキング方式）。先進国が開発した深海底開発技術をなかば強制的にエンタープライズに移転する。深海底資源が開発され，陸上生産国の同種鉱物の価格が低下することによる損害を回避するために，深海底資源の年間開発量の上限を設定するなど，先進国には負担となるさまざまな規制が規定されていた。このような規制は新国際経済秩序を具体化する内容であったが，その後実際に開発能力のある先進国が海洋法条約を離れ独自に開発する姿勢を見せたため，深海底開発に関する規定の再検討の気運が高まり，再検討の協議が国連主催で行われた。1994年，再検討協議の内容を具体化した国連海洋法条約第11部の実施に関する協定が国連総会で採択された。この実施協定は海洋法条約の第11部の規定を一部修正して実施するもので，生産制限を取消し，強制的技術移転に関する規定とされる附属書Ⅲの第5条の規定も適用されないこととなった。

　いったんは採択された条約規定といえども，その内容が国際社会において実効的なものとなるためには，それの背景となる社会的基盤との整合性が保たれていなくてはならない。このような意味において，現在の国際経済法学は条約の解釈適用という具体的作業を行うとともに，実定国際経済規則の妥当性・合理性を探るという作業を主要な任務の一つとするものとなっている。

> **一括補償協定**　外国人資産が，大規模な社会変動，革命，内戦などにより国有化その他の事由で収用された場合，外国人の本国は一般に外交的保護権にもとづき自国民の被った経済上の損害の賠償を一定の要件の下に国際法上請求することができる。その場合，外国人の本国と国有化を行う国と間で，外国人の受けた損害の補償に関し協定を締結し補償問題を処理することがあり，補償を一括して外国人の本国に支払い，個々の外国人に対する補償支払は外国人の本国に任せるものを一括補償協定という。

私人の権利保護に関する問題は必ずしも経済活動に固有の問題ではなく，外国人一般の待遇の問題であり，国境を越える経済活動の特性に即した通商航海条約による規制により初めて，経済法としての国際法が実体を獲得することになる。そこでは，私人の域外における経済活動の特性に応じた法規制が規定されている。

4　通商航海条約

国境を越える経済活動は，当初，二国間における通商航海条約によりその基盤が整備された。二国間の経済関係は，安全保障条約，たとえば日米安保条約（2条）のように相互の経済協力について規定する場合もあるが，通常は通商航海条約と呼ばれる条約により，交通・通商・経済協力関係の安定や発展が図られる。

通商航海条約の歴史は古く12世紀にまで遡ることができるが，今日の通商航海条約の内容を備えるようになるのは，国際関係において自由貿易体制が一般化する19世紀に入ってからであり，とくに世界経済においてイギリスが中心的な地位を占めるようになってからである。そこでは，各国は通商航海条約により相互に相手国国民の領域内での経済活動の自由を保障し，相互に最恵国待遇を約束した。典型的な通商航海条約は一方の締約国の国民が他方の締約国の領域内において，貿易目的で入国，居住，商業活動の自由を保障するという内容である。これらに加えて，締約国国民の法的地位，財産権の保護，出訴権等が規定され，一般の外国人とは違う保護が与えられる場合もある。そのため通商航海条約にもとづき入国を許可された締約国国民を，他の外国人と区別して，商業目的で入国したことを捉えて条約商人と呼ぶ場合もある。

戦後日米で締結された日米友好通商航海条約（1953年）は，このような自由貿易体制を基礎とした通商航海条約の雛形といわれている。日米友好通商航海条約は，第1条において入国および在留，第2条で身体の保護，第4条で出訴権，第6条で財産の保護，第9条で財産権の取得，第7条で営利活動等を規定し，両国間の貿易および投資活動の前提条件を整備する規定を含んでいる。とくに締約国の国民は両締約国間の貿易もしくはこれに関連する商業活動を行う目的をもつ場合には他方の締約国の領域に入り，およびその領域に在留するこ

とが許される。また、いずれか一方の締約国の領域内で関係法令にもとづいて成立した会社は、当該締約国の会社と認められ、その法律上の地位を他方の締約国の領域内で認められる。このような形で、それぞれの国内法とは別に両締約国国民の商業活動の安定を条約によって補償し、締約国間の貿易、投資に関する条件の最恵国待遇、内国民待遇を規定している。

その後二国間条約による通商関係の規制は多数国間条約による規制へと発展した。

二つの世界的大戦を経て世界は大きく三つのブロックに編成されるようになった。それらは、市場経済体制をとる諸国、非市場主義経済体制をとる諸国、およびいわゆる第三世界である。これらのブロックは資本主義陣営の諸国と社会主義陣営の諸国により構成され、資本主義陣営と社会主義陣営はそれぞれブロック内において特殊な経済体制を維持していた。それぞれのブロックに属する国家と国家の間の経済関係はブロック内での関係とは区別されざるをえなかった。しかし、現在ではほとんどの非市場経済体制をとる諸国が市場経済体制へと転換したために、市場経済体制にもとづく活動が国際経済活動の基本となっている。

◇ 発展・研究 ◇

1 国際経済法の概念

経済活動が国境を越えて行われるようになるのは必ずしも新しい現象ではない。日本の歴史をみても、組織的な貿易は古くは勘合貿易や朱印貿易などが行われ、近世においては長い鎖国の後、安政6年（1859年）に鎖国を解き、外国貿易を解禁した。当時の貿易品は生糸、茶、海産物、毛織物、鉄などであった。世界的にみても本格的に外国貿易が行われるようになるのはいわゆる「地理上の発見」に続く「大航海時代」以後のことである。とくに国際法との関連でみれば、ヨーロッパ世界の拡大にともなう外国貿易が重要な意味をもち、国際法の生成・発展の重要な契機となったといわれている。

しかしそもそも国際経済法という名称自体、第二次大戦を前後して用いられるようになったことからしても、これらの事実は今日国際経済法と呼ばれる法分野の成立に直接には関係していない。国境を越える私人や私企業の経済活動

が拡大・増大することにより，前記の活動を国際経済活動として国家法の枠組みを超える規制の必要が生じてきて初めて，これらの事実に対応すべき国際経済法という名称で呼ばれる法規制の体系が必要となってきたのである。そのため，既存の法体系を前提とした上で，国際経済法をどのような概念としてとらえるべきかについての議論は存在する。

　法をどのようなものとして捉えるかにより法の種類もいくつかに分類されるが，一般には法は，基本的分類として国内法と国際法の二つに区別される。国内法とは各国がその国内手続に従い制定，承認し実施している法であり，国際法さらに憲法，民法，刑法など主に規制対象の性格に従い分類される。国際法とは国家間の関係において各国家により法として承認されている規則であり，厳密な分類とはいえないものもあるが，それもさらに，海洋法，国際機構法，国家責任法，国際刑事法などに分類されている。これらの分類は，規律対象である社会関係の性格を基礎としながらも，基本的には国家という政治制度を前提とした法制度の分類である。法の実効性を考えるとき，強制的に法の執行を行う権力を保有する国家を前提として法が分類されることは理由のないことではない。しかし私人の活動はこのような法の区分に従って行われるものではなく，これらの分類とは無関係に展開され，いずれかの国内法や国際法の適用のみに包摂できない私人間関係に独自の規則を生成する場合は珍しいことではない。国際経済活動においても，そのような活動やその規則を広くトランスナショナルなものとして国内法，国際法の範疇に入らない活動および規則とみる見方がある。国際経済法をとくに法分野としてどのようなものとして設定するかに関する問題もこのような状況を前提に議論されている。このような既存の学問体系に十全には一致しない活動を体系的にどのようなものとして捉えるかという問題は，国際経済法に限ったものではなく，新たな人間活動の展開が発生すれば必ず議論されるものである。

　本章では，国際法の概説書の一部としての性格から，国際経済法の章で取り上げる対象は国際法の一分野としてとらえ，基本的には国際経済活動の円滑化展開の基盤を整備するための国際法規範を対象とする。

2　社会主義国家と第三世界の成立

　国際経済は基本的には資本主義にもとづく世界経済として発達し，第一次大戦前までは資本主義国と資本主義国による帝国主義的支配のもとにおかれたそれ以外の大部分の地域に区別された。しかし1917年，ロシア革命によってソヴィエト連邦が成立し，社会主義国家の成立によって今までの一元的な資本主義世界経済が，資本主義と社会主義という対立する理念にもとづく二つの世界に分裂することとなった。このソヴィエト連邦の成立は，旧来の資本主義世界に敵対する世界が外部に創造されたということのみではなく，資本主義各国の国内における社会主義運動や労働運動に影響を与えただけでなく，植民地の民族運動に多大の刺激を与え，民族的自覚を高めた。

　ソヴィエト連邦は成立当初，共産主義にもとづく世界革命の実現を掲げていたが，1920年以降，一国社会主義の完成と発展に方針を転換し，第二次大戦を経て社会主義ブロックを形成，経済的政治的に資本主義自由主義陣営と社会主義共産主義陣営の冷戦構造を形成していた。このような社会主義ブロックの形成は，資本主義陣営からみれば世界市場が社会主義国家の成立により縮小したことを意味するだけでなく，社会主義諸国との経済関係には資本主義諸国間の関係と同様の関係を適用できないことになる。社会主義諸国はGATTに加入していなかったために，そこには一般的最恵国待遇は適用されず，二国間条約による規制が行われていた。しかし今日では旧社会主義諸国は体制を転換し国内経済を市場経済化する方向に進んでおり，いわゆる東西問題は政治的にも経済的にも重要性を失ったといわれる。

　第二次大戦後の国際社会の変動として現在も未だにその重要性を失っていない問題は，第三世界との関係であり，一般に南北問題とよばれるものである。第二次大戦後，旧植民地がつぎつぎと独立し政治的には国家として成立していながら，経済的には先進国と著しい経済格差が存在する状態にどのように対応するかという問題が南北問題である。第二次大戦後の国際経済秩序の基本構造は，それ以前の先進資本主義諸国の経済関係の歴史を教訓として構築された先進資本主義諸国間の経済発展と復興であり，著しく経済の発展状況の違う国家間の関係を規律するものとしては考えられていなかった。したがって経済格差のある国家間の関係に対しては，新たに規制を作り上げる必要があった。

当初，新興独立国である発展途上国は，輸入代替による国内産業の育成と自国の天然資源の開発による経済的自立を目標とし，国際法上は自国天然資源に対する権利の確認を国際的に主張した。国連総会における天然資源に対する永久主権の決議にみられるように，発展途上国は自国資源を開発する権利を主張し，国有化による外国資産の収用を行うなど，伝統的国際法の枠組み内で，主権が強化するという方策によった。しかし，このような方策が途上国の経済発展を基本的に改善するものではないことが認識されると，途上国は国際法の基本的枠組み自体の変革を志向するようになり，1964年のUNCTADにおいて途上国に対する一般特恵制度を中心とする新しい貿易原則が認められ，IMF・GATT体制とは区別された貿易秩序が認められることとなった。この動きは新国際経済秩序として，1974年，国連第6回特別総会は新しい国際経済秩序の樹立に関する宣言を採択し，同年，第29回国連総会は国家の経済権利義務憲章を採択した。

3 国家管轄権

国家管轄権とは，国家が国内法を適用する際に，その根拠となる国際法上の権能であり，立法管轄権，執行管轄権，司法管轄権に分類される。立法管轄権は，国内法令を制定し適用する権能であり，国内法の内容を決定し，特定の具体的事実に関し国内法に従い，合法・違法等の評価を行う権能である。執行管轄権とは，行政機関が立法管轄権にもとづき制定された国内法に従い，捜査，逮捕，押収などの強制措置を行う権能をいう。司法管轄権とは，裁判管轄権の範囲の決定と裁判の遂行に関連して認められる強制手続を行う権能である。執行管轄権の中に司法管轄権を含めて使用する場合もある。これらの管轄権適用の基準として，国際法上はいくつかの原則が存在する。

国家は一定の要件を備えて初めて国際法上国家として承認される。それらは，領土，国民，政府，外交能力であるが，国家管轄権はおおむねこれらに対応した形で認められ，国家存続の基盤としての意味を担っている。国家は領域団体として成立し，そのことが国家を他の国際法の主体と決定的に区別する指標である。したがって，領土における管轄権はもっとも基本的なものであり，属地主義にもとづいて広範に認められる。属地主義にもとづく管轄権は，原則とし

てその領域内において他国の管轄権を排除し，国家はその領域の範囲内におけるあらゆる人，物，事実に関し国内法を適用できるというものである。国家の構成要素としての国民に対しては，国籍主義により国外にある自国民，内国会社に対し，国内法の適用が認められる。これにより国民に対する法適用の一貫性を確保することができ，国家としての一体性を維持するものである。政府の統治の実効性を維持するためには，国内の政治的基本秩序や経済的基本秩序を乱す行為は国家の存続の基本にかかわる犯罪として，保護主義により国内法の適用が認められる。たとえば，内乱，外患，通貨偽造などの行為は外国人が国外で行っても関連国内法を適用することができる。

このように国家管轄権の原則は，基本的には国家の存続を担保するものとして構成されるもので，国家管轄権の根拠の一つとして認められる普遍主義は，国際法上の法益侵害を理由に認められる限りでは異質のものである。航空機不法奪取に関する条約で典型的に認められている普遍主義による管轄権の設定は，あくまで条約上の制度であり，一般的な管轄権原則との平仄(ひょうそく)は必ずしもあっていない。

§2　経済自由化原則

〔設問〕　A国とB国は共にWTOの加盟国であり，B国はA国の重要な輸出相手国であった。B国はA国からの輸入品と競合する国内産業が存在しなかったために，A国からの製品輸入に特別の制限を賦課する必要がなかった。B国へはC国からもA国と同種の製品が輸入されていた。B国住民の嗜好の変化から，徐々にC国製品の需要が増大し，A国製品の輸入は減少していった。A国政府はB国への輸出の減少をB国のWTO協定違反の規制によるものだと主張した。A国B国間の紛争はどのような処理されるか。C国が自国の輸出品に対し補助金を出していた場合はどうか。

1　関税貿易一般協定

　国際経済関係における主要な問題は，貿易，金融，投資に関するものである。とくに第二次大戦戦後の国際経済秩序は，戦前に各国が採用した貿易に関する保護主義的経済政策に対する反省から出発しているため，貿易関係における国際ルールに主要な関心が払われ，特に貿易の最大の障害である関税に関する規則を中心に構築されていた。戦後の貿易自由化の基本制度は，GATTにより制度化されていた。

　GATTの基本原則は，GATT協定により自由で平等な貿易秩序の構築を目的としていた。そのために，GATTは協定28条の2に規定するように，「関税がしばしば貿易に対する著しい障害となること，したがって，関税その他の輸入及び輸出に関する課徴金の一般的水準の実質的な引き下げ」をめざすことを目的とした。この目的を実現する具体的な規制として，まず，協定第1条に規定しているように，締約国間で一般的に最恵国待遇を即時かつ無条件に相互に許与し，それとともに内国民待遇を与えることにより締約国商品を平等に扱い，関税以外の貿易障害を原則として禁止し，関税は相互主義にもとづき漸次逓減していくというものであった。ただし，最恵国待遇条項により相手国に供与される有利な待遇は一方的に相手国に供与されるものであり，そこでは必ずしも相互的関係は存在しない場合がある。ここでいう最恵国待遇とは，関税率などに関し関係する複数国間におけるもっとも有利な待遇を，二国で相互に供与し合う場合に用いられる基準であり，二国間関係において特定の対象に与える待遇に関し，第三国に与えている待遇よりも不利でない待遇のことをいう。また，内国民待遇とは，国が自国民や自国産品に対し国内において供与している待遇をいい，通常は，条約当事国が他方当事国の国民や産品に対しその当事国の国民や産品と同じ待遇を供与する場合に用いられる基準である。GATT協定は，一般的最恵国待遇原則の例外として，英連邦特恵などいくつかの特恵を認めている。第24条では，国境貿易，関税同盟，自由貿易地域やそれらの中間協定なども例外としている。国境貿易とは，国境を越えて行われる小規模な取引で，国境地帯の住民の生活に直接必要なものであり，通常の貿易とは区別される。関税同盟とは同盟国間において関税その他の貿易制限を廃止し，対外的には共通関税を適用するものをいう。自由貿易地域とは，構成国間で関税その他の制

限を廃止するが，対外的にはそれぞれの構成国が独自に関税その他の制限を課すものをいう。

GATT協定は第一部および第三部において関税について規定し，第二部において非関税障壁について規定している。

> **非関税障壁**　第二次大戦後の世界経済を復興させるために，自由な貿易秩序の構築を目指したGATTは，締約国に対し国内産業保護のために関税その他の課徴金の賦課を認める反面，数量制限その他の措置を禁止していた。これらの禁止された輸入制限措置を一括して非関税障壁という。非関税障壁には，輸入数量制限をはじめ，補助金，基準認証制度，関税評価，輸入許可など，直接輸入に関連する制度に限らず，国内流通制度，商業上の諸規制，商慣行なども含まれる場合がある。

GATTはラウンドと呼ばれる締約国による関税交渉により，一般的に締約国間の関税を引き下げてきたが，これ以外に加入のための関税交渉および関税再交渉の手続について規定している。特にGATTの基本原則である最恵国待遇と相互主義の矛盾を回避するために，ラウンドによる関税交渉を過去8回にわたり行い，現在では平均関税率は大幅に引き下げられている。これらラウンドによる交渉の結果は，各国別の関税譲許表に記録され，各締約国は，他の締約国の通商に対し，譲許表の待遇よりも不利でない待遇を供与しなければならない。締約国は，自国が実施する貿易規制を，諸政府および貿易業者が知ることができるような方法により，直ちに公表しなければならない。締約国は，関税譲許に関し定期的に交渉する義務を負い，その交渉および合意は，その交渉前における水準より貿易にとって不利でない相互的かつ互恵的な譲許の一般的水準を維持するように努めなければならない（28条）。このように交渉された譲許表は国ごとにGATT事務局に寄託され，譲許表に従ってすべての締約国の輸入品に対し関税の譲許が行われる（2条）。

貿易を自由化することによる国内経済の混乱を回避するために，GATT協定は締約国にいくつかの対抗措置を認めている。そのうちアンチ・ダンピング税と補助金・相殺関税が主要なものであるが，一般に輸出国の国内市場におけ

る正常な価格よりも低い価格で他国に輸出される場合，ダンピングと認定される。GATT協定第6条は，ある加盟国から他の加盟国に輸出される製品の輸出価格が当該輸出国における国内販売価格よりも低い場合をダンピングと定義している。そして，このようなダンピングが行われ，輸入国の国内産業に実質的損害を与える場合で，その損害とダンピングとの間に相当因果関係がある場合にダンピングマージンを限度として，アンチ・ダンピング税を課すことができる。同じくGATT協定第6条によれば，輸出国において製品の製造，生産，輸出について奨励金または補助金が与えられている場合には，その推定額に等しい金額を限度に相殺関税を課すことができる。

　GATT協定は最恵国待遇を義務づけるとともに，原則として関税以外の貿易制限措置を認めない。国内産業保護は関税その他の課徴金の賦課により行うものとし，第11条において「割当によると，輸入又は輸出の許可によると，その他の措置によるとを問わず」いかなる禁止または制限も一般的に禁止している。また協定第13条は，数量制限を課す場合に「すべての第三国の同種の産品の輸入またはすべての第三国に仕向けられる同種の産品の輸出が同様に禁止され，または制限される場合を除くほか，いかなる禁止又は制限も課してはならない」として数量制限の無差別適用を規定している。ただし，締約国は，協定第12条において，「自国の対外資金状況及び国際収支を擁護するために」，一定の条件の下に数量制限をすることは許される。

　GATT締約国団は第28条の規定により随時多角的交渉を主催することができ，8回の交渉を行った。これらの交渉はラウンドと呼ばれ，最初の6回のケネディ・ラウンドまでは関税引下げが交渉の主要な対象であった。1973年から行われた東京ラウンドでは，関税引下げ交渉とともに非関税障壁についても交渉が行われ，補助金，相殺措置，関税評価，政府調達などに関しいくつかの国際協定が成立した。1986年に始まったウルグアイラウンドは関税，アンチ・ダンピング，補助金・相殺措置などの従来の交渉分野に加えて，サービス，知的財産，貿易関連投資措置が新たな交渉分野として加えられ，1993年に交渉は妥結し，94年にマラケッシュ協定が調印され，95年1月1日より世界貿易機関協定が発効し，現在はGATTに代わる国際通商秩序としてWTO諸協定が成立している。

2　WTOの構造

　WTOは国際機関として設立され，協定第8条に規定されているように，法人格を有し，その任務遂行に必要な範囲で法律上の権能を各加盟国により認められる。ウルグアイラウンド交渉により成立したWTOは，従来のGATTを引き継ぐ制度として成立し，WTO諸協定の中にはGATT協定が包摂されている。WTO協定はWTOを設立するマラケッシュ協定と6つの付属書からなり，貿易に関しては「物品貿易に関する多角的協定」(附属書1A) により構成されている。そこには1994年のGATT協定が含まれているが，この協定は47年のGATT協定とは区別されるもので，94年のGATT協定は，47年のGATT協定を，暫定適用に関する覚え書を除いて統合したものである。そのため，覚え書採択時に，すでに有効な国内法の規定する範囲内においてGATTの義務を履行すればよいというグランドファーザー条項は効力を失った。47年GATTと94年GATTの規定が抵触する場合には，94年GATTが優先するとおもわれる。

　附属書は物品貿易に関する多角的協定として94年GATTとともに，農業に関する協定，繊維および繊維製品に関する協定，アンチ・ダンピング協定，関税評価に関する協定，セーフガードに関する協定などを含み，その他に，サービス貿易に関する協定，知的所有権の貿易関連の側面に関する協定が合意された。これらの協定は，すべての全WTO加盟国を拘束し，特に重要なのは紛争解決にかかわる規則および手続に関する了解がこれらすべての協定に適用され，同様に全加盟国を拘束する点である。

　これらの協定のほかに，民間航空機貿易に関する協定や政府調達に関する協

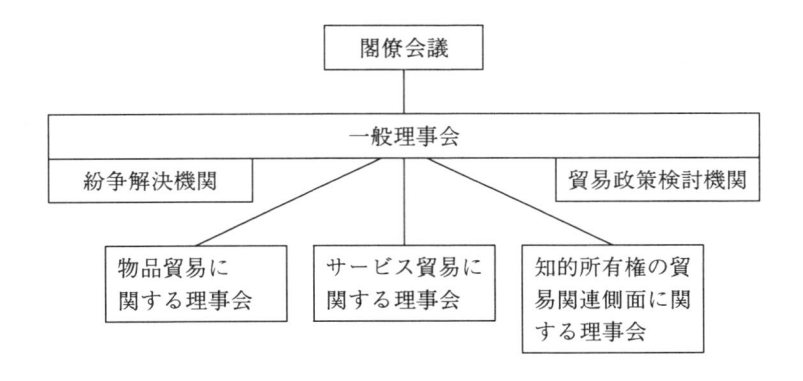

定を含む複数国間貿易協定も成立したが、これらの協定はすべての加盟国を拘束するものではなく、加盟国はこの部分については加入する協定を選択することができる。WTOは機構としてこれらの協定の実施を容易にし、協定の目的を実現することにあり、マラケッシュ協定は第3条でWTOの任務を規定している。

WTOは、基本的には三段階の構成を取り、意思決定機関としてもっとも上位にあるすべての加盟国で構成される閣僚会議と、その下にすべての加盟国で構成される一般理事会が設置され、一般理事会に紛争解決機関と貿易政策検討機関が付設されている。一般理事会の下には物品貿易に関する理事会、サービス貿易に関する理事会、知的所有権の貿易関連側面に関する理事会がおかれている。

これらに加えて、一般理事会の下部に、貿易開発委員会、国際収支理由輸入制限問題委員会、予算財政行政委員会、貿易と環境に関する委員会が設置されている。国家による構成されるこれらの機関とは別に、閣僚会議により任命される事務局長を長とする事務局が設置されている。

WTO協定は物品貿易に関しては1947年のGATT協定において採用された、最恵国待遇と内国民待遇の原則を基本的には引き継いでいる。

3 WTOの紛争解決手続

WTO制度は、紛争解決制度が多角的貿易体制に安定性および予見可能性を与える中心的な要素であると位置づけ、WTO協定の附属書の一つに「紛争解決に係る規則及び手続に関する了解」を採択している。この制度は、GATTにおける紛争解決手続と比べ整備されたものとなっており、審級制度を採用し、WTO協定とそれに関連する協定すべてに関する紛争を対象とするもので、一元化されたものとなっている。

1947年のGATTにおける紛争解決手続は、GATT協定第22条および第23条に規定され、第22条にはGATT協定の運用に関しての協議について、第23条にはGATT協定及びGATT原則の無効化または侵害に対する救済に関し規定されている。この手続によると、GATT締約国は、(1)他の締約国が協定にもとづく義務の履行を怠った結果として、(2)他の締約国が協定違反とは無関係に、

何らかの措置を適用した結果として，または(3)その他の何らかの状態が存在する結果として，この協定により自国に与えられた利益が，①無効にされ，もしくは②侵害され，または③この協定の目的の達成が妨げられていると認めるときは，他の締約国に対し申立を提案することができる。妥当な期間内に満足しうる調整が行われなかった場合は，その問題を締約国団に付託することができる。付託された締約国団は，紛争処理委員会を設置し，当事国に対し適切な勧告を行い，または適切な決定を行わなければならい。締約国団は事態が重大であると認めるときは，締約国に対し協定にもとづく譲許その他の義務の適用を停止することを許可することができる。このような停止措置の対象となった他の締約国は，この措置が執られた後60日以内に通告によりGATTを脱退することができ，その脱退は通告後60日後に効力を生ずる。締約国団に付託された問題は，小委員会により審議されていたが，小委員会の制度はGATT協定にはなく，GATTの実行上整備された手続である。ただ，この手続は，その決定が全員一致による決定方式を採用していたために，不利な締約国が決定に反対するために決定ができないという欠陥を内包したものであった。また，GATTの紛争処理手続は，GATTに付属する諸協定にもそれぞれ個別の紛争処理手続が定められ，きわめて複雑な法制度として成立していた。これらGATT協定上の紛争処理手続の欠点を克服するために作り上げられたのがWTOの紛争処理手続である。WTOの紛争処理手続はWTO協定とそれに付随する諸協定に関するすべての紛争に対して適用される一元的手続である。

WTO加盟国はWTO協定とそれに付随する協定（対象協定）に関する紛争が生じた場合には，まず当事国間で問題解決のために相互に協議しなければならない。協議の要請を受けた加盟国は10日以内に回答し，相互に満足すべき解決を得るために30日以内に協議を開始する。協議の要請後60日以内に協議によって紛争が解決できない場合には，紛争解決機関に対し小委員会の設置を要請することができる。設置の決定は「逆コンセンサス方式」で採決されるため，ほぼ自動的に小委員会は設置されることになる。小委員会は原則3名の委員で構成され，当該案件に関し6カ月以内に報告書を提出し，協定違反の存在について判断しなければならない。この報告書は，紛争処理機関において小委員会が設置されてから9カ月以内に採決される。

小委員会の判断に対して当事国は上級委員会に上訴することができる。常設の上級委員会は4年の任期で任命される7名の常任委員により構成され，3名により事件を担当する。上級委員会は60日以内に，いかなる場合にも90日を超えずに当該行為が協定に違反するかどうかにつき判断しなければならない。紛争解決機関は上級委員会の報告を30日以内に採択し，紛争当事国はこれを無条件で受諾する。紛争解決機関が小委員会を設置した日から同期間が小委員会または上級委員会の報告を採択するために審議する日までの期間は，原則として，小委員会の報告につき上級委員会への申立がされない場合は9カ月，申立がされる場合は12カ月を超えてはならない。

　紛争解決機関は小委員会の報告の採択後6カ月後から問題が解決するまで，報告の履行状況を監視する。報告の履行のための妥当な期間は原則として報告採択後15カ月以内とされ，18カ月を超えないものとされる。この妥当な期間を経過しても代償が合意されない場合には，対抗措置を要請した加盟国は対抗措置を執ることの承認を紛争解決機関に求めることができる。対抗措置が承認された場合は，加盟国は問題となっている分野においてのみ対抗措置をとることができる。

　WTOの紛争処理手続は，決定の段階で逆コンセンサス方式が採用されているために，その段階で機関としての決定が頓挫する可能性がほとんどないのが特徴である。加盟国からの要請があった場合に小委員会を設置して審理が行われるが，この小委員会の設置に関しても逆コンセンサス方式が採用されているためにほぼ自動的に設置されることになる。また，小委員会の報告書および上級委員会の報告書の採択も同様の方式が採用され，これらもほぼ自動的に採択される。したがって，小委員会もしくは上級委員会においてどのような決定がなされるかが重要な問題であり，この点それぞれの委員会は要請された問題がWTO協定に違反するかどうかについて法律的観点から審理し，司法的解決としての性格が強い。その場合に協定にもとづく義務に違反する措置がとられた場合には，当該措置は，反証がないかぎり，無効化または侵害の事案を構成するものと認められ，反証を挙げる責任は申立を受けた加盟国の側にあるものとされる。

4　現代国際経済法の基本構造

　以上に見てきたように，現代国際社会における経済秩序は，国家の経済権利義務憲章の条項の多くが国際貿易に関する規則であることから推察できるように，規制対象の比重は貿易活動におかれているといえる。第二次大戦後の世界経済秩序の基本を形成する主要機関の内，金融分野の主要機関としての国際金融公社と投資分野の主要機関としての国際復興開発銀行がとくに障害なく設立されたにもかかわらず，貿易分野の主要機関としての国際貿易機関（ITO）が主要国の反対にあい成立しなかったことからも，国際経済関係における貿易秩序の重要性が認識できる。そのような国際貿易秩序は，現在 WTO 諸条約を中心とする国際的枠組みが主要な規則として維持されている。この秩序は，市場経済原理を基礎とした自由貿易体制の構築を目的としたもので，そのために関税その他の貿易障害を実質的に軽減し，および国際貿易関係における差別待遇を廃止することを内容とするものである。そこでは市場原理にもとづく一元的な国際経済秩序の構築が押し進められ，すでに一定の経済理念にもとづく特定の経済政策が国際的に採用されている，ということになる。そこでの規制は既に特定の理念に従った基準の統一的適用の確保が行われ，恣意的で不合理な理由で秩序が攪乱されることが防止されている。秩序自体が内包する問題や矛盾を解決するための手続としてはほとんど意味を持たないといえる。この点では，いわゆる南北問題といわれる，新国際経済秩序に関する国際的議論が，経済法の本質的機能の一つである富の再配分に関し具体的な国際的な規制の方向を打ち出したものといえる。

◇ 発展・研究 ◇

セーフ・ガード（緊急輸入制限）

　GATT は貿易自由化の実現を目的とした国際的協定で，加盟国の行う輸出入数量制限を原則として禁止し，唯一加盟国が輸入規制をする場合には関税によるものとしていた。しかし，自由化の進展により国内生産者が重大な損害を被った場合や被るおそれがある場合などは，加盟国は緊急輸入制限措置を執ることができる。このような措置は1994年 GATT の19条に規定されているもので，その要件は，輸入国が GATT にもとづいて負っている義務の結果として

輸入の急増が発生し，その輸入の急増が輸出国または輸入国における予見できなかった事態の発展の結果として生じたものであること。また，そのような輸入の急増により国内産業に重大な損害が発生するか，もしくはそのおそれがあることが必要である。

このセーフ・ガード措置をとる場合には，事前に締約国団に通告し，締約国団及び利害関係国に協議をする機会を与えなければならないが，遅延すれば回復しがたい損害を生ずるような急迫した事態においては，事後に協議を行うことを条件として，事前の協議を行うことなく暫定的に措置をとることができる。また，措置に関し関係締約国間に合意が成立しなかった場合にも，措置をとることができる。その場合には，その措置によって影響を受ける締約国は，その措置と実質的に等価値の譲許その他の義務で締約国団が否認しないもののとを停止することにより対抗措置をとることができる。

GATT協定は緊急輸入制限以外にも第20条で，一般的例外の場合（公徳の保護のために必要な措置，健康の保護のために必要な措置，金または銀の輸出入に関する措置，鉱区の保護のための措置，天然資源の保存に関する措置など）を規定し，第21条において安全保障のための例外も規定している。それは，安全保障上の重大な利益保護のために必要であると認める，核分裂性物質等に関する措置，軍需品等の取引に関する措置，戦時その他の国際関係の緊急時に執る措置，国連憲章に従ってとる措置が規定されている。また，第25条5項は例外的な場合の義務免除を規定し，協定に規定されていない例外的な場合に，締約国団が締約国に課せられる義務を免除することができると規定していた。

§3　南北問題と新国際経済秩序

〔設問〕　発展途上国の主張を基礎として形成された新国際経済秩序はどの程度途上国の主張を実現したものとなっているか。

国連憲章は第9章で経済的および社会的国際協力に関する規定を設け，諸国家の平和的かつ友好的関係に必要な安定および福祉の条件を創造するために，経済的及び社会的の進歩および発展の条件を促進することを国際連合の任務の一つとして掲げた。ここで触れられた発展の条件の促進に関する問題が国連において実際に議論されるようになるのは，1960年代に旧植民地国が多数独立してから以降のことである。1964年に国連貿易開発会議が総会により開催され，その会議で，国際貿易が開発途上国の経済開発にとって第一義的重要性をもつものと認識された。その上で，先進国と開発途上国との間の貿易関係を非相互的な性格のものとし，関税その他の課徴金に関し一般特恵制度が認められた。これらの動きは，経済的に格差のある途上国が，既存の国際経済秩序の一部を修正することにより経済格差の是正を実現しようとしたものであるが，70年代における通貨危機による交易条件の悪化や途上国の対外債務の負担増，「食糧危機」による構造的食糧不足の克服の問題，エネルギー危機による途上国の発言力の強化などの一連の国際経済における「経済危機」を経て，従来の経済秩序そのものを変革しなければ，先進国と途上国との経済格差は是正されないことが認識され，新国際経済秩序の構築に向けた要求が具体化していく。

　このような動きは，まず，1974年の第6回国連特別総会における新国際経済秩序樹立宣言と行動計画の採択にはじまり，同年末の通常総会において採択された国家の経済的権利義務憲章の採択に結実する。翌年の第7回国連特別総会においては開発および国際経済協力という決議が採択された。

　しかし，1975年を境として，新国際経済秩序構築の動きは停滞し，その具体化は結局行われなかった。75年までは新国際経済秩序の基本原則を打ち立てる時期であり，国連総会決議というそれ自体は法的な拘束力のない文書により発展してきたものを，途上国と先進国との関係で個別に具体的に適用する段階においては意見の一致が得られなかった。そもそも国家の経済的権利義務憲章が投票により採択されたとき，ほとんどの先進国が反対または棄権していた事実は，新国際経済秩序の具体化が容易に行われないことを示していたものである。実際，1970年代後半から，新国際経済秩序の具体化の要求はほとんど成果を収めることがなかった。1980年に第三次国連開発の十年が設定され，国際開発戦略の実施に向け，南北間で国際経済関係に関する包括的な交渉を行うこととさ

れていたが，実現しなかった。

現在では，市場経済を基本とした経済秩序が支配的な秩序として成立しているために，それを基本から変革する新国際経済秩序の実現はきわめて困難なものとなっている。それに関して，現存秩序を修正する方向での「発展の権利」を基礎とした二元的国際経済秩序の構築が注目されている。

◇ 発展・研究 ◇

1 新国際経済秩序樹立宣言

1974年5月1日，国際連合第6回特別総会において採択された決議3201という。

第二次大戦後の国際経済秩序は，先進国，とくにアメリカの主導のもとに構築されたIMF・GATT体制である。この体制はそれまでの西欧諸国を中心とする近代国際社会の構成国を対象に，相互間の経済発展と戦後の復興を目標としていたために，戦後独立した発展途上国にかかわる経済問題は視野に入っていなかった。当初発展途上国は自国の経済的自立を国内天然資源への権利強化（天然資源に対する永久的主権に関する決議）や輸入代替政策に求めたが，このような方針が先進国との経済格差を是正する上で必ずしも有効でなく，そもそも戦後の経済秩序が先進国中心に構築され，途上国はその周辺に位置づけられ，既存の枠組みでは後進的地位の根本的改善を期待できないことを認識するに及び，戦後経済秩序の基本を改変することによってしか途上国の自立はあり得ないと考えるようになった。

このような途上国の動きは，1961年に国連総会において採択された「国連開発の十年——国際経済協力のためのプログラム」において方向性が打ち出され，1964年の国連貿易開発会議の開催により具体化していく。平等で公平な経済秩序へ向けての動きは74年の「新国際経済秩序樹立宣言」により明文化されることになった。

「新国際経済秩序樹立宣言」は「大部分の開発途上国がいまだ独立国としては存在しなかった時に形成されかつ不平等を恒常化する」「現行国際経済秩序の下では調和のとれた衡平な発展を実現することは不可能」であり，先進国と発展途上国の間の格差は拡大し続けているとして，不平等を改め，現行の不公

正を是正し，先進国と開発途上国との間の拡大しつつある格差を除去するために，新しい国際経済秩序の樹立を目的とすることを宣言している。そのような新国際経済秩序の基本となるいくつかの項目として，国家の主権平等，衡平を基礎とする協力，経済社会体制の自由な決定，自国の天然資源への永久主権，多国籍企業に対する実効的管理権，開発途上国の交易条件の改善，開発途上国への開発資金流入の保証，開発途上国への特恵的かつ非相互的待遇の供与，開発途上国への技術移転などが掲げられている。

　法的にみれば，「新国際経済秩序樹立宣言」および関連文書は国連総会決議であり，法的拘束力をもたない。しかし，決議に示された主権平等や実質的平等などの基本的原則はプログラム規定とみることができ，国際経済秩序の大枠を規定していると考えられる。

2　一般特恵制度

　一般特恵制度とは，すべての先進国がすべての発展途上国からの輸入品に対して，相互主義によらずに特恵を供与する制度である。この制度は，第一回国連貿易開発会議における事務局長報告を基礎に形成されたもので，同会議において1970年に一般特恵制度の基本的枠組みに関し「相互に受諾可能」な合意が成立し，「合意された結論」が採択され，翌年から先進国が特恵制度を実施することになった。

　この一般特恵制度は，既存の貿易秩序であるGATTの基本原則である，一般的最恵国待遇に抵触するためその調整が試みられ，71年，GATT締約国団はウェーバーにより調整したが，79年11月28日の決定は，授権条項により発展途上国への特恵の供与を「合法的かつ恒久的」なものとした。GATT第1条の最恵国待遇原則に関してはその例外として認められた。

　一般特恵制度の基本原則は，①一般性と無差別性であり，すべての先進国がすべての発展途上国に対し無差別に同一内容の特恵を供与する。②特恵は先進国から途上国へ一方的に供与されるものであり，非相互的性格をもつ。③特恵制度は国連貿易開発会議の決議を主要な根拠としているため，先進国は特恵供与の義務を負っているわけではないという意味で，非拘束性的なものである。したがって，上記のGATTの決定も，特恵供与を先進国の権利としている。

④特恵制度は，途上国の幼稚産業の保護のために認められるものであるとされ，産業が成熟することにより不要となるという意味で，暫定的性格を持つものである。したがって，GATT の決定が授権条項によって特恵制度を恒久化したとはいえ，発展途上国の開発の進展に応じてガット規約上の義務への復帰を義務づける「卒業条項」が存在する。このような一般特恵制度とは別に，地域的なレベルで供与される特別特恵制度がある。

3 発展の権利に関する宣言

　1986年，国連総会において採択された「発展の権利に関する宣言」は，発展の権利を譲ることのできない人権として位置づけ，「すべての人権と基本的自由とが完全に実現されうるような経済的，社会的，文化的及び政治的発展に参加し貢献する権利ならびにかかる発展を享有する権利を有する」と宣言している。人権としての発展の権利という考え方は，セネガルのムバイエ（元 ICJ 判事）が1972年にストラスブルグの人権研究所において行った講演で，人権を享受することなく発展はあり得ないと述べ，発展の権利を人権として最初に主張したといわれる。その後，「第三世代の人権」という概念が主張されるようになり，その中に「発展の権利」が含まれていた。国連においても，1977年，国連人権委員会が経済社会理事会に対し「発展の権利の持つ国際的意義」に関する研究の着手を事務総長に要請するよう勧告し，1979年に事務総長は報告書を人権委員会に提出した。また同年には，国際法教育で著名なハーグ国際法アカデミーが「国際的レベルにおける発展の権利」というワークショップを開催し同名の報告書を出版している。人権委員会は事務総長の報告を受け，発展の権利に関する宣言草案を経済社会理事会を通じて国連総会に提出，その草案にもとづいて86年「発展の権利に関する宣言」が採択された。

　この宣言において「発展の権利」は譲ることのできない人権とされ，この権利にもとづき，すべての人間及びすべての人民は，すべての人権と基本的自由とが完全に実現されうるような経済的，社会的，文化的および政治的発展に参加し貢献する権利並びにかかる発展を享有する権利を有する。このような内容の発展の権利は，人権として構成されている点で特異であり，国家の権利との関係で不明な点が多い。

〔**参考文献**〕

丹宗暁信＝山手治之＝小原喜雄『新版国際経済法』(青林書院, 1993年)

高島忠義『開発の国際法』(慶應通信, 1995年)

松下満雄『国際経済法』(有斐閣, 1996年)

川田侃『現代国際経済論』(岩波書店, 1967年)

第12章　紛争の平和的処理

§1　国際紛争の平和的処理手続にはどのようなものがあるか

〔設問〕　A国とB国は長く沿岸の島に関し，互いに領有権を主張していた。B国は突如自国軍隊をその島に駐留させ，島を実効的に支配する姿勢を見せた。A国は，このようなB国の行為に対し外交経路を通じて抗議を繰り返したが，B国はそもそも島の領有権に関するA国との間の領域紛争の存在自体を認めようとしていない。このような場合にA国は国連憲章に従い，どのような平和的手続で対応しなければならないか。

1　国際紛争とは何か

　社会関係の中で紛争はさまざまの局面で生起する。それらのうち「国際紛争」とよばれるものの中で国際法が対象とする国家間の紛争は，たとえば国境付近における武力衝突というような深刻な事態から，軽微な意見の相違を内容とするものなど，さまざまの態様をとって発生する。それらの紛争に関し国際秩序において利用できる紛争処理手続の種類と内容についてみていくのが本章の主題である。

　まず，国際法規の適用によって処理される紛争，いわゆる「国際紛争」とはどのような紛争か，この点に関して，常設国際司法裁判所はマブロマチスとパレスタイン利権協定事件（管轄権，1924年）において，「二者の間の，法もしくは事実に関する不一致，法的見解あるいは利益の相違」が紛争であるとした。

しかし，国際法により処理される紛争は基本的には国家間の紛争である。アングロ・イラニアン石油会社事件（先決的抗弁，判決，1952年）において国際司法裁判所はイランとアングロ・イラニアン石油会社との間の利権協定は国際法上の条約ではなく，それに関する紛争は国際紛争ではないと判断した。国際紛争であるためには，原則として紛争は国家間において発生したものでなければならない。

国連憲章第2条3項は，「すべての加盟国は，その国際紛争を平和的手段によって国際の平和および安全並びに正義を危うくしないように解決しなければならない」と規定し，第33条1項で「いかなる紛争でもその継続が国際の平和および安全の維持を危うくする虞のあるものについては，その当事者は，まず第一に，交渉，審査，仲介，調停，仲裁裁判，司法的解決，地域的機関又は地域的取極の利用その他当事者が選ぶ平和的手段による解決を求めなければならない」としている。友好関係原則宣言もこれに対応して「国は，その国際紛争の交渉，審査，仲介，調停，仲裁裁判，司法的解決，地域的機関または地域的取極の利用その他当事者が選ぶ平和的手段による速やかかつ公正な解決を求める」と規定している。

ここに列挙されている手段は，何ら階層関係に立つものではなく，特定の紛争類型に対応しているものでもない。国家は関係する紛争を処理する手続を選択する自由を持っている。また，これらの手続は決して網羅的なものではなく，「紛争当事国は，【これらの】平和的手段のいずれか一つによって解決が得られない場合には，合意する他の平和的手段によって紛争の解決を引き続き求める義務を有する。」また，国連加盟国は，前記第33条に示す手段によって「紛争を解決することができなかったときは，これを安全保障理事会に付託しなければならない。」（37条）

〔設問〕における事例は，日韓の竹島問題を単純に構成したものであるが，竹島問題が日韓の間で顕在化したのは，1952年に韓国が自国沿岸に李承晩ラインを設定し，沿岸の広大な水域から日本漁船を閉め出した時からである。李承晩ラインの中に竹島が含まれていたために，日本政府は竹島が日本領土であることを含め，韓国に公海自由の違反として抗議をした。日韓両国間でその後竹島の帰属問題について交渉が行われ，日本は竹島の領有問題を国際司法裁判所

に提訴して解決することを提案したが，韓国はこれを拒否し，さらには自国軍隊を常駐させ実効的支配に乗り出した。1965年に両国間で取り交わされた紛争解決に関する交換公文で，外交交渉によって解決されなかった紛争は調停によって解決を図ることが合意されていが，竹島問題に関しては，韓国が交換公文にいう紛争ではないとして調停を拒否している。国際紛争の平和的処理手続は基本的に紛争当事国の合意を基礎として機能するものがほとんどであり，紛争当事国間に何らかの合意による解決に関する合意が存在せず，一方がかたくなに紛争の解決を拒否し続けるような場合には，制度それ自体としては機能することができない。そのなかで交渉だけが，紛争当事国の一方が主体的に関与できる手続であり，日本は地道に交渉を続けることにより解決を目指すか，第三国に仲介や調停を依頼するなどの何らかの政治的影響力を行使して韓国がいずれかの手続に参画するよう働きかけるしかなく，国際紛争の処理における合意の重要性を示す例となっている。この合意がどのような形式と内容で成立するかが，紛争処理手続において最も重要な点の一つであるといえる。

2　非裁判手続と裁判手続

　国際紛争の平和的処理手続は，法にもとづいて行われる裁判手続（司法手続）とそれ以外の手続（非裁判手続）とに区別される。非裁判手続は紛争当事国が具体的紛争処理に関し影響力を最後まで維持し，その結論を受け入れるかどうかの決定権を持っている。仲裁裁判と司法裁判により構成される裁判手続は，法に従って判断が出され，その判断が当事者を拘束するところに特徴がある。しかし，非裁判手続もその最終判断が法に準拠しておこなわれる場合があり，また，裁判手続も法以外の基準（たとえば，国際司法裁判所規程38条2項）によって判断がなされる場合があり，この区別も相対的な面を持っている。今日では，裁判手続は司法手続として客観化され紛争当事国の主観的影響から自由な制度として発展している。このことから，当事者の力関係が紛争処理の最終判断に影響を与えにくいということもいえる。また，たとえば，調停手続は紛争の主題が法的問題であるにもかかわらず当事者が法規を離れて衡平な解決を望む場合に最も有効な手続であることから，法に準拠して紛争を処理するかどうかという点からみれば，非裁判手続は紛争当事者が法による結論をのぞま

ない場合に採用される手続であるともいえる。

§2 非裁判手続による平和的処理

　非裁判手続は，国連憲章の規定に従えば，交渉，仲介，調停，地域的機関または地域的取極の利用および，国連による紛争の平和的処理手続である。

1 交　　渉
　交渉とは紛争当事国の直接の話合いによって紛争の解決を目指す行為を意味し，二国間もしくは多数国間で行われる。交渉自体は国家間の関係処理の基礎をなす手続であり，紛争処理に直接関係のない，一般的な国家間関係の処理においても交渉が行われる。また，交渉を行うか，どのような手続に従うか，交渉の範囲，対象などは交渉国の合意に委ねられ，紛争それ自体の存在を確認するために交渉が行われることも国際関係ではしばしばある。紛争処理に関わる交渉は単なる意見の交換にとどまるものではなく，交渉するという合意は，何らかの紛争解決を内容とする合意が行われなければならない義務を負うものではないが，紛争解決への真摯な努力がかたむけられたものでなければならない。たとえば，ラヌー湖事件（仲裁判決，1957年）で，仲裁裁判所は協議や交渉は単なる形式的なものではなく，正直にかつ誠実に行われなければならないとした。
　交渉によって紛争当事国間で紛争の存在の確認や争点が明確にされることから，交渉は他の紛争処理手続に移行する前提とされることもあるが，慣習国際法上，交渉が他の手続，とくに仲裁裁判，司法裁判手続の前提とされているわけではない。実際，国際司法裁判所では，南西アフリカ事件（第二段階，判決，1966年）や漁業管轄事件（カナダ対スペイン）（判決，1998年）において事前の交渉なく突然原告は国際司法裁判所に事件を提訴し，裁判所もこの点特段問題としなかった。また，交渉が継続中であっても，当事国は裁判所へ事件を付託することができる。ただし，国連憲章第33条は「その継続が国際の平和および安全の維持を危うくする虞のある」紛争については，「その当事者は，まず第一

に，交渉，審査，仲介，調停，仲裁裁判，司法的解決，地域的機関又は地域的取極の利用その他当事者が選ぶ平和的手段による解決を求めなければならない」と規定している。

また，国際司法裁判所は判決において紛争解決の基準を提起し，実際の処理は当事国の交渉に任せ，「誠実に交渉する義務」を命ずる場合もある（北海大陸棚事件（1969年）（漁業管轄事件））（交渉義務命令）。核兵器使用の合法性に関する事件（勧告的意見，1996年）では，核兵器の不拡散に関する条約第6条の「【核】軍備縮小に関する条約について，誠実に交渉することを約束する」という規定に関して，この義務は単なる交渉という行為をすればよいという義務にとどまるものではなく，事案に関して誠実に交渉を押し進めるという具体的な行為を通して，核軍縮のあらゆる面で，具体的な成果を上げる義務を意味していると明言した。

2　周旋・仲介および審査

周旋および仲介は，紛争解決手続としての交渉に第三者が関与することにより交渉と区別され，第三者の関与の程度により周旋と仲介が区別される。

周旋は紛争当事者を交渉の席に着かせるよう第三者が影響を与える場合をいい，仲介は第三者が交渉に，より積極的に介入し合意の内容にまで関与するような場合をいう。日露戦争の際のアメリカの役割などは周旋（1905年）の例であり，テロ撲滅を理由としたイスラエルとパレスチナ自治政府との紛争に関しサウジアラビアが行ったものは仲介（2002年）である。

審査は，基本的には審査委員会を設立し，委員会が中立で公平な捜査にもとづき事実を明らかにする手続であるが，審査委員会は多くの場合に法律専門家により構成され，その手続も司法手続による場合が多く，必ずしも厳格に事実の解明に限定されず，法律問題に触れる報告をする場合もある。審査に関する手続は1899年のハーグ平和会議における第一条約国際紛争平和的処理条約において仲裁手続の代替手続として規定されたもので，仲裁裁判に紛争を提起することを好まない加盟国は少なくともこの手続を利用することが期待された。1904年にこの手続がドッガー・バンク事件で初めて利用され，その成功により第二回ハーグ平和会議は1907年の条約において審査に関するより詳細な条項を

整備した。しかし，審査委員会による紛争に関連する事実の解明が必ずしも成功するとはかぎらず，かえって決定的な部分の解明ができずに曖昧にしてしまい，紛争を混迷させる場合もあり，審査手続の利用は必ずしも多くはない。国連憲章は第33条1項において審査を平和的処理手続の一つとして，国連総会は第10条と第14条に従い，安全保障理事会は第36条に従い紛争当事国に対し審査手続を提案することができる。

3 調　　停

　調停とは第三者が紛争の原因の調査をし，それにもとづき紛争解決のための報告を提出することであり，機能的にみれば調停は審査手続と仲介手続をあわせたものとなっている。この手続による報告は当事国を拘束するものではない。調停手続は国際連盟が1922年の第三回総会において調停手続の採用を勧告して以来，二国間条約において数多く採用されるようになる。1928年の国際紛争平和的処理に関する一般議定書（1949年改正）は第1条から第16条で調停に関し規定を設けている。調停委員会は当事国間に別段の合意がない場合は5名の委員により構成され，当事国は各その1名を任命し，他の3名は合意により第三国の国民の中から選任される。調停委員会は，当事国に別段の合意がない限り，自らその手続を定められるが，その手続はすべての場合に対審によることを要する。国連憲章は第33条1項の平和的処理手続の一つとして調停を規定し，総会は第10条もしくは第14条で，安全保障理事会は第34条で加盟国間の紛争を調停するよう働きかけることができる。多くの多数国間条約でも調停手続が紛争処理手続として採用されている。たとえば1948年の平和的処理に関する米州条約（Pact of Bogota）では第2条で調停を国連安全保障理事会に付託する前に採用すべき平和的処理手続の一つとして規定している。1957年の紛争の平和的処理に関するヨーロッパ条約，1969年の条約法に関するウィーン条約においても第66条において司法的解決，仲裁と並んで調停手続が紛争解決手続として採用され，附属書において調停につき規定されている。1982年の国連海洋法条約は，第284条で，1985年のオゾン層の保護のためのウィーン条約は第11条で，調停手続を紛争解決手続の一つとして規定している。また，調停手続は司法手続類似の性格を持ちながら柔軟性を持つことから，国家間の紛争以外でも，国

家と他の国家の国民との間の投資紛争解決センターが投資紛争処理手続の一つとして調停手続を採用している。

4 国際連合による紛争処理

国際連合の前身である国際連盟では，連盟加盟国は「国交断絶に至るの虞ある紛争発生するときは，当該事件を仲裁裁判若は司法的解決または連盟理事会の審査に付す」(12条)べき義務を負っていた。しかし，連盟規約は武力行使を禁止していたわけではないために，連盟の紛争処理手続は，これらの処理手続による判決若しくは報告後3カ月を経過するまではいかなる場合においても戦争に訴えない義務を加盟国に課すことにより冷却期間を設け，紛争の沈静化を期待するものであった。

紛争が仲裁裁判または司法的解決に付されない場合には，それは連盟理事会に付託される（15条）。その際，理事会は紛争当事国が提出した事件に関する陳述書，関係事実，書類を公表することができ，公表による国際世論の形成による紛争の解決を期待するものでもあり，必ずしも実効的な処理手続を設けていたわけではない。そのため，連盟の後半期には平和維持機関としての機能を果たすことがほとんどなかった。

このような国際連盟における紛争処理の不備を克服する意図をもって起草されたのが国際連合憲章に規定された国際紛争処理に関する諸手続である。国連加盟国は国際紛争を平和的手段によって国際の平和および安全ならびに正義を危うくしないように解決しなければならない一般的な義務を負っている。このような加盟国の平和的処理に関する一般的義務を制度として担保するために，国連憲章は，国際連合の機関としては，国際の平和および安全の維持に関し，安全保障理事会に主要な責任を負わせている（24条1項）。しかし，国連が平和的処理に関連して関与する紛争は「その継続が国際の平和および安全の維持を危うくする虞のある」紛争に基本的には限定され，他の軽度の紛争については当事者の自主的解決に任せている。その継続が国際の平和および安全の維持を危うくする虞のある紛争についても，当事者はまず第一に，交渉，審査などの平和的手段によって解決を求めなければならない（33条）。このような手続によって紛争を解決することができなかったときは，紛争の当事者は，その紛

争を安全保障理事会に付託しなければならない（37条）。この場合，付託された理事会は，紛争の継続が国際の平和および安全の維持を危うくする虞が実際にあるかどうかを確認し，虞が認められれば適当な調整の手続または方法を勧告する（36条1項）か，適当と認める解決条件を勧告する（37条2項）かいずれかの決定をしなければならない。しかし，すべての紛争当事者が要請した場合には，安全保障理事会は「いかなる紛争についても」その平和的解決のために勧告することができる（38条）。

直接に紛争に関係しているか否かにかかわらず国連加盟国は，「いかなる紛争についても，安全保障理事会の注意を促すことができる」（35条）。このような権限は，総会や事務総長にも認められている（11条3項・99条）。

また，安全保障理事会は職権により，いかなる紛争についても，国際的摩擦に導きまたは紛争を発生させる虞のあるいかなる事態について，その紛争または事態が国際の平和および安全の維持を危うくする虞があるかどうかを決定するために調査をすることができる（34条）。また，必要と認めるときは，当事者に対して，その紛争を平和的解決手段によって解決するよう要請することができる（33条2項）。その継続が国際の平和および安全の維持を危うくする虞のある事態のいかなる段階においても，適当な調整の手続または方法を勧告することができる（36条1項）。この規定に従い1976年，トルコとギリシャの間のエーゲ海大陸棚事件において，安全保障理事会は両国に直接交渉の再開を求め，交渉が双方にとって受諾できる解決をもたらすことを確保するよう全力を尽くすことを求めた。

紛争もしくは事態がより重大な平和に対する脅威，平和の破壊または侵略行為であると安全保障理事会が決定した場合には，安全保障理事会は国際の平和および安全を維持または回復するために，勧告し，または非軍事的措置若しくは軍事的措置を執る決定をすることができる。

国連憲章は，国際の平和および安全の維持に関する第一次的責任を安全保障理事会に負わせていることから，国連総会のこの部分の任務に関しては必ずしも明確な規定をおいていない。総会は「憲章の範囲内にある問題若しくは事項」をとりあげる一般的権限が与えられ，国連加盟国，安全保障理事会または国連加盟国でない国によって付託される「国際の平和及び安全の維持に関する

いかなる問題」についても討議し，勧告することができる（11条2項）。また，総会は「一般的福祉又は諸国間の友好関係を害する虞があると認めるいかなる事態」についても，平和的に調整するための措置を勧告することができ，総会が対象とする平和および安全の維持に関する事項は，安全保障理事会のそれよりも範囲が広い。ただし，安全保障理事会が任務を遂行中の紛争または事態に関しては，総会はいかなる勧告もできない（12条）。

しかし，安全保障理事会は常任理事国の拒否権の行使などにより機能麻痺に陥る場合もある。国連の機関で安全保障理事会，国連総会と並んで今日紛争の平和的処理において重要な機能を果たしているのが国連事務総長である。事務総長は，憲章第99条により，国際の平和および安全の維持に脅威すると認める事項について，安全保障理事会の注意を促すことができる。また，事務総長は憲章第98条によって，総会，安全保障理事会から委託される任務を遂行する事により平和維持に関し広範な権能を行使している。在テヘラン米国大使館員等人質事件（1980年）において安全保障理事会は大使館員の即時解放をイランに要請すると同時に，事務総長に安保理決議の履行に関し仲介することを要請した。ソ連がアフガニスタンに侵攻した際には，1980年に総会が事務総長に対しソ連軍の早期撤退について仲介を要請した。このような事務総長による仲介は，憲章第98条による委託による場合と，事務総長の固有の権能による場合がある。場合によっては，紛争当事国や地域的機関の要請により仲介を行うこともある。

5 地域的機関による紛争処理

国連憲章は，「国際連合の目的及び原則と一致することを条件」に「国際の平和及び安全の維持に関する事項で地域的行動に適当なものを処理するための地域的取極又は地域的機関」の存在を容認している（53条1項）。いくつかの地域的機関が紛争処理の制度を整備している。アフリカ統一機構は，交渉，仲介，調停，仲裁裁判による紛争処理を機構の目的の一つとして規定している（3条4項）。

◇ 発展・研究 ◇
1 国際紛争の分類

　国際紛争はいろいろな基準により分類されるが，一般的な分類としては法律的紛争と政治的紛争（legal and political disputes），もしくは裁判可能な紛争と裁判不能な紛争（justiciable and non-justiciable disputes）という区別がある。素朴な考えによれば，法律的紛争は法的規準により処理される紛争をいい，政治的紛争とは政治的性格を持つ紛争で法的処理になじまないものをいう。このような紛争の分類を採用した条約もあり，このような分類の意義は理論的問題にとどまらず，実際上も検討される必要がある。たとえば，国際紛争平和的処理一般議定書は，第17条において「当事国が互いに権利を争う紛争」という定義を採用し，国際連盟規約は第13条の裁判に関する規定中に「条約の解釈，国際法上の問題，国際義務の違反となるべき事実の存否並該違反に対する賠償の範囲及性質に関する紛争は，一般に仲裁裁判又は司法的解決に付し得る事項に属するもの」であるとしている。しかし実際の紛争は単純に法規を適用して処理できるものは少なく，何らかの政治的性格をもつものがほとんどであり，法律的紛争と政治的紛争の区別は相対的なものである。何らか客観的な基準により区別されるというよりも紛争当事者がどのような内容の紛争として争うかにより区別されるものであるといえる。とくに国際裁判との関係では，政治問題の抗弁との関係で，たとえ付託された紛争が政治的性格を持っていても，裁判所はその法的側面に関し法的解決を与えることができるとされ，政治問題の抗弁を認めない立場が有力である。今日では，政治的紛争という概念はむしろ司法機能の内在的制約として高度に政治的な紛争を司法の領域の外におくかの問題として議論される。たしかに極端に政治的性格が強い紛争に関しては，司法的解決によっては効果的な解決は期待できないものがある。実際，政治問題の抗弁がおこなわれた在テヘラン米国大使館員等人質事件（本案，1980年）では裁判所の判決は無視され，当事国は司法手続以外の手続により最終的な紛争の解決をみた。この点からすれば，政治性の影響により司法手続によっては効果的処理のできない紛争が存在することは事実である。紛争の効果的処理という観点からは，判決が無視されるような事態は望ましいものではなく，また裁

所の権威という点からしてもそのような事態は避けるべきことであろう。しかし、前記の事件はその判決理由において、外交関係法の体系や内容を明確にし、外交関係法の発展に大きく寄与した事実も無視できないものである。また、高度に政治的な性格を有したニカラグア事件（本案，1986年）も、判決は武力紛争法に関し重要な点で国際法の明確化に貢献している事実は無視できなであろう。

2　ドッガー・バンク事件

　1904年10月、日露戦争のために派遣されバルチック海から極東へ向かうロシア艦隊は、北海のドッガー・バンク付近においてイギリスの漁船団と遭遇した。ロシア艦隊の司令官はそれを日本の水雷艇と誤認し砲撃、一隻のトロール船が沈没、他の五隻の漁船も損害を受け、乗組員2名が死亡、6名が負傷した。ロシア艦隊は、砲撃の後被害者の救助をすることなく航行を続行した。このニュースがイギリス本国にもたらされたとき、イギリスの世論は激高し、英国政府はロシア政府に対し陳謝、賠償、責任者の処罰などを要求したが、ロシアからは明確な回答が得られなかった。そのため、すでにジブラルタル海峡にさしかかっていたロシア艦隊を実力で迎え撃つべくイギリスは自国艦隊を集結させた。英露関係の悪化を懸念したフランスは仲介を試み、事件を1899年のハーグ第一条約に従い、審査委員会に付すことを提案した。英露両国はフランスのこの提案に従い、審査委員会の設置に同意した。

　審査委員会はその年の11月に設置され、当事国から1名、フランス、オーストリア・ハンガリー、アメリカから1名の5名の委員で構成された。委員会は翌年2月に報告書を提出し、砲撃の事実を明らかにし、水雷艇は当時その付近にはいなかったこと、そのためロシア艦隊司令官の砲撃命令は正当なものではなく、その結果に対する責任はロシア艦隊の司令官に帰属するとした。事件はロシア政府がイギリスに対して6万5,000ポンドを支払うことにより解決した。

　この事件は、1899年のハーグ平和会議で採択された第一条約に規定された審査手続が初めて実際に活用されたもので、国際紛争の解決に審査手続が有効であることを実証したが、この事件で設置された審査委員会はハーグ第一条約で予定されている審査委員会とはその任務を異にしていた。条約では審査委員会の職務は、公平誠実なる審理によって事実問題を明らかにし、事実を認定する

ことに限定されているが，この事件において審査委員会設置の根拠となっているセント・ペテルスブルグ協定では，委員会は事実の審査にとどまらず，責任の所在，責任者の負う責任の程度をも審査するものとされた。したがって，この事件ではハーグ第一条約が参照されてはいるが，実際に設置された審査委員会は仲裁裁判所類似の性格をもっていたものといえる。

　この事件における審査委員会の成功に力を得て，1907年の第二回ハーグ平和会議は国際紛争平和的処理条約の起草の際，審査手続に関する詳細な規定を設けたが，それは本件の審査委員会において採用された手続規則にもとづいている。

3　アラバマ号事件

　アラバマ号事件（1872年）は，国際紛争が仲裁裁判で有効に解決できることを実証した先例として高く評価されている。事件は，アメリカにおける南北戦争時，イギリスの民間企業が南部連合の要請に応じてアラバマ号をイギリス国内の造船所において建造，完成後試験航行中にアゾレス群島（ポルトガル領）で軍艦としての艤装を施し南部連合の軍艦として使用された事実に関するものである。アラバマ号は北軍に属する商戦の捕獲に従事，北軍に多くの損害を与えたため，戦後アメリカはアラバマ号に関しイギリスに損害賠償を請求，1871年に両国にワシントン条約が結ばれ事件を仲裁裁判に付託することで合意された。

　当時イギリスは南部連合を交戦団体として承認していたために，南北戦争の関係では中立国の地位にあった。そのため，南部連合に軍艦を供与したとして，中立国としての国際法上の責任が問われることとなった。アメリカはアラバマ号建造中からイギリスに対し抗議をしていた。イギリス政府はアメリカによる外交上の抗議を受け，アラバマ号に対し出港停止の命令を出したが，すでにアラバマ号は出航し逃走した後であった。

　ワシントン条約には裁判で適用される規則に関する規定があり（中立義務に関するワシントン三原則，①中立国政府は戦闘行為を行う意図があると相当の理由がある船舶が，その管轄内で艤装，武装されることを防止する相当の注意を払わなければならない。②中立国政府は，その港もしくは領水を交戦国が戦闘の遂行に関

連する行為のために利用することのないようにしなければならない。③中立国政府は、それらの義務の違反を防止するために、港もしくは領水において相当の注意を払わなければならない)、それと矛盾しない範囲で国際法の原則が適用された。仲裁裁判所は、イギリス政府が中立国の義務の履行に関し相当の注意を払わなかったことを認め、イギリス政府に賠償の支払を命じた。

　それまでの仲裁裁判が正義と公平を基準とすることが多かったにも拘わらず、本事件では国際法の規則が適用され、しかも、イギリスとアメリカという重要な国家間の紛争が国際法により実効的に解決されたことを示した事実は、後の国際仲裁裁判の発展に大きな影響を与えた。

§3　国際裁判による紛争の処理

〔設問〕　1999年8月10日、パキスタンのインド国境付近で演習中のパキスタン空軍機がインドからの攻撃により撃墜され乗員全員が死亡するという事件が起きた。パキスタン政府はこの事件を国際司法裁判所に提訴し、インド政府の国際法上の責任を追及する姿勢を見せた。このようなパキスタン政府の一方的提訴に対して、国際司法裁判所はこの事件を審理できる場合はどのような場合か。

1　国際紛争の司法的解決

　国際関係における裁判（国際裁判）は仲裁裁判に始まる。歴史的にみればその原初的形態は紀元前のギリシャ世界に求めることができるが、現代の仲裁裁判の直接の起源は、1794年11月19日の英米友好通商航海条約に求められている。この条約は通称ジェイ条約とよばれ、二国間の法的紛争を解決するための混合委員会を設置する条項を含んでいた。この条約は両国の通商関係の基礎に関する規定とともにアメリカの独立戦争後の英米間の問題を処理するために締結さ

れた。条約は，両国間の領土国境問題に始まり（5条），戦前にイギリス商人や他のイギリス国民が所有していた債権の補償の問題（6条），両国の国民から提起された海上捕獲の賠償請求問題（7条）に関する規定を含み，それぞれにつき委員会を設置して問題を処理するものとした。これらの委員会はすべて両国国民により構成され，そこでの基準は，正義と相互の便宜，正義と衡平，等が指定され，国際法（Laws of Nations）が言及されているのは第7条による委員会のみであった。このジェイ条約で採用された委員会の形式は，五名の委員による委員会を設置するものであり，委員会は両当事国がそれぞれ2名の委員を選定し，残りの1名を合意によって選定するものであるが，合意が得られない場合には双方の国の委員が1名を指名しその2名から籤で1名を選ぶというものであった。このような混合委員会の形式はその後多くの条約に採用されたが，委員はすべて当事国の国民により構成され，判断の基準が必ずしも法規によらないものであった点，厳格にみれば今日の仲裁裁判とはいえないものであった。

近代の仲裁裁判の形式が整うのは英米間のアラバマ号事件からであるといわれている。この事件を審査した委員会は5名の委員により構成されていたが，そのうちの2名が当事国からそれぞれ選任された委員であり，他の3名はそれぞれイタリア国王，スイス首相，ブラジル首相により任命された。1893年の米英間のベーリング海オットセイ事件で設立された仲裁裁判所は，両当事国が任命するそれぞれ2名の裁判官，イタリア国王，フランス大統領，スウェーデン・ノルウェー国王の任命するそれぞれ1名の7人の仲裁裁判官で構成された。

アラバマ号事件は，紛争解決手続としての仲裁裁判の有効性を実証したものとなり，1875年には万国国際法学会が仲裁裁判に関するモデル規則を作成した。このモデル規則は1899年のハーグ平和会議における討議において採択された第一条約の仲裁裁判に関する条項に大きな影響を与え，常設仲裁裁判所の設置に結実する。

常設仲裁裁判所は，その名から連想されるような常設の裁判所の実体はなく，事務局とそれを監督する常設評議会をオランダのハーグに置きそこで裁判官名簿を管理している。第一条約の締約国は，常設仲裁裁判所の裁判官として，それぞれ4名を任命し，その名簿が事務局によって管理される。紛争が生じたと

きは，当事国がその名簿の中から裁判官を選任し裁判部を構成するという，事件ごとに裁判部が設置されるという伝統的な仲裁裁判の仕組みが採用され，常設の裁判所としての実体は備えていなかった。むしろ紛争発生ごとの裁判所の設立を容易にする仕組みであるといえる。

常設的な国際裁判所は，地域的なものとして，1907年に中米5カ国の間で中米司法裁判所が設立されたのが始めてである。この裁判所は，締約国間で裁判義務を負う点が画期的であったが，それ以上に個人に出訴権を認めていたことで注目された。しかしこの裁判所も1918年に廃止された。

世界的な常設裁判所の歴史は，1921年，国際連盟とともに設立された常設国際司法裁判所から始まる。

2　司法裁判と仲裁裁判所の区別

国際紛争を法に従って解決する手続として，現在では仲裁裁判と司法裁判が存在する。これらは総称して国際裁判とよばれる。仲裁裁判と司法裁判の何れも紛争当事国の同意によらなければ裁判をすることができない点では同じであるが，その相違は，通常次の三点に求められる。まず裁判所の恒常性に相違がみられる。仲裁裁判所は，事件の発生ごとに設置され，司法裁判所は常設の裁判所としてあらかじめ設置されている。裁判において適用される法規についても，仲裁裁判は必ずしも厳格な法規を適用するわけではないが，司法裁判は法による判断をすることが任務となっている。

3　仲 裁 裁 判

仲裁裁判に紛争を付託するかどうかは，紛争当事国の合意による。裁判義務を受諾する合意は，既に発生している個別の紛争を裁判に付託することを合意する特別協定の締結によるか，将来発生が予想される紛争を事前に裁判に付託することに同意する条約の締結によるのが一般的である。前者の特別協定は，普通コンプロミーと呼ばれる。後者の形式は，将来発生が予想される特定のもしくはあらゆる紛争を事前に仲裁裁判に付すことを合意する一般仲裁条約の形式をとる場合と，個別の条約の解釈適用に関する紛争を仲裁裁判によって解決するという条項をその条約内に規定する場合とがある。このような裁判義務を

一般的に設定する条約には，具体的な紛争が発生した場合に，その都度，紛争当事国が特別協定を締結することを仲裁裁判付託の条件とするものがある。

　紛争当事国は仲裁裁判所を設置する場合に，裁判所の管轄に関しても決定することができる。人的管轄は，通常紛争当事国に限定されるが，当事国の合意により第三国にも解放される場合もある。事項管轄に関しては，紛争当事国の特別協定に従い裁判所に付託された問題に限定される。特別協定による付託事項の範囲に関し，当事国間で意見の相違があった場合には，別段の合意がなければ裁判所がそれを判断し，特別協定の解釈が問題となった場合は通常の条約解釈の問題として処理される。裁判所が自らの管轄に関し最終的な判断をおこなうことができるという原則は国際法上確立している。1907年の国際紛争平和的処理条約は第73条で，仲裁契約の解釈について，「裁判部ハ，仲裁契約……其ノ他ノ……書類ヲ解釈シ，且法律上ノ原則ヲ適用シテ，自己ノ権限ヲ定ムルコトヲ得」と規定している。

4　仲裁裁判所の構成

　仲裁裁判所は紛争当事国が選任する裁判官により構成されるのが普通である。仲裁裁判所の裁判官は単独の場合もあり複数の裁判官により裁判所が構成される場合もある。

　仲裁裁判が複数の裁判官による合議体により行われるようになるのは近代になってからであり，それまでは第三国の君主，元首，ローマ法王，著名な国際法学者などの単独裁判官による仲裁が多く行われていた。合議体としての仲裁裁判が一般的となるのは，前述のアラバマ号事件以後のことである。

　1899年の国際紛争平和的処理条約は，常設仲裁裁判所に関しつぎのような規定をもっている。まず，締約国は「国際法上ノ問題ニ堪能ノ名アリテ徳望」の高い4名までの裁判官を任命し，裁判所事務局に通知する。事務局はこの指名に従い裁判官名簿を管理し，紛争当事国はこの裁判官名簿から合意によって裁判官を選任し，裁判部が構成される。通常裁判部は当事国に特別の合意のない場合には5名を持って構成され，各当事国が2名の裁判官を選任し，これらの4名の裁判官が合議で他の一名の上級裁判官を選定する。当事国が合意すれば，簡易手続による簡易裁判部を構成することも可能で，この場合には3名の裁判

官により裁判部は構成される。

　一般的な裁判義務を設定している海洋法に関する国際連合条約では，拘束力を伴う決定を行う強制手続の一つとして仲裁裁判が規定され，仲裁裁判は附属書Ⅶに規定される仲裁裁判所と附属書Ⅷに規定されている特別仲裁裁判所により行われる。仲裁裁判所は5名の裁判官から構成され，国連海洋法条約の解釈または適用に関する紛争を一般的に対象としている。裁判官は，当事国が1名ずつ，残り3名は当事国の合意によって任命される。特別仲裁裁判所は5名の裁判官から構成され，漁業，海洋環境の保護と保全，海洋科学調査，船舶からの汚染といった特別の事項に関する紛争を対象としている。裁判官は各当事国が2名ずつを任命し，残りの1名は紛争当事国の合意により任命される。

5　仲裁裁判の基準

　仲裁裁判所が適用する裁判基準は，仲裁裁判所を設置した紛争当事国が合意したものである。この手続で決められる裁判基準は，一般的な国際法である場合もあり，特定国の国内法や一般的な法原則，その他の基準である場合もある。トレイル熔鉱炉事件（1941年）では，仲裁裁判所が適用する基準として「国際法とアメリカでの類似の事件に関する法規と実行」が仲裁協定において採用された。仲裁協定に特段の指定がない場合には，仲裁裁判所において適用される法は国際法である。1928年の国際紛争平和的処理に関する一般議定書では，仲裁裁判の準則として，「仲裁契約中に規定がないとき又は仲裁契約が存在しないときは，仲裁裁判所は，国際司法裁判所規程38条に列挙された実質的規定を適用する」として国際法を準則としている。仲裁裁判所は，紛争に適用すべき国際法の準則が存在しない場合には，「衡平と善に基づいて裁判を行う」ことができる（28条）。

6　仲裁判決の効力

　仲裁裁判の判決は当事国に対し拘束力をもつ。「仲裁裁判ニ依頼スルコトハ，誠実ニ其ノ判決ニ服従スルノ約定ヲ包含ス」と第37条で規定している1907年の国際紛争平和的処理条約は，第81条で，「正式ニ言渡ヲ為シ且当事者ノ代理人ニ通告シタル判決ハ，確定的ニ終審トシテ紛争ヲ決定スル」と規定している。

この点，判決が紛争当事国を拘束し紛争当事国のみを拘束する事は国際法上確立しているが，一回の仲裁裁判が必ず終審であるわけではなく，上訴を許すか，判決の解釈や再審手続を認めるかなどの点は，仲裁契約による紛争当事者がどのような合意をするかによって決まる。ただ，上訴に関する特別の合意が存在しない場合には，通常仲裁裁判による解決を望む紛争当事国は仲裁裁判手続による最終的な紛争の解決を期待していることから，仲裁裁判は一審終結の手続として基本的には存在するものである。後述する国際司法裁判所が実質的に仲裁裁判の上訴審として審理をした事件がないわけではないが，その場合も上訴審としての機能を果たしたかどうかは疑問である。判決は，第三国を拘束しない。

7 司法裁判

国際裁判の中で司法裁判（司法的解決とよばれる）は，通常，常設の裁判所により国際法に従って行われる紛争の解決を意味する。この意味での司法的解決が行われるようになるのは，1907年の中米司法裁判所が最初であるが，この裁判所は地域的機関であった点，10年間の期間に10件の事件を取り扱ったが，いずれも重要なものではなく，その重要性からみれば，国際連盟とともの設立された常設国際司法裁判所からであるといえる。

常設国際司法裁判所は，国際連盟規約第14条にもとづき設立された，世界規模の一般的常設の国際裁判所である。第14条に従い，連盟理事会は1920年に法律家諮問委員会を設置し裁判所規程の起草を委ねた。委員会は初めて世界的規模の裁判所を創設するという困難な作業を経て，20年7月，62条からなる裁判所設置草案とその報告書を作成した。この草案が連盟理事会と総会において討議され20年12月，裁判所規程として採択された。この際，常設国際司法裁判所規程は，国際連盟規約とは別の独立した条約として作られた。裁判所規程は1921年9月に発効し，同月裁判官の選任が行われ，翌22年2月に開廷式を行い正式に活動を開始した。裁判所はその後さまざまな事件を審理したが，第二次大戦の激化にともない次第に活動を縮小し，40年5月のドイツ軍のオランダ侵攻により事実上活動を停止した。裁判所は1946年4月18日，連盟総会の決議により正式に解体した。常設国際司法裁判所はその間29件の訴訟事件と27件の勧

告的意見を取り扱ったが，そのほとんどの事件における当事者はヨーロッパ諸国であり実質的にはヨーロッパにおける国際裁判所としての性格を持っていた。

8　国際司法裁判所

　常設国際司法裁判所を実質的に引き継いだ国際司法裁判所はオランダのハーグにある平和宮に所在している。国際司法裁判所は任期9年の15名の裁判官により構成され，そのうち何れの2人も同一国の国民であってはならない。裁判官は，国連総会と安全保障理事会が各別に行う選挙により絶対多数を得たものが選出される。裁判官の選挙資格は，徳望が高く，かつ各自の国で最高の司法官に任ぜられるのに必要な資格を有する者または国際法に有能の名のある法律家から選出され，かつ裁判官全体のうちに世界の主要文明形態および主要法系が代表されるよう選出されなければならない。具体的には，常設仲裁裁判所の4人の国別裁判官団が，通常選挙では4人までの候補を指名することができ，その指名された者の中から裁判官が一定の地理的配分に従って選出される。現在は，アジア3，アフリカ3，ラテン・アメリカ2，東欧2，西欧その他5という配分が為されている。また，事実上安保理の常任理事国の候補者は常に当選している。

　裁判所は原則的に裁判所規程当事国から提起される訴えを審理する権限が与えられ，その審理手続きは司法手続として構成されている。紛争当事国から訴えの提起があると，裁判所はそれを裁判を受けることのできるすべての国に通告する。訴えの提起は，一方当事国による提訴という形式と両当事国による合意提訴の二つの場合がある。一方的提訴の場合には訴えられた他方当事国は，裁判所の管轄権を争う場合が多く，その場合には他方当事国は先決的抗弁を提起することになる。裁判所の管轄権が確定した段階で，裁判所は本案に関し書面手続と口頭審理を行う。このような二段階の手続は，アラバマ号事件以来次第に普及し，今日国際裁判の一般的手続として定着したものである。ただ，仲裁裁判においては今日でも手続は仲裁協定において紛争当事国の自由な決定に任せていることから，この二段階の手続が国際裁判としての条件となっているわけではない。

　国際司法裁判所は，国際裁判に特有の制度として国籍裁判官の制度を採用し

ている。裁判所に係属した事件において，紛争当事国の国籍をもつ裁判官が裁判所にいない場合，当事国は自国が選出する裁判官を指名して裁判に参加させることができる。この裁判官を特任裁判官と呼ぶ。特任裁判官の任命は，訴訟手続における本案手続のみならず，管轄権手続，仮保全措置手続，解釈請求手続，再審手続，勧告的意見手続において認められている。

　国際司法裁判所は，国家間の訴訟事件を審理する権限と，一定の国際機関による法的問題に関する諮問に答える機能とを有している。前者は訴訟管轄権，後者は勧告的意見を付与する管轄権である。

　裁判所の訴訟事件に関する管轄権の存在は，人的管轄権，事項的管轄権，時間的管轄権の三つに区別される。国際司法裁判所の人的管轄権は国家に限定されている。裁判所規程は第34条で，「国のみが，裁判所に係属する事件の当事者となることができる」と規定し，国際機構や個人が裁判所に出訴する事を認めていない。国家は，裁判所規程の当事国，国際連合の加盟国，および憲章第93条2項の義務を承認した国が利用できる。裁判所規程の当事国でない国は，安全保障理事会の決める条件に従うことで，裁判所を利用することが可能である。また，特殊な例として選択条項受諾宣言において外交関係をもたない国または未承認国との間の紛争や英連邦構成国間の紛争を排除するという内容の人的留保が付される場合がある。事項的管轄は，規程第36条1項に規定され，「当事者が裁判所に付託するすべての事件および国際連合憲章又は現行諸条約に特に規定するすべての事項に及ぶ」。したがって，裁判所の事項的管轄権は紛争当事国の合意により決定し，この合意は裁判所への紛争付託以前に形成されていなければならないことになる。このような場合は，個別の紛争が発生した後に当事者が特別協定を締結し裁判所への事件の付託に同意するか，裁判条約や裁判条項で事前に同意しているか，選択条項により管轄権受諾の宣言を行っている場合である。選択条項制度は，規程第36条2項に規定されているもので，締約国はこの条項に従い条約の解釈，国際法上の問題，認定されれば国際義務の違反となるような事実の存在，国際義務の違反に対する賠償の性質または範囲に関し，裁判所の管轄を同一の義務を受諾する他の国との関係で当然かつ特別の合意なしに義務的と認めるという一方的宣言をすることにより，裁判所の管轄を承認するというものである。この宣言には，留保を付すことが可

能で，その留保を根拠に訴えられた国が裁判所の管轄を争う先決的抗弁を提起することはまれではない。

　裁判所は必ずしも裁判所の管轄権が設定される条件として，付託前の合意の成立を厳格に要求していない。紛争当事国の一方が，事前の付託合意なしに相手国を訴えることを認めている。この場合，裁判所が管轄権を持つためには，付託後に相手国が管轄権への同意を為すことが必要であり，その同意は必ずしも特定の形式をとらなければならないことはなく，管轄権を留保せずに本案を争う場合には，そこに黙示的な同意の存在が推測される。このような手続をフォーラム・プロロガートムという。このように，裁判所の事項的管轄は，特別協定やフォーラム・プロロガートムにより事件ごとに管轄の合意が形成される場合と，裁判条約や裁判条項，もしくは選択条項の受諾宣言により事前の合意が表明され管轄が設定されている場合に区別される。

　裁判所の時間的管轄は，選択条項受諾宣言の留保による管轄権の制限に関し問題となる。選択条項受諾宣言に付される時間的留保とは，宣言の発効日以後に生ずる紛争に限定するものや，宣言の受諾から12カ月を経過しない国との紛争を排除する場合などである。この時間的留保が付されるのは，一方的な宣言による抜き打ち的な提訴に対処するためである。実際国際司法裁判所の歴史において，インド通行権事件（1957年）においては，宣言の受諾から3日後に提訴され，仲裁判決事件（本案，判決，1991年）では16日後，カメルーン・ナイジェリアの領土国境紛争事件（1998年）では10日後に提訴が行われ，被告は原告が受諾宣言をしていたことを提訴されるまで知らなかった。

　国際司法裁判所の裁判基準は，裁判所規程第38条1項に規定されている。それによれば，裁判所は国際法に従って裁判することを任務とし，一般または特別の国際条約で係争国が明らかに認めた規則を確立しているもの，法として認められた一般慣行の証拠としての国際慣習，文明国が認めた方の一般原則を適用する。当事国がとくに同意すれば，裁判所は「衡平と善」に従って裁判することができる。

　裁判所の判決は当事国のみを拘束し，また付託された事件に関して既判力をもつ。国際司法裁判所の判決は多くの場合，当事国により誠実に履行されてきたが，当事国の重大な利益にかかわり，当事国が判決の履行に積極的でない場

合には必ずしも履行されてきたわけではない。その場合に判決を執行する手続は，国連憲章上は憲章第94条に従い安全保障理事会に訴える手続が用意されている。事件の一方当事国が判決を履行しない場合には，他方の当事国は理事会に訴えることができ，理事会は，必要と認めるときは，判決の履行するために勧告し，またはとるべき措置を決定することができる。しかしこの場合，安全保障理事会は国際の平和および安全の維持の観点から必要性を認定することになるので，法の執行という観点からの十分な制度上の整合性は確保されていない。

◇ 発展・研究 ◇

1 選択条項 (国際司法裁判所規程36条2項)

国際裁判の管轄は紛争当事国の合意により認められるのが原則であるが，司法的解決の実効性を高めるためには裁判所は強制管轄権を持つことが望ましい。そのために強制管轄権設定と類似の制度として考案されたのが選択条項制度である。裁判所規程当事国は，規程第36条2項に従い，法律的紛争についての裁判所の管轄を義務的であるといつでも一方的に宣言することができる。この条項は，選択条項または任意条項と呼ばれる。この宣言をした規程当事国は，同様の宣言をしている他の規程当事国との関係では裁判所の管轄権を事前に同意したものとされ，両国間の紛争に関し裁判所は管轄権をもつことになる。

選択条項制度は，規程に従い国家が行う一方的な管轄権受諾宣言のネットワークにより形成される管轄権設定のシステムであり，基本的には同意により裁判所の管轄権が認められるものである。厳格な意味で強制管轄を設定したものではないが，国際司法裁判所に関し強制管轄といえばこの制度を指す。

選択条項受諾宣言には，特定の紛争を裁判義務から除外する留保を付すことが認められている。規程はこのような留保を認める規定を持たないが，慣行として確立している。この留保には，国内問題に関する紛争，軍事行動から生ずる紛争，領域問題に関する紛争，多数国間条約に関する紛争，外交関係を持たない国や未承認国との紛争，英連邦構成国間の紛争，宣言発効日以後に生じる紛争，宣言発効日以後の事態または事実から生ずる紛争，宣言の受諾から12カ月を経過しない国との間の紛争，等，事項的，人的，時間的関連での留保が付

される。これらの留保はその解釈がある程度客観的に確定できるものであるが，留保の中には留保を付した国家の全くの主観的判断により解釈されるような留保もあり，選択条項制度との両立性が疑問視されるものがある。そのような留保として，自動的留保（automatic reservation）が最初に問題となった。この留保は最初アメリカの宣言（1986年にアメリカは宣言を撤回している）に導入され，その後いくつかの国が類似の留保を付している。アメリカは1946年の受諾宣言で「アメリカ合衆国が決定するところに従い本質上アメリカ合衆国の国内管轄権に属する事項に関する紛争」を除外した。この留保は，コナリー修正，自己判断留保（self-judging reservation），絶対的留保（peremptory reservation）などとも呼ばれる。この留保は，国内管轄事項を除外する場合に，何が国内管轄事項かを留保国自身が決定するという内容で，裁判所が一切関与できない点，留保国の決定により自動的にもしくは確定的に裁判所の管轄権の存在が決められることになる。

　このような留保は，裁判所の管轄権決定権を奪うものであることからその有効性自体が問題視された。国際司法裁判所は，ノルウェー公債事件（先決的抗弁，1957年）において，フランスの宣言に付されたこの留保が援用された際，「この留保をそのままの形で，かつ両当事国がそれを認めるようにこれを適用する」として，留保の有効性には直接答えずに事実上その有効性を認めた。

　自国の付した留保を事務総長への通告によって，随時かつ即時に，追加，修正，撤回できるという内容の留保が付される場合がある。随時修正留保と呼ばれ，1955年のポルトガルの宣言に初めて付され，その後多くの国の宣言がこれを採用している。この留保は，他国からの提訴が予想される場合に，事務総長への通告により直ちに裁判義務を回避しうるよう留保の修正が行えるというものであり，提訴以後の修正が認められるわけではないとしても，実質的には管轄権を受諾していないと同じ効果をもつものであるといえる。インド通行権事件においてこの留保の有効性が争われたが，裁判所は特に問題とすることもなくその有効性を承認した。このような留保と同じ性格をもつものとして，事務総長への通告により即時かつ一方的に宣言を終了することができるとするものもある。

　現在63カ国がこの宣言を行い，裁判所の管轄権を受諾している。

2 先決的抗弁

　先決的抗弁とは，訴訟事件において「本案の決定を阻止するために当事国の一方が提起する，裁判所の権限を否認する妨訴抗弁である。」先決的抗弁の制度は常設国際司法裁判所および国際司法裁判所に固有の制度として発展してきたが，国際裁判は当事国の同意を基礎としているため，紛争当事国の同意の存在を最終的に確認する手続として一般的に他の国際裁判所においても今日認められている。しかし，国際司法裁判所規程には，先決的抗弁に関する規定は存在せず，先決的抗弁制度は裁判所の実行の中から形成されたものである。規程では，裁判所が管轄権を有するかどうかに関し争いがある場合には，裁判所が裁判で決定するとしている。

　現行裁判所規則ではこのような本案に進む前に決定しなければならない抗弁として，管轄権に関する抗弁，請求の受理可能性に関する抗弁，およびその他の抗弁の三種類が区別されている。これらの区別は概念上必ずしも明確ではなく，学説上も一致が存在しないが，管轄権の抗弁とは一般に管轄権の基礎となる文書に関連する抗弁であり，受理可能性に関する抗弁とは，国内救済完了や政治問題に関するもの，その他一般国際法の原則にもとづく抗弁が例としてあげられる。その他の抗弁に関しては，請求目的の不明瞭や請求目的の消滅などが一致した例としてあげられる。

　先決的抗弁は通常被告が提起するものであるが，裁判所規則では被告のみが提起できるものとはされていない。実際，貨幣用金事件（先決的問題判決，1954年）では，請求訴状を提起した原告であるイタリアが先決的抗弁を提起し，裁判所の管轄権を争った。また，合意提訴の場合においても，いずれの当事国も先決的抗弁を提起することが可能である。先決的抗弁は各当事国について最初の訴答書面の提出期限内に提起されなければならず，抗弁が提起された場合には，自動的に本案手続は停止される。

3 仮保全措置

　裁判所は事情によって必要と認めるときは，紛争当事国のそれぞれの権利を保全するために仮保全措置を指示することができる。国際裁判において一般的に裁判所にこの権限が与えられているかどうかについては明確ではないが，裁

判手続一般に内在する基本的制度であるともいわれる。国際司法裁判所も規程第41条でこの権限を与えられている。

仮保全措置は，継続中の事件における各紛争当事国の権利を保全する制度であることから，本案に関する判決を前提とし，本案判決の実効性を高めるために認められるものである。したがって，本案管轄権が存在してはじめて認められるといえる。明確に本案に関する管轄権が存在する場合はともかく，仮保全措置を命令する必要は存在するが，本案管轄権の存在が未だ不明であるような場合に，裁判所は仮保全措置を命令することができるかについては古くから議論がある。常設国際司法裁判所においては，本案に関する管轄権が未確定であったり，それが争われている場合でも仮保全措置は有効に指示しうるという立場をとっていたといわれる。管轄権存在の形式的可能性（受諾宣言の存在等）があれば，仮保全措置を命令できるという立場である。当初，国際裁判所もこの立場を踏襲し，アングロ・イラニアン石油会社事件（判決，1952年）において，仮保全措置を指示した（1951年）が，その後先決的抗弁の審理において本案管轄権は否認された。インターハンデル事件（先決的抗弁，1959年）においてもこの立場がとられたが，その後裁判所は立場を変更し，核実験事件（本案，1974年）において，本案管轄権の存在に合理的な蓋然性が必要であるという立場をとるようになり，今日でもこの立場を維持している。

仮保全措置は紛争当事国の訴訟主題にかかわる権利の保護に関し，緊急の必要がある場合に認められるものである。訴訟主題をなす権利が，訴訟の継続中に回復不能の損害を被ることを防止することにより，本案判決の実効性を確保するものである。したがって，仮保全措置の申請がなされた場合には，他のすべての事件に優先する緊急事項として取り扱われる。仮保全措置が権利の保全を直接目的としない，継続中の紛争の悪化や拡大の防止の目的で指示できるかどうかについては議論がある。国境紛争事件（1986年）において特別裁判部は，紛争の悪化の防止を目的とした仮保全措置を指示し，その後カメルーン・ナイジェリアの領土国境紛争事件（先験的抗弁，1996年）においても同趣旨の仮保全措置が出され，裁判所の実行上はそのような仮保全措置も容認されると解される。

仮保全措置が拘束力を有するかに関しては，学説上意見の対立がみられ，長

く裁判所はその点の判断を留保してきたが，ラグラント事件（2001年）において仮保全措置が拘束力をもつことを明言した。

4　勧告的意見

　国際司法裁判所は，国家間の紛争を裁判する訴訟管轄と同時に国際機構の要請に対して勧告的意見を付与する権限を与えられている。この制度は連盟規約第14条により常設国際司法裁判所に認められたものであるが，そこでは「聯盟理事会又ハ聯盟総会ノ諮問スル一切ノ紛争又ハ問題ニ関シ意見ヲ提出スルコトヲ得」と規定され，それを受けて裁判所規程は「国際連合憲章によって又は同憲章に従って要請することを許される団体の要請があったときは，いかなる法律問題についても勧告的意見を与えることができる」とし，常設国際司法裁判所は27件の勧告的意見を，国際司法裁判所は今日まで24件の勧告的意見を与えている。ちなみに常設国際司法裁判所が審理した訴訟事件は29件，国際司法裁判所は現在審理中のものを含め98件の訴訟事件を取り上げている。

　勧告的意見を要請できる国際機関は，国連総会，国連安全保障理事会，国連経済社会理事会，国連信託統治理事会，総会中間委員会，国際労働機関，国連食糧農業機構，ユネスコ，国際民間航空機関，国際保健機関，国際復興開発銀行，国際金融機関，国際開発協会，国際金融公社，国際電気通信連合，世界気象機関，国際海事機関，世界知的所有権機関，国際農業開発基金，国連工業開発機関，国際原子力機関である。そのうち国連総会と安全保障理事会はいかなる法律問題についても勧告的意見を求めることができるが，その他の機関はその活動の範囲内において生ずる法律問題について裁判所に勧告的意見を要請することができる。実際「武力紛争における国家による核兵器の使用の合法性」に関する勧告的意見において，裁判所は世界保健機関による要請を，憲章第96条2項の規定における活動の範囲内の問題に関連しないとし，裁判所は勧告的意見を与えることができないと判断した。この事件は新旧裁判所の歴史を通して勧告的意見の付与が裁判所により拒否された二つ目の事件である。最初は常設国際司法裁判所における東部カレリア事件（勧告的意見，1923年）であり，裁判所は本件において勧告的意見を与えることは，両当事国の紛争を実質的に決定することに等しいという点を重要な拒否理由とした。

5 複数の国際裁判所の並存

　第二次大戦後の世界では，一般的な国際裁判所としては国際司法裁判所（1946年）がもっとも古いものである。その後，ヨーロッパ人権条約にもとづきヨーロッパ人権裁判所（1953年），ヨーロッパ共同体裁判所（1958年），米州人権裁判所（1978年），旧ユーゴ国際刑事裁判所（1993年），ルワンダ国際刑事裁判所（1994年），国際海洋法裁判所（1996年），ジェノサイド条約にもとづく国際刑事裁判所（1998年）が設立され，今日では複数の国際裁判所が並存している。これらの国際裁判所は，国際司法裁判所を除き，いずれも特定の所轄事項を対象とした条約にもとづき設立された機能的特性をもつ裁判所であり，国際連合の主要司法機関である国際司法裁判所のみがすべての国家に解放された，あらゆる国際法上の紛争を審理できる真に世界的規模の普遍的な裁判所である。しかし，これら多くの裁判所が並存することにより，今日新たな問題が浮上してきている。

　まず，国際司法裁判所以外の機能的国際裁判所が専属管轄としていない部分で国際司法裁判所の管轄が重複している場合である。この場合には関係する国家は複数の裁判所を選択する可能性をもつことになり，紛争の平和的解決の手続が複合的なものとなる。このような国際裁判手続の複合的存在は仲裁裁判との関係では古くからみられるものであり，それ自体は国際裁判制度に不利に働くものではなく，むしろ歓迎すべき傾向であるといえる。

　むしろ問題は，判例の統一性の確保がおろそかになるのではないかという点であり，ひいては国際法の体系的一体性を崩してしまうのではないかと危惧されている。この点は司法裁判と仲裁裁判が国際訴訟手続として並存していたときには，多くの場合裁判官の構成が流動的で類似していたこと，また国際裁判の場合には判決の先例としての権威は，それぞれの裁判所に審級上の上下関係が存在しないことから，その判決の内容により判断される傾向があり，事実上国際法の体系上の整合性が保たれていたといえる。しかし今日のように複数の国際裁判所が設置されると，それぞれの裁判所の裁判官の流動性はきわめて低くなりがちで，裁判所間の関係いかんによっては個別の判決の内容とくに理由における法理論において齟齬が発生する可能性は否定できない。このため，機能分化による裁判所の管轄権の配分を前提に，国連の主要司法機関である国際

司法裁判所に，判例の整合性を審査する権限を与えることも考えられる。

〔参考文献〕
杉原高嶺『国際裁判の研究』（有斐閣，1986年）
小田滋『国際司法裁判所』（日本評論社，1987年）
メリルス（長谷川訳）『国際紛争の平和的解決（新版）』（敬文堂，1993年）
杉原高嶺『国際司法裁判制度』（有斐閣，1996年）
波多野里望＝尾崎重義編『国際司法裁判所　判決と意見』（第1巻，第2巻）（国際書院，1996年，1999年）
杉原高嶺編『紛争解決の国際法』（三省堂，1997年）

第13章　国連による集団安全保障と武力行使

§1　国連による集団安全保障

〔設問〕　勢力均衡にもとづく軍事同盟による安全保障と国連の集団安全保障はどのような点で異なるか

1　勢力均衡による安全保障と集団安全保障
(1)　伝統的国際法における戦争の自由
　国際社会において平和と安全を確保するためには，すでにみたように，紛争を平和的に解決する義務を国家に課すとともに，解決のための手段を整備することが必要であるが，さらに，戦争をはじめとする武力行使を制限し，これを違法なものとして禁止することもまた必要である。そして，にもかかわらず戦争や武力行使が行なわれた場合には，これに対応する制度を確立することも必要となってくる。そのような制度が実効性をそなえて機能すれば，そのことはまた，戦争や武力行使に対する抑止にもつながる。
　しかし，伝統的国際法では，戦争に訴える自由が認められてきた。古代ローマ以来，戦争を正しい戦争と不正な戦争とに区別する正戦論がみられ，ヨーロッパ中世のキリスト教神学者も正戦論を展開した。近代初頭の国際法学者は，これらの影響を受けつつ，正戦論を国際法上のものとして理論化することに努めた。しかし，現実には，国際社会には戦争の正当性を判定する第三者は存在せず，また，いずれの側も自己に正当原因があると主張するため，正戦論を適用することは困難であった。そのため，18世紀中葉から19世紀になると，国際

法では正戦論は影響力を失い，戦争に訴えることは国家の自由であり，また，戦争においては，交戦上の規則があるものの，それは戦争の正当原因から切り離され平等に適用されるとする考えが一般的となった。こうした考えは，無差別戦争観と称される。国際法は，戦争に対する法 (*jus ad bellum*) については規律せず，戦争における法 (*jus in bello*) についてのみ規律の対象としたのである。

(2) **勢力均衡による安全保障**

戦争に訴える自由が相互に認められる中で，各国は，軍事力の増強などを通じて自国の安全は自分で確保することに努め，自国のみで安全を確保することができない場合には，他国と軍事同盟を結んだ。対立する国家間や軍事同盟間で勢力均衡が維持され，それが抑止力として働けば，各国の安全は確保され，国際社会の平和も維持されることになる。実際にも，このような勢力均衡にもとづく軍事同盟による安全保障の方式は，近代国際法形成後のヨーロッパにおいてある程度機能した。それは植民地獲得競争を通じた利害関係の調整や，勢力の均衡維持をはかる役割を果たした英国の存在など，主として大国間の利害関係の調整を可能とする条件があったことが大きい。しかし，勢力均衡といっても，各国は自身に有利な勢力の均衡を求めるため，軍備の拡大競争をもたらしかねず，また，同盟関係も安定しない。さらに，ひとたび戦争が生じれば同盟関係を通じて多くの国が戦争に巻き込まれる危険がつきまとう。植民地獲得競争が終焉を迎えるなど均衡維持を可能とする条件が消失するようになってくると，ヨーロッパ諸国間の勢力均衡は破綻をきたし，未曾有の規模の第一次大戦につながっていく。

(3) **集団安全保障**

これに対して，現在の国際社会では，勢力均衡にもとづく軍事同盟にかわり，集団安全保障の体制が構築されている。集団安全保障は，軍事同盟とは異なる特徴をもつ。何よりも，対立関係にある国を外部において，この仮想敵国に対する安全保障を互いに約束しあうのではない。対立関係にある国も内部に含めて一つの集団を形成し，その集団内での安全保障を互いに約束しあうのである。すなわち，第一に，集団安全保障に加わる国は，戦争その他の武力行使を制限ないし禁止することを約束しあう。また，第二に，集団内のある国がこの約束に反して他国に戦争その他の武力行使を行う場合には，残りの国家がこれに一

致して対応することを約束しあう。こうして，ある一国に対する武力行使は，もはや当該国家間に委ねられた問題ではなく，集団安全保障に加わる国家全体に関わる問題として，これに対して集団的に制裁を課すことによって対処するのである。集団が圧倒的な力をもって制裁行動をとることが予期されれば，それはまた，武力行使に対する抑止としても働くのである。

2 国際連盟の集団安全保障
(1) 連盟の集団安全保障の問題点

集団安全保障は，第一次大戦後に設立された国際連盟によって国際社会に導入された。しかし，国際連盟の集団安全保障制度はいくつかの点で問題を残すものであった。第一に，戦争の違法化が部分的なものにとどまった。連盟規約は，国際裁判や連盟理事会を用いた紛争の平和的解決義務を加盟国に課し，これに違反して戦争に訴えることを禁止したが，平和的解決手続を試みたにもかかわらず紛争が解決されない場合や，連盟理事会の勧告が紛争当事国を除く全会一致で得られたのでない場合には，戦争に訴える権利は依然として認められた（12条～15条）。また，第二に，違法な戦争に対する制裁が，十分ではなかった。規約違反の戦争は他のすべての連盟加盟国に対する戦争とみなすことにして，とくに経済制裁を行うことが連盟加盟国の義務として明文で規定されたが（16条1），しかし，軍事的な制裁措置については，加盟国の義務は設定されなかった（16条2）。さらに，第三に，規約違反の戦争があったかどうかの認定は，連盟加盟の個々の国家が行うものとされ，集権的な認定の仕組が欠如した。

(2) 不戦条約

その後，戦争の違法化については，連盟の外において，1928年の不戦条約で，国家の政策の手段としての戦争は違法なものとされ（1条），また，不戦条約の当事国は平和的手段で紛争を解決する義務を負うものとされた（2条）。その結果，戦争は自衛による場合および連盟規約違反に対する戦争の場合を除いて禁止されることになった。しかし，このことは連盟の集団安全保障制度の問題点を克服するには十分ではなかった。しかも，連盟規約も不戦条約も「戦争」を禁止するものであったため，宣戦布告などの戦意の表明をともなう正式な戦争にあたらない武力行使（事実上の戦争とよばれる）は禁止の対象とされて

いないと解釈される余地が生じ，現実にも，戦争にあたらないとする主張とともに武力行使が行われた。

3 国際連合の集団安全保障

(1) 武力行使の禁止

国連では，国際連盟の失敗におわった経験をもとにして，集団安全保障体制の再構築がはかられた。まず，武力行使の禁止を徹底した。国連憲章は「戦争」という語を用いず，国際関係における「武力の行使」を原則として禁止し，さらに，「武力による威嚇」も禁止の対象に含めた（2条4）。こうして，事実上の戦争も禁止されることが明確になった。憲章に規定された武力行使の禁止は，国際司法裁判所が，1986年のニカラグア事件（本案）判決で述べたように，現在では，慣習国際法となっている。

(2) 強制措置の集権化

また，制裁として課される強制措置の組織化・集権化がはかられた。まず，いわゆる五大国を常任理事国とする安全保障理事会（23条）は「国際の平和及び安全の維持に関する主要な責任」を負い（24条），その決定は国連加盟国に法的拘束力をもつものとした（25条）。また，その上で，武力行使や侵略により国際の平和と安全が害される場合には，安全保障理事会の集権的判断にもとづいて，武力行使や侵略を行う国に強制措置を課すこととし，しかも，強制措置には軍事的措置も加えた（憲章7章）。

こうして国連の集団安全保障においては，第一に，安全保障理事会は，「平和に対する脅威」，「平和の破壊」，「侵略行為」の存在を決定することができ，「国際の平和及び安全を維持し又は回復するため」勧告を行うことができる（39条）。また，第二に，同理事会は「平和に対する脅威」等の39条の認定の後に，制裁として，兵力の使用を伴わない措置（非軍事的措置。たとえば経済制裁）をとることを決定することができる（41条）。国連加盟国は，安全保障理事会が決定した措置を実施する義務を負う。さらに，第三に，同理事会は，非軍事的措置では不充分であれば，軍事的措置をとることを決定することができる（42条）。国連が軍事的措置をとるにあたって必要となる兵力は，国連加盟国が予め特別協定を結んで提供することを約束すること（いわゆる待機制度）

を通じて，国連による利用を可能とするものとされた（43条）。こうして結成され強制措置をとる軍隊は，国連軍とよばれる。このように，国連の集団安全保障は，安全保障理事会の集権的判断の下に，軍事的措置をも含めた制裁措置を課す制度として構築された点に特徴がある。

4　国連の実行と発展
(1)　冷戦期における機能不全

しかし，こうした国連の集団安全保障制度は，東西冷戦の中において，十分に機能しなかった。第一に，特別協定は締結されず，国連軍はその存在の基盤を欠いた。また，第二に，安全保障制度が機能するためにはそもそも安全保障理事会常任理事国の間で意思の一致をみることが必要であるとして，常任理事国には拒否権（27条3）が認められたため，常任理事国の一国でも反対すれば，同理事会は何らの措置もとりえない。冷戦期にはそうした意思の一致をみることは困難であった。冷戦期においても，憲章第39条の認定が行われ，制裁措置が発動された例はみられたが（ローデシア，南アフリカ），それらは，憲章が想定した国家間の武力衝突に関する事例というより，一国内の問題についてのものであり，また，これに対する制裁は非軍事的な措置にとどまった。

こうした集団安全保障制度の機能不全の中において，次のような展開がみられた。第一に，国連総会の権限の強化が試みられた。朝鮮戦争の際に安全保障理事会が拒否権のために行動できなくなると，総会は平和のための結集決議を採択した（総会決議337(V)）。この決議は，安全保障理事会が拒否権のために任務を遂行できないときには，総会（会期中でない場合には，緊急総会を招集）が安全保障理事会に代替して国連加盟国に集団的措置をとることを勧告することを認めるものである。しかし，その後，総会が集団的措置を勧告する例はみられなかった。第二に，憲章には明文規定のない平和維持活動が国連の実行の中から定着をみせ，武力衝突の発生後に一たび成立した停戦や休戦を監視ないし確保するために国連軍（平和維持軍）を派遣することが行われるようになった。しかし，後にもみるように，これは国連憲章の予定した国連軍とは異なり，武力行使や侵略を行う国に対する強制措置を実施するための軍隊ではない。

こうして，結局，冷戦期には，安全保障については，古典的な軍事同盟にも

とづく安全保障への回帰ともいえる現象が生じた。西側諸国の北大西洋条約機構（NATO）や東側諸国のワルシャワ条約機構（WTO）のように，憲章で認められた集団的自衛権（51条）に基礎をおく共同防衛体制を構築して，陣営間の均衡の維持を通じて安全保障がはかられたのである（この点では，米ソ間での軍備管理の条約も機能した）。

(2) 冷戦終結後の展開

国連の集団安全保障が機能を回復するのは，冷戦が終結してからである。1990年にイラクがクウェートに侵攻したいわゆる湾岸戦争の際には，安全保障理事会は，平和の破壊を認定し，即時撤退と停戦を求めたが，イラクはこれにしたがわず，結局，安全保障理事会は軍事的措置をも含むあらゆる必要な措置をとることを加盟国に認めた。もっとも，これは，国連軍を結成して軍事的措置をとったものではなく，したがって，憲章が想定していた集団安全保障がそのまま機能したわけではない。その後も，つぎに見るように，国家間の武力衝突以外の場合も含め，安全保障理事会は憲章第7章にもとづいて行動し，多様な措置をとるようになっている。

◇ 発展・研究 ◇

1 平和に対する脅威，平和の破壊，侵略

(1) 冷戦期における設定

すでに述べたように，国連加盟国に対する武力行使や侵略に対して，国連が非軍事措置や軍事的措置の強制措置をとるためには，安全保障理事会が，憲章第39条の「平和に対する脅威」，「平和の破壊」，「侵略行為」の存在を認定することが前提となる。こうした認定は，冷戦期にはわずかな例しかみられず，また，強制措置が発動された場合もかぎられた。朝鮮戦争の際に，平和の破壊が認定されたが（安保理決議82号），その後は，一国内での人権や自決権の重大な侵害について認定された。白人少数者が一方的に独立を宣言し白人少数者支配を継続したローデシア（現ジンバブエ）や，アパルトヘイト政策を行う南アフリカについて，平和に対する脅威が認定され（安保理決議217，418），経済制裁が課された（安保理決議232，418など）。他方，国連憲章が想定したであろう国家間の武力紛争については，1982年にアルゼンチンが，イギリスとの間の領

有権紛争の対象となっているフォークランド諸島（マルビナス諸島）に侵攻した際に，「平和の破壊」が認定され，即時停戦と撤退が求められた（安保理決議502号）。しかし，安全保障理事会はさらに進んで強制措置をとることなく，イギリスは自衛権の行使として，同諸島の奪回活動を行った。その後，1980年にはじまるイラクとイランとの間の武力紛争に関して，1987年になって，「平和の破壊」の存在が認定されたが（安保理決議598），これは，両者を平等な立場におき，強制措置を課すこともしていない。

(2) 冷戦終結後の認定

冷戦が終結すると，状況は大きく変わった。1990年8月のイラクのクウェート侵攻に対して，安全保障理事会は「国際の平和および安全の破壊」を認定し（安保理決議660），その後，輸出入や資金供与の禁止などの非軍事的強制措置（安保理決議661）をはじめとする一連の決議を採択した。さらに，決議678（1990年11月29日）は，一連の決議の実施と地域における国際の平和と安全の回復のために，国連加盟国に「あらゆる必要な措置」をとることを認めた。この決議にもとづいて，いわゆる多国籍軍がクウェートを解放するためイラクに対する軍事行動を行った。しかし，安全保障理事会は多国籍軍の行動に統制を及ぼすことをせず，戦闘終結後になってようやく，国境の不可侵や国境画定，国連の監視団の受け入れなどの義務を課す決議が採択された（安保理決議687）。また，決議678は憲章第7章にもとづく行動であることは明言するものの，個別の条項を明示しない。こうした事情のため，安全保障理事会がとった軍事的措置といいうるものなのか，それとも，国連加盟国の軍事的行動を許容するにとどまったものなのか，多国籍軍による軍事行動の性格をめぐって議論がなされている。国連軍を結成して行動せず，また，多国籍軍の軍事行動に統制を及ぼさなかったことは，国連憲章に違反するという指摘もある。

その後も，安全保障理事会が憲章第7章にもとづいて行動する例は増えている。しかし，それらは，国家間の武力紛争に関するものというより，一国内での内戦や，人権状況に関連する状況にかかわる。たとえば，人道法の大規模な違反，大規模な人道的危機，大規模な難民発生や人命喪失，民主的政府の維持，テロ活動の放棄とその容疑者の訴追・処罰などに関して，「国際の平和と安全に対する脅威」や「国際の平和と安全の破壊」，あるいは「地域の平和と安全

に対する脅威」を認定する決議が数多く採択されている。こうした現象は，国連の安全保障の対象が広まったことを意味するものとみることもできる。

(3) **強制措置の多様化**

また，第39条の認定に続いてとられる強制措置の内容も多様化している。たとえば，非軍事的措置として，通常の経済制裁のほかに，テロ活動の容疑者の引渡を求めるものがある（リビアに関する安保理決議748号など）。また，国家に対して強制措置を課すばかりでなく，テロ活動をターゲットにして資金供与の禁止や凍結等を課すものもある（安保理決議1373）。さらに，大規模な人道法違反に対して国際刑事裁判所を設立することも行われた（旧ユーゴに関する安保理決議808，827など）。この裁判所の設立は，憲章第7章にもとづくものとされているものの，特定の条文は言及されていない。憲章第41条の非軍事的措置の一種ともいえるが，同条が例示するものにはあたらず，その点では，憲章が想定する典型的な措置とは異なっており，強制措置の多様化を示している。軍事的措置に関しても，イラクのクウェート侵攻以降，「あらゆる必要な措置」をとることを認める決議が数多くみられるが，それには，平和維持活動として展開される部隊に武力の行使を認めるものや，これを支援する加盟国に武力行使を認めるものもある。

(4) **裁量とコントロール**

「平和に対する脅威」，「平和の破壊」，「侵略行為」の詳細な定義は憲章上なく，その認定は，安全保障理事会の裁量に委ねられている。このうち侵略行為については，国連総会は，1974年に「侵略の定義に関する決議」を採択した（3314（XXIV））。しかし，この決議は，侵略にあたる場合を例示しているが，安全保障理事会に対する指針にとどまり，同理事会を拘束するものではない。

平和に対する脅威等の認定対象についても，強制措置の内容についても多様化してくると，安全保障理事会の認定や行動に対する法的コントロールのあり方も問題となる。この点，特定のコントロール手続があるわけではない。ロッカービー事件では，安全保障理事会の決議の効力が，国際司法裁判所の係争手続において争われているが，裁判所は，同事件の仮保全措置の段階では，容疑者の引渡を求める決議748の法的効果について最終的に決定することを求められていないとするにとどめ先決的抗弁の段階では，専ら先決的な性質を有する

ものではないこと等を理由に，この点に立ち入らなかった。本案の段階の審理で裁判所がこの点について，どのような判断を示すかは，一つの問題となろう（もっとも，1999年に容疑者の被告国への引渡が行われたため，国際司法裁判所での訴訟が継続されずに終了する可能性も小さくない）。

2 朝 鮮 戦 争

　1950年 6 月25日に北朝鮮軍が38度線を超えて侵攻したことから始まる朝鮮戦争の際，安全保障理事会は，まず，北朝鮮による韓国への武力攻撃を「平和の破壊」と認定して，敵対行動の停止，ならびに，北朝鮮当局に対して，軍隊を38度線まで撤退することを要請した（安保理決議82）。 6 月27日には，武力攻撃に反撃し，かつ，朝鮮における国際の平和と安全の維持を回復するために必要な援助を韓国に提供するよう国連加盟国に勧告した（安保理決議83）。 7 月 7 日には，加盟国から提供された軍隊などの援助を米国の統一指揮権の下におくことを要請し，国連旗の使用を認める決議が採択された（安保理決議84）。こうして活動した軍隊は，朝鮮国連軍とよばれる。この間，拒否権が行使されることなく決議が採択されたのは，ソ連が中国の代表権をめぐる問題を原因として安全保障理事会を欠席していたことによる。ソ連は安全保障理事会に復帰すると，これら一連の決議は憲章第27条 3 項に照らして無効であると主張した。他方，復帰後のソ連の拒否権行使により安全保障理事会が機能不全に陥ることに対処するために，11月 3 日，国連総会は平和のための結集決議を採択した（総会決議337号(V)）。この決議によれば，安全保障理事会が拒否権行使のために国際の平和と安全の維持に関する任務を遂行できない場合，国連総会が，国際の平和及び安全の維持・回復のための集団的措置を勧告でき，とくに平和の破壊や侵略行為がある場合には，兵力の使用を伴う措置の勧告もできるとされている。その後，中国が北朝鮮を援助して派兵した義勇軍も含めて戦闘は続き，総会は中国の行為を侵略と認定した。しかし，戦闘は，結局，38度線付近で膠着状況に至り，1953年に休戦協定が成立した。

　この朝鮮戦争では，国際の平和と安全の維持・回復のために国連が軍事行動を行ったようにもみえるが，実際には，それは国連憲章が想定したものとは大きく違っている。まず，ソ連の欠席という特別の事情の下で決議が採択され，

常任理事国の意思の一致はそこにはなかった。また，朝鮮国連軍は憲章が予定したような国連軍ではなく，特別協定にもとづいて国連に提供された軍隊が国連の統制の下に行動したのでもなかった。さらに，憲章42条の決定にもとづいて軍事的措置がとられたのでもない。こうして，朝鮮国連軍による軍事行動は，国連による措置というよりも，集団的自衛権または安全保障理事会の勧告にもとづくものとみることができるにとどまる。

§2　国連による平和維持活動

〔設問〕　国連の平和維持活動，平和創造，平和強制はそれぞれどのような活動か

1　平和維持活動，平和創造，平和強制

　国連では，従来から国連の国際の平和に関する機能をあらわすものとして平和維持（peace-keeping），平和創造（peace-making），平和強制（peace-enforcement）といった言葉が用いられてきた。冷戦後の1992年6月の国連事務総長の提案（「平和への課題」）も，これらに触れ，国連の平和実現に関する機能の強化をあらためて検討するようになった。

　このうち，平和創造と平和強制は，国連憲章に明文で規定されている活動に対応する。平和創造というのは，紛争の平和的解決に関する機能を意味する。すなわち，紛争当事者の間に合意をもたらすことである。これは，国連憲章第6章で規定されている平和的手段を用いて行われる。平和強制というのは，国際の平和と安全を維持し回復する機能を意味する。これは，国連憲章第7章で規定されている非軍事的および軍事的措置による強制を通じて行われる。平和強制，とくに軍事的措置によるそれは，国連による集団安全保障制度の特徴であるが，冷戦期においては，すでに述べたように，十分に機能してはこなかっ

た。

　これに対して，平和維持とは，国家間の武力衝突または一国内の内乱において，当事者間に停戦や休戦の合意が成立した後に，国連の指揮の下にある監視団や軍隊を関係国の要請と同意の下に派遣して紛争当事者間に介在させることを通じて，停戦や休戦を監視・確保する機能である。こうした機能を遂行する平和維持活動は，冷戦期に国連の実行を通じて発展してきたものであり，国連憲章には規定されていない。

2　平和維持活動
(1)　冷戦期の平和維持活動

　平和維持活動は，伝統的には，大別して，軍事監視団によるものと平和維持軍によるものとがある。平和維持活動は，まず，軍事監視団ないし停戦監視団を派遣して停戦を監視する活動として行われた（1948年に設置された国連休戦監視機構（UNTSO）および国連インド・パキスタン軍事監視団（UNMOGIP））。これは，将校等を派遣して行う監視活動であり，軍事組織はともなわず，武器も携帯しない。軍事組織をともなう平和維持活動は，1955年のスエズ動乱の際に，国際連合緊急軍（UNEP）が，平和のための結集決議にもとづいて開催された緊急特別総会において設立されたのを最初の例とする。その後，軍事組織をともなう平和維持活動は，冷戦期には，1960年に設立されコンゴに展開したコンゴ国連軍（ONUC），1974年に設立されゴラン高原に派遣された国連兵力引き離し軍（UNDOF），1978年に設立されレバノンに派遣された国連レバノン暫定軍（UNIFIL），1964年に設立されキプロスに派遣されたキプロス国連軍（UNFICYP）などがみられた。

(2)　平和維持活動の特徴

　こうした軍事組織をともなう平和維持活動には，国家間の武力衝突に関わる事態について設立されたものもあれば，一国内での内戦や動乱に関して設立されたものもあるが，憲章が想定する7章にもとづいて強制措置を行う国連軍ではない。それは，紛争当事者の間に成立した休戦や停戦を監視および確保することを任務として紛争当事者間に介在するものであり，平和維持軍とよばれている。したがって，その設立にあたって，「平和に対する脅威」等の認定も必

要ない。さらに、つぎのような原則にしたがう。第一に、派遣にあたっては、受入国の同意を必要とする。第二に、派遣される軍隊は中立不偏の立場をとる。第三に、武器の使用は自衛の場合にかぎられる。もっとも、コンゴ国連軍のように、任務遂行の過程で、「平和に対する脅威」の存在を認定した上で、自衛の範囲をこえたより広い軍事力の行使が認められたものもあった。第四に、提供された部隊は、国連の統制の下におかれる。こうして派遣される部隊は、小火器などの軽武装にとどめることが多く、部隊の規模も大きくない。また、紛争の利害関係国や大国を排除して、関係の薄い中小国から提供される部隊によるのが通例であった。

　ただ、いずれにしても、平和維持活動は、紛争の再発を防止するものであって、休戦や停戦を監視・確保することをその任務とするにとどまる。したがって、それは紛争の解決をめざすものではなく、紛争の解決は、別途、追求されるべき課題として残される。

3　冷戦後の国連平和維持活動の発展

　冷戦終結後は、平和維持活動は数の上で増大したばかりか、休戦・停戦の監視・確保という伝統的な任務とは異なる任務を持つものがあらわれるようになった。

　(a)　紛争後の平和構築　　第一に、国家の再建や平和の再建を任務とする平和維持活動があらわれた。こうした任務は、単なる休戦や停戦の維持といった意味での平和の維持を超えた「紛争後の平和構築」(post-conflict peace-building) にかかわる。とくに一国内での内戦を解決するための包括的な和平合意が達成された後に、この合意を実施し、より確固とした永続的な平和を確立することに協力することを目的として行われる活動がそれにあたる。たとえば、1989年に設置された国連ナミビア独立支援グループ (UNTAG) は、南アフリカ軍の撤退の監視のほか、ナミビアの独立プロセスを支援して、選挙プロセスの監視や現地警察の適正な任務遂行を監督した。また、1992年に設置された国連カンボジア暫定統治機構 (UNTAC) は、伝統的な平和維持活動も含みつつ、選挙の管理や現地警察の監督等をその任務とした。この活動は、カンボジア内で争ってきた当事者の間で成立した包括的和平協定を実現し、カンボジアの復興

をはかる活動の一翼を担うものである。このタイプの平和維持活動は、数多くの文民を含むほか、活動内容も多岐にわたり、規模も大きなものとなることがあるが、今日では、珍しいものではない。

　(b)　予防展開　　第二に、予防展開を任務とする平和維持活動の派遣の例がみられた。これは、紛争が生じる前に平和維持活動を介在させることを通じて、紛争の発生を防止するものである。1992年に旧ユーゴにおける紛争がマケドニアに及ぶことを予防するために国連保護軍（UNPROFOR）がマケドニアに派遣されたのは、こうしたタイプの例である（その後、1995年に国連予防展開軍（UNPREDEP）に再編成）。

　(c)　平和強制部隊　　第三に、憲章第7章にもとづいて任務を遂行し、武力行使も広く認められる平和維持活動があらわれた。旧ユーゴに派遣された国連保護軍（UNPROFOR）や、1992年にソマリアに派遣された第一次国連ソマリア活動（UNOSOM I）は、当初は、内戦状態において停戦の合意が成立した後、受け入れについての同意にもとづいて派遣された。その点では、従来からの平和維持活動において一般にみられた原則に従ったものであった。しかし、派遣の後、内戦当事者の間で停戦合意の違反が続き、戦闘行為が終結しなかったため、武力行使の権限が認められるようになる。国連防護軍は、憲章第7章にもとづいて自衛の強化が認められ（安保理決議807）、その後、安全地域への武力侵入や護衛する人道的援助の移動の自由の妨害に対して「武力の行使を含む必要な措置」をとることを認められた（安保理決議836）。ソマリアでも、第一次国連ソマリア活動の後、アメリカ軍を主体とする多国籍軍（UNITAF）が派遣され、人道救援活動のための安全な環境を確保するために、憲章第7章にもとづいて強制的行動をとることを許容されたが（1992年安保理決議794）、その後、1993年に第二次国連ソマリア活動（UNOSOM II）がこれを引き継ぎ、人道的援助の安全な環境を確保することを目的として、あらゆる必要な措置をとることを認められた（安保理決議814）。実際、この活動は、武装解除のために強制的行動をとった。しかし、旧ユーゴにおいてもソマリアにおいてもこれらの活動は成果をあげることはできなかった。

　こうした活動は、平和強制部隊（peace-enforcement unit）とか、平和執行部隊とよばれることがある。これは、平和への課題において、憲章第43条の国連

軍と平和維持軍との中間にあるものであり，停戦合意が破られた場合などに，停戦を回復し維持するために，重装備を必要とする活動であるとされた。当時のガリ国連事務総長は，こうした活動に積極的な態度を示していた。しかし，旧ユーゴやソマリアの失敗を受けて，1995年になると「平和のための課題，補足」で，あらためて当事者の合意，不偏中立性，自衛以外の武力不行使といった伝統的な平和維持活動の基本原則を確認し，平和強制部隊の構想は放棄された。もっとも，2000年のブラヒミ・レポート（国連平和活動検討パネル報告）では，平和維持活動に，紛争当事者に対する武力行使の権限を明確に与える必要性のある場合があることがあらためて指摘されている。もっとも，それは，平和強制部隊の復活を意味するものではない。いずれにしても，内戦状態の終結に際して派遣される平和維持活動は，多数の内戦当事者が存在する場合，いずれの間で停戦の合意があれば派遣の前提となる合意があったとみなすのか，また，いずれの同意があれば受け入れについての同意があったとみるのかという点からして困難な問題をともなう。しかも，そうした合意や同意は，必ずしも確固たるものではないことも多く，そのため，平和維持活動の不偏中立性を維持することにも，また，その内容をどのように理解するかにも困難がともなう。武力行使の権限を明確に与える必要性のある場合があることがあらためて指摘されているのも，こうした困難が生じる中で，どのように平和維持活動を展開するかが，問題となっていることを示している。

◇ 発展・研究 ◇

1 国連経費事件

　平和維持活動は，国連憲章に明文の規定をもつ活動ではない。そのため，国連憲章上の根拠やその合憲性，また，平和維持活動として遂行できる任務の範囲などは争われた。とくに，初期の活動（国連緊急軍，コンゴ国連軍）について，フランスやソ連などがその経費の支払を拒絶したため，国連総会は，それが憲章第17条2項にいう経費に該当するかどうかに関する勧告的意見を国際司法裁判所に求め，裁判所は，意見要請に回答するために必要であるとして，平和維持活動の合憲性についても判断を行った。

　裁判所は，まず，憲章第17条2項にいう経費は，国連の目的を達成するため

の活動の経費を意味するが，平和維持活動は，事態の平和的解決の促進や国際の平和と安全の維持という国連の目的を達成するための活動の範囲内のものであるとした。さらに，裁判所は，国連緊急軍が国連総会により設立されたことやコンゴ国連軍が特別協定にもとづかずに設立されたことは憲章7章の規定に違反するという主張をしりぞけた。裁判所によれば，国際の平和と安全の維持に関する安全保障理事会の責任（24条）は主要なものであるものの排他的なものではない。そのため，総会も憲章第11条や第14条にもとづき一定の勧告や行動をとることができる。また，強制措置については安全保障理事会が排他的権限をもつが，平和維持活動は強制措置ではなく関係国の同意にもとづいて編成・派遣されるものである。そのため，国連総会にも権限が認められ，また，特別協定にもとづくことも要さない。このように，裁判所は，平和維持活動が憲章に適合することを明らかにしたが，この勧告的意見の後にも，平和維持活動の合憲性を争う国や経費の負担を拒絶する国は残った。

　現在では，平和維持活動の合憲性を一般的に争う国は存在しないといってよい。もっとも，平和維持活動が，憲章のいずれの規定に根拠を置くものであるのかについては，裁判所は，総会が設立した国連緊急軍についてとくに憲章14条に言及したものの，安全保障理事会によるコンゴ国連軍については何も示さなかった。現在でも，憲章第40条の暫定措置にあたるとする見解や，黙示的権能にもとづくとか，事後の慣行による発展であるとか，さまざまな見解がみられている。

　なお，この事件では，安全保障理事会や総会の決議の有効性に対する国際司法裁判所の審査のあり方も注目される。裁判所は，関係機構がみずから憲章の目的に適合的であると判断してとった行動は，権限逸脱にはあたらないという推定（合憲性の推定）が働くとする態度をとっている。

2　国連平和維持活動協力法

　日本は，1988年から1989年に，国連アフガニスタン・パキスタン仲介ミッション（UNGOMAP），国連イラン・イラク軍事監視団（UNIIMOG），国連ナミビア独立支援グループ（UNTAG）などの平和維持活動に，選挙監視要員やその他の文民を派遣した。それらは，平和維持活動に協力を行うことを目的とす

る法律にもとづいて派遣されたのではなく，外務省設置法やいわゆる派遣法にもとづいて派遣された。

　湾岸戦争の際には，「多国籍軍」を後方支援することを主たる目的として，自衛隊の派遣を認める「国際連合平和協力法案」が国会に提出されたが，多国籍軍への後方支援には憲法上禁止される武力行使が含まれるのではないかなどの議論をもたらし，結局，廃案に終わった（1990年11月）。その後，協力の対象から「多国籍軍」への協力をはずし，これを国連の平和維持活動等に限定した法案が国会に提出され，1992年8月に一部修正を受けて成立した。これが，「国連平和維持活動協力法」（国際連合平和維持活動等に対する協力に関する法律）であり，PKO協力法ともよばれる。

　同法では，平和維持活動等に協力して行う活動の内容は，国際平和協力業務として掲げられている（3条3号）。また，協力の対象は，国連の平和維持活動とは限らず，「国際連合平和維持活動」，「人道的な国際救援活動」とされた。その後，1998年の改正により「国際的な選挙監視活動」が加えられている（それぞれにつき，3条1号，2号，2号の2。また，それぞれの協力業務の内容として，3条3号イ～レ，ヌ～レ，トおよびレ）。

　国連平和維持活動協力法の成立の後，これにもとづいて，選挙監視要員や停戦監視の要員，文民警察要員が派遣された。施設部隊や輸送部隊としての自衛隊の部隊派遣も行われている。また，人道的な国際救援活動も行われている。しかし，同法では，とくに「国際連合平和維持活動」に関して，停戦・休戦の監視や武装解除の監視などを目的として，自衛隊の部隊を派遣して国連の平和維持部隊に参加させる（平和維持軍（PKF）本体業務への参加。3条3号イ～ヘ）には，いわゆる参加5原則がみたされなければならないとされている。すなわち，紛争当事国間に停戦の合意があること（3条1号），平和維持活動の実施およびそれへの自衛隊部隊参加について紛争当事国の同意があること（3条1号，6条1項1号），平和維持活動の不偏中立性が維持されること（3条1号），派遣後にこれらがみたされなくなった場合には撤収することができること（6条13項1号），正当防衛またはやむをえない場合に必要且つ合理的な範囲にかぎって武器の使用が認められること（24条）である（6条7項）。この点で，この協力法は，伝統的な平和維持活動を念頭において作成されているものといえ

る。なお，本体業務の実施は，当初は，武力行使に結びつきかねないことから，別の法律で定める日まで凍結されたが（付則2条），2001年12月の改正の際に凍結は解除されることになった。

また，憲法上，戦争を放棄し，集団的自衛権の行使も認められないため，武器の使用に関する議論がある。武器の使用は，当初は，個人による正当防衛あるいは他の隊員の防衛のためのみにかぎられ，その判断は，個々の隊員に委ねられた。その後，1998年には，武器の使用は，原則として，上官の命令によることと改正された。2001年12月の改正では，他国の平和維持活動要員なども念頭において「職務を行うに伴い自己の管理の下に入った者」の生命身体を防護するための武器の使用を認め，さらに，武器防護のための武器の使用もできるようにした（24条）。こうした武器の使用は，基本的には自己保存のための自然的権利にもとづく武器使用であり，そのようなものとして憲法上禁止されていないという判断にもとづいて許容されているものとみられる。しかし，他方では，そもそも，国連の指揮・統制の下で行動するのであるから，憲法上禁止された武力行使にあたるかどうかの憲法問題は生じないという見解もある。いずれにしても，平和維持活動の任務遂行が妨げられているときに，これを排除するとかこれに対抗するための武器の使用は，認められないと解される。

§3 自　衛　権

〔設問〕　国連憲章第51条の自衛権と一般国際法上の自衛権の関係はどのようなものか

1　憲章の自衛権と一般国際法上の自衛権
(1) 国連憲章51条

国連憲章では，すでに述べたように，個別国家による「武力行使」は原則と

して一般的に禁止されている（2条4）。しかし，いずれの国連加盟国も，「武力攻撃」を受けた場合には，これに対抗するために武力を用いることは否定されていない（51条）。こうした反撃は，自衛権の行使として認められ，個々の被害国が行使する場合には，とくに個別的自衛権という。もっとも，国連憲章は，国連加盟国に対する武力攻撃に対しては，集団安全保障制度を通じてこれに対応することを原則とするため，個別的自衛権の行使は，被害国自身がとる一時的・緊急的な対応措置として（また，憲章には明文が欠けるが，必要性や均衡性がある範囲において），集団安全保障制度の枠内において認められるにとどまる。実際，自衛としてとった措置は安全保障理事会に報告しなければならず，また，自衛権の行使は，安全保障理事会が国際の平和及び安全の維持に「必要な措置をとるまでの間」にかぎって認められる（51条）。このように，国連憲章は，安全保障理事会の統制の下で，自衛権が行使されることを想定している。

(2) **一般国際法上の自衛権**

しかし，国連憲章第51条が自衛権の行使を制約していることに対しては，国連の集団安全保障制度がしばしば機能不全に陥ることから，また，より一般的に，国際社会においては，自国の権利・利益が侵害されている場合に，これを排除する手段や救済をはかる手段が十分に整備されていないことから，より緩やかな条件で自衛権の行使を広く認める見解がくり返し主張されてきた。そうした主張の多くは，自衛権による武力行使は，従来から，一般国際法上認められてきたが，この一般国際法上の自衛権は，憲章においても，従来どおりに維持されているという。実際，憲章第51条では，自衛権は「固有の権利」とされている。

こうした見地からとくに問題となるのは，憲章第51条が，文言上「武力攻撃が発生した場合」に自衛権の行使を認めている点である。自衛権の行使を広く認める立場からは，これは，自衛権が行使できる場合のうちの一つについて規定するにすぎず，一般国際法上，自衛権が行使できるのは，憲章のいう武力攻撃が発生した場合にかぎられないという。こうした見解に従えば，第一に，武力攻撃が発生する前に先制的自衛権を行使することも認められ，とくに，核兵器による攻撃に対処するためにも先制的自衛権の行使が必要であるという。また，第二に，在外自国民の救出活動や在外権益の保護のための武力行使も自衛

権として認められると主張される。この点に関しては，自衛権と関連させつつ，あるいは，それとは別個に，憲章2条4項の文言に依拠して，領土保全や政治的独立を害さず，国連の目的と両立するかぎり，武力行使は禁止されていないとする主張もみられる。こうして，一般国際法上の自衛権の行使が認められるための要件として，1837年に，イギリスの植民地であったカナダにおいて，イギリスに対する叛徒が人員や武器の輸送に用いていたカロライン号をイギリス側がアメリカに越境して襲撃したことが問題となったカロライン号事件において，アメリカの国務長官ウェブスターが示した古典的定式（1841年）が，今日にいたるまで，しばしば援用されてきた。このウェブスターの定式によれば，差し迫った自衛の重大な必要があり，手段を選ぶ余裕がなく，熟慮の時間がない場合に，必要な範囲内のものであれば，自衛権の行使として武力の行使が認められるのである。

2 現在の国際法における自衛権

(1) 武力行使の禁止の例外

このように憲章第51条にいう「武力攻撃が発生した場合」以外にも，一般国際法上の自衛権にもとづいて武力行使が認められるかどうかについては，現在でも争われているが，もともとは，自衛権の概念は，その内容が明確でなかった。かつては，戦争に訴える自由が認められる中で，自己保存権や自助と区別されることなく，自国の軍備を増強することや他国と同盟関係を結ぶことなどをも含め，自衛権ととらえられることがあった。カロライン号事件においても，自己保存権と自衛との区別は明確でなく，むしろ，これらを前提として，戦争に至らない武力行使が国際法上認められる条件，あるいは，領域主権の侵害が違法なものとして責任を追及されないための条件を示したものとみられる。その点では，そこでは，緊急の必要性や急迫の危険に対処する措置の合法性がより一般的に問われていたものともいえる。

しかし，現在の自衛権は，戦争の違法化，武力行使の禁止の発展と歩調をあわせて，その例外として許容される武力行使の根拠として明確化されるようになったものである。一般国際法においても，単に緊急の必要性や急迫の危険に対処する措置というわけではない。とくに，1928年の不戦条約で国家による侵

略としての戦争が違法なものとされるようになると，自衛権は侵略戦争の禁止に対する例外として，違法な戦争に対抗する武力行使としての意味をもつようになっていった。そうした発展を受けて，憲章では，武力行使を禁止するとともに，禁止の例外として，「武力攻撃が発生した場合」に自衛権の行使を認めることにした。

　こうして，現在の自衛権は，憲章においても，一般国際法においても，かつて自衛権として主張されていたものとは，その性質を異にするものである。また，憲章に規定された自衛権は，少なくとも，武力攻撃を要件とする点では，憲章が制定された時点における一般国際法上の自衛権をあらわしたものとみられる。したがって，憲章が「固有の権利」としていることは，かつて一般国際法上の自衛権とされていたものが，そのまま維持されていることを意味するものではない。また，政治的独立や領土保全といった憲章第2条4項の文言も，それが憲章に規定された経緯が中小国により武力行使の禁止を強調する趣旨で提案されたものであることからすれば，かつて自衛権として主張されていたものが依然として維持されているとする根拠や自衛権の行使を広く認める根拠となるものではない。国際司法裁判所も，1986年のニカラグア事件（本案，判決）で，慣習国際法の解釈として，自衛権の行使が認められる要件を検討し，一般国際法上の自衛権もまた武力攻撃が発生した場合にかぎって行使されるとする理解を示した。裁判所が直接の判断を求められたのは，何よりも集団的自衛権についてであったものの（それは，一般的に武力攻撃が発生した場合にのみ行使できるものと考えられてきた），この点は，個別的自衛権についてもあてはまるものとして裁判所は述べたものとみられる。こうして自衛権の行使を通じて対抗できるのは，自国の領土などへの武力攻撃があった場合にかぎられ，在外自国民の救出活動や在外権益の保護などのために武力を行使することは，一般国際法上の自衛権を根拠としても認められない。

(2) 安全保障理念の「必要な措置」

　なお，武力攻撃が発生した後，安全保障理事会が国際の平和及び安全の維持に「必要な措置」をとらない場合や拒否権のためにとりえない場合には，自衛権の行使は武力攻撃が継続しているとか侵略が続いているかぎり認められる。1982年のフォークランド島紛争では，アルゼンチンの同島への侵攻に対して，

安全保障理事会は平和の破壊を認定したが（安保理決議502），その後，理事会は何らの措置をとることもできず，自衛権を根拠とするイギリスの奪回活動が行われた。

3　国家以外の集団による武力攻撃

現在の国際社会では，不正規軍や武装集団，テロ行為など，国家の正規軍による武力行使とは別のタイプの武力行為も多く発生し（低強度紛争），こうした事態に自衛権の行使を根拠として対応することができるかどうかも問題となる。しかし，そもそも，国家以外の者による武力行為は，一般に，自衛権で対抗する対象とはならないと考えられ，これに，何らかの国家が関与してはじめて，自衛権で対抗できる武力攻撃があったかどうかが問題となる。

不正規軍や武装集団については，国家が他国の領域に侵入させる目的でそれらを組織する場合には，当該国家に武力行使の禁止に対する違反があったとされるものの，国際司法裁判所のニカラグア事件（本案，判決）にしたがえば，こうした禁止された武力行使が生じても，それがただちに自衛権で対抗できる武力攻撃に該当するわけではない。武力攻撃に該当するためには，不正規軍や武装集団の武力行為が国家の正規軍の行う武力攻撃に相当する重大性をそなえるものでなければならず，かつ，国家がこれを派遣するとか，これに実質的な関与を行うことが必要とされている（なお，判決は，自衛権で対抗できる武力攻撃が発生したとは認定していない）。

テロ行為については，現在では，テロ行為が武力行使をともない，かつ，国家がテロ行為の組織，教唆，援助，参加をするとか自国内での組織的活動を黙認する場合には，当該国家の武力行使に該当すると解されるようになってきている。もし，これを前提とした上で，ニカラグア事件の論理をテロ行為についてもあてはめるものとすれば，テロ行為が自衛権で対抗できる武力攻撃に該当するかどうかも，テロ行為の重大性と，国家の関与をどの程度必要とするかの二つの面から判断されることになろう。こうした判断枠組を前提とするのかどうか明らかではないが，2001年のいわゆる同時多発テロ事件で被害を受けたアメリカは，テロ集団による攻撃を武力攻撃と捉えたうえで，自衛権にもとづき，テロ集団に対して，また，それをかくまい適切な措置をとっていないとしてタ

リバン政権に対して，空爆をはじめとする武力行使を行い，地上部隊も派遣した。北大西洋条約機構（NATO）も集団的自衛権の行使を認めた（もっとも，自衛権の行使であるとすれば，緊急の必要性があるのか均衡性が保たれたかなどの問題は残る）。他方，安全保障理事会は，テロを非難し非軍事的な措置をとったが，自衛権の行使を認める決議や武力行使を認める決議を採択したわけではない（安保理決議1368，1373）。

◇ 発展・研究 ◇

1　エンテベ空港事件

　1976年にテルアビブ発パリ行きのエールフランス機が，ギリシア上空でハイジャックされ，ウガンダのエンテベ空港に強制的に着陸させられた。ハイジャック犯は，パレスチナ・ゲリラの釈放を要求し，ユダヤ人乗客を人質とした。これに対して，イスラエルは，ウガンダの同意のないまま特殊部隊を派遣してエンテベ空港で救出活動を行い，犯人を殺害し人質を救出した。この救出活動に関して，イスラエルは，安全保障理事会で，カロライン号事件（1837年）のウェブスターの定式に言及しつつ，許された自衛行動であると主張し，また，救出活動は，ウガンダに向けられたものではなく，テロリストに対するものであると主張した。アメリカも，領域国に保護する意思や能力が欠如する場合には，差し迫った危険にさらされた自国民保護のための限定的な武力行使が自衛権に由来する権利として認められる旨主張した。安全保障理事会では，ハイジャックを非難する英米の共同提案による決議案は否決されたが，他方，イスラエルによるウガンダの主権と領土保全に対する重大な侵害として救出活動を非難する決議は，採決されずに終わった。こうして，安全保障理事会では，この救出活動を支持する決議はなかったものの，逆に，非難する決議もない。

　すでに述べたように，自衛権の行使が認められるのは，国家に対する武力攻撃が発生した場合にかぎられるとすれば，こうした武力行使をともなう救出活動を自衛権にもとづいて正当化することは困難である。救出に関して責任を負うのは領域国であり，本国は，領域国の同意なくして救出活動を行うことは認められず，領域国の国家責任を追及することができるにとどまる。もっとも，自衛権を根拠とすることを避けつつも，救出活動は認められるとする見解もあ

る。たとえば、人道的干渉であるとして正当化する見解や憲章2条4項によって禁止されていないという見解がある。そうした正当化根拠の如何は別にして、救出活動は許容されるとする見解からは、必ずしも一様ではないものの、その許容性の判断要因として、つぎのようなものがあげられている。保護すべき義務を負う領域国が、その義務を履行する能力や意思を欠如しているかどうか。救出活動に緊急の必要性があるかどうか。救出活動としてとられる行動は、限定的なものであり、均衡性を逸していないかどうか。単なる経済的利益や権益が危機にさらされているのではなく、人命が危機にさらされているかどうか。他の隠された意図や目的がないかどうか。これらのような要因は、自衛権に由来するものとして合法性を主張したイスラエルやアメリカが主張した内容と重なる面もある。しかし、少なくとも、自衛権を広く解釈することから生じる濫用の危険性を重視する点で、また、事の本質をむしろ人権の保護とみる点で、基本的な視点を異にするものといえよう。とはいえ、こうした判断要因を考慮して救出活動の合法性を判断する国際法が形成されているわけではない。

2 集団的自衛権

1 集団的自衛権

　国連憲章は、ある一国が武力攻撃を受けたとき、他の国も共同して反撃することを認めている（51条）。これは、武力攻撃を受けた国が行使する個別的自衛権とは区別して集団的自衛権とよばれる。憲章では、集団的自衛権も個別的自衛権と同様、各国の固有の権利として規定しているが、一般に、集団的自衛権は国連憲章であらたに認められた権利と考えられている。憲章以前においては、連盟規約違反の戦争であれ、不戦条約違反の戦争であれ、第三国が、これに共同して対処することは認められていたものといえよう。しかし、国連憲章は、集団安全保障制度の再構築をはかり、安全保障理事会の集権的判断にもとづいて国際の平和と安全の維持・回復をはかることとした。そのため、第三国が一国に加えられた武力攻撃に対して共同して反撃することが認められるかどうかは、問題となった。

　実際、国連憲章に集団的自衛権についての規定がおかれたのは、次のような事情がある。憲章の原案にあたるダンバートン・オークス提案には、個別的、

集団的を問わず自衛権についての規定はなかった。そこでは，地域的取極を締結するとか地域的機関を設立して地域的な安全保障制度を確立することは認められていたが，それらが強制行動をとるためには，安全保障理事会の許可が必要であった（53条）。しかし，安全保障理事会に拒否権制度が導入されることになったため，地域的取極や地域的機関が行動するために必要な許可が拒否権のため得られなくなることが予想された。そのため，すでに地域的な安全保障体制を設立することを約束していたラテン・アメリカ諸国は，拒否権に妨げられることなく，地域的な安全保障にもとづく共同防衛の発動を確保することを求めた。こうして，地域的取極や地域的機関とは別に，安全保障理事会の許可がなくとも武力攻撃に共同して反撃することを認めるために，集団的自衛権についての規定がおかれた。

2　集団的自衛権行使の要件

集団的自衛権の行使が認められためには，ある一国が武力攻撃を受け，個別的自衛権を発動できる場合でなければならない。また，安全保障理事会が必要な措置をとるまでの間に限られることや，安全保障理事会に報告する義務のあることも，個別的自衛権の場合と変わらない。必要性と均衡性がみたされなければならない点も同様である。

さらに，集団的自衛権行使のための条件は，集団的自衛権の法的性質の理解とも関連して争いがある。第一に，集団的自衛権は，個別的自衛権が行使できる場合に共同して行使されるものであるという見解がある。第二に，密接な関係にある国の間での共同防衛とみる見解がある。第三に，第三国が武力攻撃を受けている国を援助する権利ととらえる見解がある。第一の見解では，なによりも，ことさらに集団的自衛権が規定されたことを説明できない。また，集団的自衛権が国連憲章に規定された経緯からすれば，一定の地域的・地理的範囲にある国家間にかぎって，集団的自衛権が認められると解され，第二の見解に近づくが，現実には，そうした国家間に限定されることなく共同防衛体制が集団的自衛権にもとづいて設定されている。その点では，第三の見解が現実を反映するものとなっている。これにしたがえば，いずれの国も集団的自衛権の行使として共同反撃に加わることができることになる。国際司法裁判所は，1986年のニカラグア事件（本案，判決）で，こうした立場をとったように思われる

が，こうした立場に対しては，集団的自衛権の行使が認められる国家の範囲が広がりすぎるという点から，また，集団安全保障の趣旨に反するという点から批判がある。もっとも，裁判所は，他方において，武力攻撃を受けている国が，その旨の表明をし，さらに，その援助要請がある場合にかぎって，第三国が集団的自衛権を行使することができるとして，集団的自衛権を行使できる場合を限定している。

ただ，いずれにしても，集団的自衛権の行使は，憲章上は，権利であっても義務ではない。そのため，地域的その他の共同防衛体制では，一国に対する武力攻撃があった場合に集団的自衛権にもとづいて共同で反撃することを義務的なものとすることが試みられている（ただし，日本とアメリカとの間の日米安全保障条約（1960年）では，日本は，憲法上の制約のため，集団的自衛権を行使する義務を負わない）。

3 冷戦後の共同防衛組織の変容

冷戦期には，すでに述べたように，国連の集団安全保障にかわり，地域的に，あるいは，連帯関係のある国の間で，集団的自衛権にもとづく共同防衛体制が強化された。北大西洋条約機構（NATO）やワルシャワ条約機構（WTO）は，その代表例である。

冷戦後には，共同防衛の必要性の減少にともない，集団的自衛権にもとづく共同防衛組織は，共同防衛以外の任務もその任務に加えるなど，その性格に変化がみられるようになっている。とくに北大西洋条約機構は，東側諸国の共同防衛体制であるワルシャワ条約機構の解体にともない，東西対立を前提にした共同防衛組織から，地域的な危機や地域的紛争に対処し，地域的な平和を維持するための組織への変容を試みている。旧ワルシャワ条約機構の諸国との協力のため「平和のためのパートナーシップ」（1994年）を構築し，さらには，加盟国の東方への拡大を始めた。また，国連に対する協力も行い，たとえば，旧ユーゴ紛争においては，安全保障理事会決議を受けて，経済制裁の監視や実施，飛行禁止区域の確保，国連防護軍に対する空軍による支援などを行った。これは，憲章第51条の集団的自衛権にもとづく行動でもなければ，北大西洋条約の明文規定にもとづくものでもない。また，同条約が想定する適用地域の外での行動でもある。そこには，冷戦後の北太平洋条約機構の変容をみてとることが

できよう。

　しかし，こうしたあらたな地域的危機管理任務と国連との関係，わけても軍事力の使用に対する国連の統制に関しては，明確でないところが残される。憲章からすれば，憲章第7章にもとづく決議がなければ軍事力の使用は許容されない。あるいはまた，北大西洋条約機構を憲章第8章にいう地域的機関とみても，軍事力をともなう強制行動には安全保障理事会の許可が必要であることは明文上疑いない(53条)。しかし，1999年のコソボ危機では，安全保障理事会の明確な決議のないまま，むしろ安全保障理事会での手続を回避して，空爆が実施された。また，ほぼ時を同じくして打ち出された「新戦略概念」では，北大西洋条約機構諸国の周辺における地域的な危機に対処して危機管理を行う必要性を認め，集団的自衛権（北大西洋条約5条）で対応するのとは別種の事態として，「非5条危機対応行動」が必要だとしている。そこでは，安全保障理事会が国際の平和と安全についてもつ主要な責任に言及しつつも，軍事力の使用に関する同理事会による統制について明瞭な立場がとられておらず，その決議がないまま軍事力の使用をともなう行動をとる趣旨なのかどうか，明確でない。

§4　武力紛争法

〔設問〕　武力行使が一般的に禁止されている現代国際法において，武力紛争法はどのような意義をもつのか。

1　武力紛争法
(1)　戦争の違法化と武力紛争法

　戦争が違法化される以前において，国際法は平時国際法と戦時国際法（戦争法）との二元的構造をとった。宣戦布告などを通じて戦争の意思が表明されれば，国家間の関係は戦争状態に切り替わり，戦争法によって規律されたのであ

る。こうして戦時に適用される戦争法には，伝統的に，交戦法規と中立法規とが含まれた。交戦法規は，交戦国間における戦闘行為を規律する法規（ハーグ法と総称される）と，傷病者，捕虜，文民などの戦争犠牲者の保護に関する法規（ジュネーブ法と総称される）を内容とする。他方，中立法規は，交戦国と第三国との関係に関わる法規を内容とする。

現在では，戦争は違法化され，武力行使は一般的に禁止されている。そのため，従来の戦争法が，現在においてもそのまま適用される基盤は失われている。たとえば，従来の戦時と平時との二元的構造は消失した。また，従来の戦争法は，戦争の自由と交戦者の平等を前提としたが（無差別戦争観），戦争の自由は今日では否定されている。さらに，交戦者の平等も，現在では，武力行使が行われれば，少なくとも観念的には，一方が適法な武力行使であるのに対し，他方は違法な武力行使にあたるため，維持されうるものかどうか疑問が生じる。

しかし，他方，伝統的な戦争法とくに交戦法規の主要な目的の一つは，戦争における惨禍を防止し，不必要な破壊を抑制することにあった。こうした目的は，武力行使が一般的に禁止された現在でも，現実には武力紛争が生じる以上，その重要性を失ってはいない。また，伝統的な交戦法規は，軍事的必要と人道的考慮のバランスの上に成り立ったが，現在では，人道的考慮がいっそう重視されるようになっている。こうして，戦争が違法化され武力行使が一般的に禁止された後においても，従来からの戦争法の内容は，武力衝突が生じれば適用される武力紛争法（law of armed conflicts）として，修正を受けつつ，引き継がれている。

(2) **国際人道法**

また，今日では，国際人道法（international humanitarian law）という概念も用いられるようになった。この言葉はさまざまな意味で用いられている。第一に，武力紛争法のうち，ジュネーブ法が規律してきた分野を指すことがある。現在では，主として，1949年のジュネーブ諸条約（傷病兵保護条約（第一条約），海上の傷病者，難船者保護条約（第二条約），捕虜待遇条約（第三条約），文民保護条約（第四条約））と1977年の二つの追加議定書（第一追加議定書，第二追加議定書）により規律されている。第二に，武力紛争法のうち，その性質上明らかに人道的な規則，つまり，人や人に不可欠な物を保護する規則をいうことがある。

第三に、武力紛争法一般を指し、ジュネーブ法とハーグ法との総体をいうこともある。第四に、さらに広く、武力紛争時に限ることなく、ジェノサイドや人道に対する罪、つまり人道的観念にもとづく人権の尊重に関わる国際法を指すこともある。このように国際人道法という概念は多義的であるが、こうした概念が用いられるようになったのも、戦争の違法化や武力行使の禁止とは別に、戦闘行為の規律や戦争犠牲者の保護において人道的考慮がいっそう重視されるようになってきたこと、武力紛争時においても人権の尊重が必要であることが強く意識されるようになってきたことをあらわしている。

2　武力紛争法の適用される紛争の拡大

(1)　総加入条項の排除

武力紛争法における人道的考慮が重視されるようになるにつれ、武力紛争法が適用される武力紛争の範囲は拡大されるようになった。たとえば、かつては、条約において、交戦国のすべてが当該条約の当事国であるときに限り、当該条約が適用されるとする総加入条項が置かれることが多かった（1907年のハーグ陸戦法慣習規条約2条など）。交戦国相互の平等をはかるために必要であることによる。しかし、総加入条項は、当該条約が適用される場合を著しく制限する結果をもたらすため、非当事国が交戦国に含まれても締約国間では当該条約を適用する（1929年の傷病者保護に関するジュネーブ条約25条2）として総加入条項を排除したり、さらに、第二次大戦後は、非締約国である紛争当事者が条約を受諾・適用するときは、締約国はその国との間でも条約に拘束されるとするようになった（1949年のジュネーブ諸条約2条3）。

(2)　内戦における適用

また、かつては、内戦は、国家間の武力紛争ではなく、一般に国内問題であったため、交戦団体の承認が行われる場合を別とすれば、戦争法は適用されなかった。これに対し、第二次大戦後は、内戦にも、武力紛争法を適用するようになった。まず、1949年のジュネーブ諸条約の共通第3条は、一国の領域内における「国際的性質を有しない武力紛争」についても適用される最低限の人道的規則を規定した。しかし、これは基本的に敵対行為に直接に参加しない者の保護を規定するにとどまる点で十分なものではないと指摘された。また、民

族解放戦争に武力紛争法が適用されるか，また，どの範囲で適用されるかは争われた（全面適用なのか，共通第3条が適用されるのか，まったく適用ないのか）。その後，民族解放戦争については，1977年のジュネーブ諸条約第一追加議定書は，非植民地化と自決権を背景にして，これを「国際的武力紛争」に含めた（1条4）。その結果，民族解放戦争には，ジュネーブ諸条約と第一追加議定書が適用される。ただ，民族解放団体は国家ではなく，また，関係条約の当事者ではないため，民族解放団体がその旨の宣言を行うことが必要である（96条3）。民族解放戦争以外の内戦については，1977年の第二追加議定書で，敵対行為に参加しない者や一般の住民の保護を強化した。ただし，第二追加議定書の適用は，1949年のジュネーブ諸条約の共通第3条の適用より敷居が高く，第二追加議定書が適用されない場合には，共通第3条が適用されるにとどまる（1条）。こうして，現在の武力紛争法では，その適用範囲の拡大にともない，武力紛争は国際的武力紛争（民族解放戦争も含む），第二追加議定書が適用される国際的性質を有しない武力紛争，ジュネーブ諸条約共通3条が適用されるにとどまる国際的性質を有しない武力紛争，いずれも適用されない紛争（ただし，武力紛争法とは別に一定の人権保護は適用されうる）にわかれている。

(3) 武力紛争法の平等適用

なお，武力紛争法は違法に武力行使に訴える当事者にも平等に適用される。違法に武力行使に訴える国家は，違法に武力行使に訴えたことの責任追及を受けるにしても，そのことと武力紛争中における武力紛争法の適用関係とは別個の問題である。武力紛争から生じる惨害を防止し抑制するという武力紛争法の目的からすれば，違法に武力行使に訴えた国家にも，その平等適用をはかることには十分な根拠がある。国連憲章の下で，違法な侵略行為を行った国家に武力を用いて制裁措置を課す場合であっても，武力紛争法は平等に適用されるものと考えられている。

3　戦闘の手段と方法の規制

武力紛争において紛争当事者が用いることが認められる戦闘の手段と方法は無制限ではない（1907年ハーグ陸戦規則22条参照）。特定の兵器の使用それ自身が禁止されることもあれば，その使用の方法が規制されることもある。伝統的

に戦争法は軍事的必要と人道的考慮のバランスの上に成り立ち，戦争の目的を達成するために必ずしも必要でない過度の殺傷や破壊をともなう戦闘手段や方法は，人道的考慮にもとづいて規制が課されてきた（軍事的効用の点からも戦闘の手段と方法を合理化することには理由がある）。現在の武力紛争法では，総力戦や兵器の発達のため戦闘から生じる惨禍の規模が大きくなっていること，また，一般的に人権の尊重をはかる意識が高まってきたことなどのため，いっそう人道的考慮に重きがおかれるようになってきている。

いずれにしても，一般的な規則として，第一に，軍事上の効果がそれほどないのに過度の傷害または不必要な苦痛を与える戦闘手段や戦闘方法は禁止される。また，第二に，文民と戦闘員，民用物と軍事目標はそれぞれ区別され，それぞれの前者を対象とする攻撃や両者を無差別に行う攻撃は禁止される。これは，軍事目標主義とよばれる。伝統的には，軍事目標主義のもとにおいても，防守都市に対しては無差別攻撃が許容されると考えられてきたが，1977年のジュネーブ諸条約第一追加議定書は，防守都市についての規定をおかず軍事目標主義のみを掲げ，一般住民や民用物の保護のため無差別攻撃を禁止した（51条・52条）。第三に，背信行為（37条1），赤十字標章の不正使用も禁止される。

このような一般的な規則は，新兵器等にも適用できる柔軟性をもつが，その反面，現実の適用には解釈上の争いの余地が残る。そのため，個別の条約を通じて，特定の兵器や戦闘手段を規制することも行われてきた。たとえば，特定の兵器を規制するものとして，400グラム以下の爆発性投射物，毒ガス，ダムダム弾，自動触発海底機雷，化学兵器，地雷やブービートラップなどが禁止されている。また，最近では，軍備管理や軍縮の観点から，兵器の保有についても制限が課されるようになった。

4 武力紛争犠牲者の保護

戦闘行為は，敵の戦力を弱体化することに目的があるため，傷病者や捕虜，文民など戦闘の外に置かれたものについては，武力紛争中であっても保護の対象となる。これらに関する国際法規の多くは，ジュネーブ条約で規定されている。

こうした武力紛争犠牲者の保護に関しては，とくに，戦闘員と非戦闘員との

区別が問題となる。戦闘行為に従事することを認められるのは交戦者としての資格をもつ者のみであり，そうした者は捕えられた場合に捕虜の資格をもち，保護を受ける。伝統的には，国の軍隊を構成する正規兵が戦闘員であった。1907年のハーグ陸戦規則は，これに加えて，民兵や義勇兵の不正規兵も，一定の条件（責任ある指揮官の存在，遠方から識別可能な固着特殊標章の装着，公然たる武器を携帯，戦争法規の遵守）をみたす場合には，交戦者資格をもつものとした（1条）。その後，戦闘方法の変化にともない戦闘員の範囲はさらに拡大した。1949年の捕虜待遇条約（第三条約）では，第二次大戦の経験から，占領地の組織的抵抗運動団体構成員についても，同様の条件をみたせば，交戦者資格をもつとした（4条）。また，その後は，民族解放闘争におけるゲリラ兵の扱いが争われ，1977年のジュネーブ諸条約第一追加議定書では，従来の正規軍と不正規軍との区別を排除した上で，ゲリラ兵も戦闘員とされている（43条）。ただし，軍事行動に従事中は，一般住民と自己を区別する義務を負い，敵対行為中やその展開前に公然と武器を携帯していなければならない（44条）。

5　履行の確保

武力紛争法の履行を確保するための手段には，まず，武力紛争法に違反した個人の処罰がある。たとえば，1949年のジュネーブ諸条約では「重大な違反行為」について，締約国は違反を捜査し，国内裁判所で公訴を提起しなければならない（引渡要請に応じることもできる，たとえば，第3条約129条・130条）。また，国際裁判で，個人の責任を追及する制度も作られている。近時では，アドホックなものとして，旧ユーゴ国際刑事裁判所とルワンダ国際刑事裁判所が国連安全保障理事会の決議にもとづき設置され，さらに，常設の国際刑事裁判所を設立する国際刑事裁判所規程も1998年に採択されている。また，相手国の違反に対する復仇行為も相互主義にもとづいた履行の確保に資する。もっとも，人道的考慮から，第二次大戦後は，武力紛争犠牲者に対する復仇は禁止されるなど，制約を受けるようになった（1949年ジュネーブ諸条約第一条約46条，第二条約47条，第三条約13条，第4条約33条。また，第一追加議定書51条6，53条(c)，54条4，55条2，56条4）。さらに，利益保護国の制度や（1949年第一〜三条約8条，第四条約11条），国際事実調査委員会もある（第一追加議定書90条）。

◇ 発展・研究 ◇

1 ニカラグアに対する軍事的活動事件（武力紛争法）

　1979年にニカラグアで革命政府が成立すると，その周辺の国々においては，ニカラグアの支援を受けた反政府ゲリラの活動が，また，ニカラグア国内では，ニカラグア革命政府に対する武装組織コントラの活動が，それぞれ展開された。ニカラグアは，コントラを支援するアメリカの行動を国際法違反であるとして，国際司法裁判所に一方的に提訴したが，アメリカの選択条項受諾宣言に付された多数国間条約に関する留保のため，裁判所は，慣習法を適用法規として審理を行った。そのため，申し立てられた他の違反と同様に国際人道法違反に関しても，裁判所は，1949年のジュネーブ諸条約の規則が，条約としてではなく，一般国際法として適用されるかどうかについて判断している。

　アメリカによる国際人道法違反が問われたのは，ジュネーブ諸条約の第1条が規定する「この条約を尊重し，且つ，この条約の尊重を確保する」義務であり，より具体的には，コントラが共通第3条に違反して行動することを奨励してはならない義務であった。裁判所は，第1条の規定する義務は，単なる条約上の義務ではなく，人道法の一般原則からも導かれるものと判断した。また，共通第3条は国際的性質を有さない武力紛争に適用される規則を規定しているが，この規則は同時に，国際的武力紛争においても適用される最低限度の基準を構成するとともに，人道の基本的考慮をあらわしているとして適用可能と判断した。こうして，第1条と第3条は一般国際法として適用されるものと判断したものといえる。なお，裁判所は，こうした判断を行うにあたり，より一般的に，1949年ジュネーブ諸条約は人道法の基本的一般原則の発展または単なる表明であるとした上で，当事国がこの条約を破棄しても，文明諸国の間で確立した慣行，人道の法則，公衆の良心の命令に由来する義務は履行しなければならないとする関連規定（第一条約63条，第二条約62条，第三条約142条，第四条約158条）に言及している。

2 核兵器使用の合法性に関する国際司法裁判所の勧告的意見

　核兵器の使用が国際法上認められるかどうかは争われている。1963年に，下

田事件において東京地方裁判所判決（いわゆる原爆判決。東京地判昭38・12・7）は，第二次大戦中の広島，長崎への原爆投下を国際法違反と判断した。この判決については，原爆という兵器の使用それ自身を違法と判断したのか，それとも兵器の使用方法の観点から違法と認定したにとどまるのか，その理解について見解が分かれている。判決は，核兵器使用そのもの違法性についてではなく，広島，長崎への原爆投下についてのみ判断する旨断わった上で検討を行い，原爆投下が無防守都市に対する無差別爆撃であり軍事目標主義に反するとのべた。この点からすれば，原爆の使用それ自身が違法と判断されたのではなく，その使用の方法に着目して，違法とされたものとみられる。しかし，判決は，同時に，不必要な苦痛を与えてはならないという戦争法の基本原則に違反するとも述べた。この点からすれば，兵器の特性に着目して，原爆の使用を一般的に違法と判断したと理解することもできる（ただ，そうであるとすれば，広島，長崎への投下についてのみ判断するとした点と一貫するかどうか疑問が生じる）。

　国際司法裁判所も，国連総会からの勧告的意見の要請に応えて，1996年に，核兵器の使用が国際法上合法であるかどうかについて判断を示した。裁判所によれば，核兵器の使用も自衛権が認められる条件をみたさなければならず，わけても均衡性の原則に従わなければならない。他方，核兵器の使用それ自体を禁止する条約や慣習国際法は存在しない。さらに，裁判所は，核兵器の使用にも武力紛争法が適用されるとして，軍事目標主義および不必要な苦痛を与えてはならないという国際人道法の原則から検討を行った。その結果，裁判所は，核兵器の威嚇や使用は，一般的には，国際人道法の原則・規則に違反すると判断したが，いかなる場合においても違反すると結論するに足る十分な証拠はないと述べ，結局，国家の存在が問題となる極限的な自衛の場合については，確固たる結論を得ることができなかったとした。

　この勧告的意見で，裁判所は，武力行使に訴えることができる条件（*jus ad bellum*）と兵器の使用に関する条件（*jus in bello*）との二面から，核兵器の使用について検討したものとみられる。裁判所の判断からすれば，均衡性をみたした自衛の場合であっても，国際人道法の原則・規則に違反すれば，核兵器の使用は国際法違反である。また，逆に，国際人道法の原則・規則に違反しない場合であったとしても，自衛の要件をみたさなければ，核兵器の使用は国際法違

反になろう。しかし，裁判所は，人道法の原則・規則に照らして一般的に違法であるという判断と，極限的な自衛の場合について確固たる結論が得られないとする判断を，同一の主文において述べたため，極限的な自衛の場合にも，人道法の原則に照らして，違法性の判断がなされうるという趣旨なのか，それとも，この場合には，そうではないのか，この点の理解は争われる。また，裁判所が，そもそも，武力行使に訴えることができる条件と兵器の使用に関する条件との二面から核兵器の使用について検討を進めたとすれば，極限的な自衛の場合について，兵器の使用に関する条件につき通常の自衛の場合と異なる判断をすることは，論理的に一貫しないのではないかという問題も残される。

〔参考文献〕

田岡良一『国際法上の自衛権（補訂版）』（勁草書房，1981年）
香西茂『国連の平和維持活動』（有斐閣，1991年）
松井芳郎『湾岸戦争と国際連合』（日本評論社，1993年）
福田菊『国連とPKO―「戦わざる軍隊」のすべて（2版）』（東信堂，1994年）
森川幸一「国際連合の強制措置と法の支配（1）（2完）――安全保障理事会の裁量権の限界をめぐって」国際法外交雑誌93巻2号，94巻4号（1994年，1995年）
竹本正幸『国際人道法の再確認と発展』（東信堂，1996年）
横田洋三編『国連による平和と安全の維持』（国際書院，2000年）
藤田久一『国際人道法（新版増補）』（有信堂，2000年）

索　引

あ

アグレマン ……………………………119
後からの署名 …………………………100
アパルトヘイト政策 …………………285
アフリカ統一機構 ……………………260
安全保障理事会 …………………257, 283
アンチ・ダンピング …………………239
アンツィロッティ ………………………8
安定化条項 ………………………………67

い

一括補償協定 …………………………231
一貫した反対国の理論 ……………26, 27
一体説 ……………………………………56
一般慣行 ………………………………23
一般的受容方式 ………………………11
一般特恵制度 …………………………249
一方的行為 ……………………………39
一方的提訴 ……………………………270
違法性阻却事由 ………………………142
違法な戦争に対する制裁 ……………282
インスタント慣習法 ………………25, 35

う

受け入れ難い者 ………………………123
宇　宙 …………………………………162
　　——のゴミ ………………………164
宇宙基地 ………………………………163
ウルグアイラウンド交渉 ……………241

え

英連邦特恵 ……………………………238
エストラーダ主義 ………………………42

お

欧州人権委員会 …………………………7
欧州人権裁判所 ……………………7, 86

か

外観理論 ………………………………141
外交官の特権免除 ……………………127
外交使節制度 …………………………117
外交使節団の特権免除 ………………125
外交的庇護 ………………………………79
外交的保護 ……………………………146
外交的保護権 …………………………58
外交特権 ………………………………124
外国人処遇問題 ………………………136
海賊行為 …………………………31, 175
開放条約 ………………………………100
カイロ宣言 ………………………………94
海洋汚染の規制 ………………………186
核兵器使用 ……………………………311
過失責任 …………………………163, 204
過失責任主義 …………………………140
割　譲 …………………………………155
仮保全措置 ……………………………275
カルボ条項 ……………………………147
河岸国 …………………………………157
管轄権 …………………………………151
環　境 …………………………………195
環境影響評価 …………………………209
環境損害 ………………………………197
環境リスク ……………………………197
関係説 ……………………………………43
勧　告 ……………………………………32
勧告的意見 ……………………………277
慣習国際法 ……………………4, 13, 17, 24

316 索引

干渉 …………………………………49
関税同盟 …………………………238
関税貿易一般協定 ………………238
簡略形式の条約 ……………………99

き

危険責任主義 ……………………143
旗国主義 ……………………172, 186
基線 …………………………165, 166
北大西洋条約機構（NATO）
　………………………5, 51, 285, 301, 304
議定書の附属書 …………………212
客観責任主義 ……………………140
客観的属地主義 …………………173
旧ユーゴ国際刑事裁判所 …89, 91, 310
強行規範 …………………4, 29, 31, 113
行政裁判権からの免除 …………129
行政取極 …………………………101
共通であるが差異のある責任 …206
共同宣言 ……………………………95
極東国際軍事裁判所 ………………90
挙証責任 ……………………………18
緊急総会 …………………………284
緊急輸入制限 ……………………245
金銭賠償 …………………………145
禁反言 ………………………………18

く

国の代表者に対する強制 ………112
クリーン・スレート原則 …………44
クラウス ……………………………8
グロティウス …………………16, 152
軍事的措置 ………………………259
軍事目標主義 ……………………309
クンツ ………………………………9
群島基線 …………………………170
群島航路帯通航権 ………………171
群島水域 …………………………170

け

経済危機 …………………………247
経済協力開発機構（OECD） ……5
形式的法源 …………………………16
継続企業価値 ……………………228
継続追跡権 ………………………173
契約自由の原則 ……………………29
契約的条約 …………………………21
結果の義務 ………………………214
血統主義 ……………………………58
ケルゼン ……………………………9
権原 ………………………………154
原状回復 …………………………144

こ

行為性質基準説 ……………………55
行為態様別基準 …………………166
合意提訴 …………………………270
行為の国家への帰属 ……………140
合意は第三者を害しも益しもしない ……113
合意は守らなければならない ……110
行為目的基準説 ……………………55
公海漁業規制 ……………………184
公海自由 …………………………171
　——の原則 ……………17, 25, 150, 171
公海使用の自由 …………………171
公海条約 …………………………173
公館の不可侵 ……………………125
航行の自由 ………………………229
公使 ………………………………121
交渉 ………………………………255
交渉義務命令 ……………………256
交戦法規 …………………………306
行動指針 ……………………………37
後発的履行不能 …………………115
公文書の不可侵 …………………126
後法は前法を破る ……………12, 29

索　引　317

衡平と善	19, 268
効力発生	95
国際運河	158
国際海峡	168
国際海底機構	182
国際河川	157, 159
国際化地域	151
国際慣習法→慣習国際法	
国際関心事項	80, 86
国際環境法	195
国際協調主義	13
国際経済活動	221
国際経済構造	225
国際経済紛争	227
国際刑事裁判所	7, 287
国際刑事裁判所規程（案）	7, 92
国際刑事裁判所設立	89
国際査察	161, 190
国際私法	222
国際社会全体に対して負う義務	30, 138, 139
国際人権規約	81
国際人道法	306
国際水路	159
国際請求（権限）	6, 146
国際世論	214
国際組織締結条約	22
国際組織への加盟	43
国際通貨基金	226
国際的武力紛争	308
国際犯罪	87
国際標準主義	65
――にもとづく内外人平等主義	65
国際復興開発銀行	226
国際紛争	252
国際貿易活動	223
国際貿易機構（ITO）	242
国際法違反の犯罪	88
国際法上の犯罪	88
国際法上の法源	16
国際法優位の一元論	8, 9
国際礼譲	24
国際連合	258
国際連盟	258
国籍	57
国籍継続の原則	58, 148
国籍裁判官	271
国籍主義	237
国籍唯一の原則	61
国内管轄事項	49, 57
国内救済完了の原則	58
国内産業保護	222
国内的救済原則	147
国内避難民	76
国内標準主義	65
国内法優位の一元論	8, 9
国内問題	80
国内問題不干渉の原則（義務）	48, 49
国有化	66
国有化行為	228
国連安全保障理事会	7
国連開発の十年	248
国連海洋法裁判所	193
国連軍（平和維持軍）	284
国連事務総長	260
国連総会	257
国連平和維持活動協力法（PKO協力法）	294, 295
国連貿易開発会議	247, 248
個人通報制度	82
個人の国際法主体性	6
個人申立制度	86
コソボ危機	305
国会承認条約	101
国家	39
――の経済権利義務憲章	33
――の国際犯罪	87, 138

318　索　引

──の要件……………………40
──への責任集中の原則………163
国家管轄権……………………236
国家間通報制度（国家報告制度）……82, 214
国家公域………………………150
国家主権………………………48
──の原則……………………222
国家承継………………………44
国家承認………………………39
国家責任…………………136, 301
──の解除……………………143
国家そのものに対する強制………112
国家の基本権（国家の基本権的権利義務）
　………………………………48
国家申立制度…………………86
国家領域………………………150
国家類型………………………40
国旗の濫用……………………176
個別的自衛権…………………297
固有の権利…………………297, 302
コンセッション………………67
コンプロミー…………………267

さ

最恵国待遇……………64, 233, 238
最大持続生産量………………185
裁判可能な紛争………………261
裁判基準………………………272
裁判義務………………………266
裁判拒否………………………65
裁判権からの免除……………127
裁判手続（司法手続）………254
裁判不能な紛争……………18, 261
債務の承継……………………45
錯　誤…………………………112

し

ジェノサイド…………………31

自決権…………………………41
時　効…………………………155
自己完結的制度………………130
自国民捕虜補償原則…………14
自己判断留保…………………274
事実上の戦争…………………282
市場経済体制…………………233
市場秩序維持協定……………37
事情変更の原則………………115
使節権…………………………5
事前の協議義務………………209
事前の通報義務………………209
自然法…………………………16
持続可能な開発……………206, 210
実質的法源…………………16, 18
失踪作業部会…………………84
自動執行条約…………………12
自動的留保……………………274
司法裁判………………………254
資本主義自由主義陣営………235
社会権規約委員会……………83
社会主義共産主義陣営………235
社会主義国家…………………235
自由権規約……………………81
自由権規約委員会…………72, 81
重国籍………………………58, 61
集団安全保障…………………280
集団的自衛権……………289, 302, 305
集団の権利保護………………54
自由貿易政策…………………224
主権免除……………………54, 151
出生地主義（生地主義）……58
純粋政治犯罪（絶対的政治犯罪）……71
渉外性を持つ犯罪……………88
常設国際司法裁判所………266, 269
常設仲裁裁判所………………265
承　認…………………………39
──の方式……………………41

索　引　319

条　約…………………………………17
　　——の一体性 …………………102
　　——の改正 ……………………114
　　——の効力発生…………………99
　　——の国家承継…………………44
　　——の重大な違反………………114
　　——の終了 ……………………114
　　——の準備作業 ………………107
　　——の登録……………………100
　　——の不遡及 …………………110
　　——の普遍性 …………………103
　　——の留保 ……………………102
　　——への加入…………………100
条約締結権の二元化……………………97
条約文の確定……………………………97
食糧危機………………………………247
諸国の共通利益を害する犯罪…………88
署　名……………………………………97
深海底…………………………………181
深海底資源開発……………………230, 231
信義則……………………………………18
新興独立国……………………………236
新国際経済秩序……………………246, 247
審　査…………………………………256
審査委員会…………………………256, 262
神聖同盟…………………………………49
新戦略概念……………………………305
身体の不可侵…………………………127
人道的干渉………………………51, 302
人道に対する罪…………………………90
人道法の一般原則……………………312
信任状…………………………………119
人民の概念………………………………53
侵　略………………………259, 283, 285
　　——の定義に関する決議………27
侵略戦争…………………………………31
人類の共同の財産……………………163

す

随時修正留保…………………………274
数量制限……………………………226, 240
スエズ運河……………………………159
ストックホルム国連人間環境会議………187

せ

制限主権論……………………………199
制限的貿易規制………………………224
制限免除主義……………………………54
政治的裁量説……………………………40
政治的紛争……………………………261
政治犯罪…………………………………70
政治犯罪人不引渡の原則………………70
政治問題の抗弁………………………261
精神的満足……………………………145
正戦論…………………………………280
政府承継…………………………………46
政府承認…………………………………41
　　——の方式…………………………42
　　——の要件…………………………42
政府報告制度……………………………82
正　文…………………………………109
勢力均衡………………………………281
世界人権宣言……………………………33
世界貿易機構（WTO）………………241
世界貿易機関協定……………………240
セクター主義…………………………156
接続水域………………………………168
絶対的無効……………………………112
絶対的留保……………………………274
絶対免除主義……………………………54
設立準拠法主義…………………………61
セーフ・ガード………………………245
セルデン………………………………152
セルフ・エクゼキューティングな条約
　（自動執行条約）………………………12

先決的抗弁 …………………………270, 275
全権委任状 …………………………………97
宣言的効果説 ………………………………40
先行投資保護 ……………………………183
船種別基準 ………………………………166
先　占 ……………………………………154
戦争に訴える自由 ………………………280
戦争の違法化 ……………………………282
戦争犯罪人 …………………………………90
戦争法（戦時国際法）…………………305
選択議定書 ………………………………192
選択条項 …………………………………273
選択条項制度 ……………………………273
戦闘員 ……………………………………309
全当事国同意の原則（全会一致原則）……103
船舶の国籍 ………………………………172

そ

総加入条項 ………………………………307
相互の経済利益の作用 …………………228
創設的効果説 ………………………………40
相対的政治犯罪（関連的政治犯罪）……70
相対的無効 ………………………………111
相当の注意 …………………………65, 141
双方可罰性 …………………………………69
属地主義 …………………………………236
ソフトロー …………………………………36
ソ連原潜の領海通航事件 ………………174

た

第一次規則 ………………………………137
体外主権 ……………………………………48
退去強制（追放）…………………………63
大航海時代 ………………………………233
第三世界 …………………………………235
対外（内）主権 ……………………………48
第三世代の人権 …………………………250
大　使 ……………………………………121

第二次規則 ………………………………137
代表権の容認 ………………………………43
大陸棚 ……………………………………177
大陸棚境界画定 ……………………………23
代理公使 …………………………………121
外国籍軍 …………………………………295
多数国間条約 …………………………21, 100
WTO 加盟国 ……………………………241
ダンピング ………………………………240

ち

地域的機関による紛争処理 ……………260
チェルノブイリ事故 ……………………212
地球環境保護 ……………………………205
地球的規模の環境破壊 …………………205
地球の共有物 ……………………………207
仲　介 ……………………………………256
仲裁裁判 ……………………………254, 265
中米司法裁判所 …………………………269
中立国 ……………………………………263
中立義務に関するワシントン三原則 ……263
中立法規 …………………………………306
朝鮮国連軍 ………………………………288
朝鮮戦争 …………………………………288
調　停 ……………………………………257

つ

通貨危機 …………………………………247
通過通航 …………………………………169
通過通航権 ………………………………169
通過通航制度 ……………………………169
通商航海条約 …………………………223, 232
通商の自由 ………………………………229
月協定 ……………………………………163

て

帝国主義的植民地獲得競争 ……………224
停止義務 …………………………………144

索　引　321

抵触法 ……………………………222
定着性種族の生物資源 …………178
適用除外 …………………………27
手続的違憲条約 …………………111
テロ行為 …………………300, 301
伝統的な平和維持活動 …………295
添　付 ……………………………155

と

等位理論（調整理論）……………9
等距離原則 ………………………25
投資紛争国際センター …………7, 258
投資保護条例 ……………………223
東南アジア諸国連合（ASEAN）……5
特定主義 …………………………70
特別協定 …………………………266
特別法は一般法を破る …………28
特別仲裁裁判所 …………………268
特権免除 …………………………5, 151
トバール主義（正統正）…………42
トリーペル ………………………8
奴隷売買 …………………………31
奴隷輸送 …………………………176

な

内国民待遇 ………………………64, 233
内　水 ……………………………152
内部法 ……………………………34
南　極 ……………………………160
南極条約体制 ……………………161
南北問題 …………………………205, 246
難　民 ……………………………75

に

二元論 ……………………………8
二国間条約 ………………………21
ニュルンベルク国際軍事裁判所 …90
ニュルンベルク法原則宣言 ……32

二要件論 …………………………23
任意規範 …………………………29
任意条項 …………………………273
人間環境宣言の原則 ……………199

の

ノン・ルフールマンの原則 ……77, 79

は

排他的経済水域 …………………171, 179
徘徊法 ……………………………168
発展の権利 ………………………248
ハードロー ………………………37
パナマ運河 ………………………159
バルツ ……………………………8
犯罪人引渡 ………………………63, 69
万民共有物 ………………………150

ひ

非関税障壁 ………………………239
非軍事的措置 ……………………259, 283
庇　護 ……………………………78
非航行的利用 ……………………157
非拘束的合意 ……………………37
庇護権 ……………………………78
非裁判手続 ………………………254
非市場主義経済体制 ……………233
批　准 ……………………………98
否認権行使 ………………………288
非法律的合意 ……………………37

ふ

フェアドロス ……………………9, 29
フィッツモーリス ………………9
フォーラム・プロロガートム …272
不完全承継 ………………………46
武器使用 …………………………296
復仇行為 …………………………310

不遵守手続 …………………215, 218
不正規軍 ………………………300
武装集団 ………………………300
物品貿易に関する多角的協定 …241
普遍主義 ………………………237
普遍的義務 ……………………219
ブラヒミ・レポート ……………293
武力行使 ………………280, 283
　——の禁止 …………………283
武力紛争法 ……………………306
　国際的性質を有しない—— …307
ブレトン・ウッズ協定 …………226
紛争解決機関 …………………242
紛争後の平和構築 ……………291
分離説 …………………………56

へ

併　合 …………………………156
平時国際法 ……………………305
平和維持活動 …………284, 289
平和維持軍 ……………………290
平和強制 ………………………289
平和強制部隊 …………………292
平和創造 ………………………289
平和的手段 ……………………253
平和的使用 ……………………161
平和に対する脅威 ……259, 283, 285
平和に対する罪 ………………90
平和の破壊 ……………259, 283, 285
ベルギー条項（加害条項） ……71
ペルソナ・ノン・グラータ ……119, 128
便宜供与 ………………………126
便宜置籍船 ……………………172
変型方式 ………………………11

ほ

包括的承継説 …………………44
法原則宣言決議 ………………35

法的確信（一元論） …………23, 35
法の一般原則 …………………17
法律的紛争 ……………………261
保護主義 ………………………237
補助金・相殺関税 ……………239
母川国 …………………………181
本拠地主義 ……………………61
本務領事 ………………………118

ま

マラケッシュ協定 ……………241

み

民衆訴訟 ………………………148
民族解放戦争 …………………308
民族解放戦争以外の内戦 ……311
民族（人民）自決の原則 ……52, 155

む

無害通航権 ……………151, 166
無過失責任 ……………………163
無過失責任原則 ………………143
無関係説 ………………………43
無許可放送 ……………………176
無効原因 ………………………111
無国籍 …………………………59
無国籍者 ………………………59
無国籍船 ………………………176
無差別戦争観 …………281, 306
無主地 …………………………154

め

明示の合意 ……………………35
明示の承認 ……………………41
名誉領事（官） ………………118, 134
命令的干与 ……………………49

も

黙示的権能・・・・・・・・・・・・・・・・・・・・・・・・・・・5, 96
黙示の合意・・・・・・・・・・・・・・・・・・・・・・・・・・・・・・27
黙示の承認・・・・・・・・・・・・・・・・・・・・・・・・・・・・・・41
モンロー主義・・・・・・・・・・・・・・・・・・・・・・・・・・・225

ゆ

ユーゴ国際刑事裁判所・・・・・・・・・・・・・・・・7, 89

よ

予防的アプローチ・・・・・・・・・・・・・・・・206, 211
ヨーロッパ人権委員会→欧州人権委員会
ヨーロッパ人権裁判所→欧州人権裁判所

り

立法条約・・・・・・・・・・・・・・・・・・・・・・・・・・・・・・・21
領域外庇護・・・・・・・・・・・・・・・・・・・・・・・・・・・・・78
領域主義・・・・・・・・・・・・・・・・・・・・・・・・・・・・・151
領域使用の管理責任の原則・・・・・・・・・・・・198
領域的庇護・・・・・・・・・・・・・・・・・・・・・・・・・・・・・78
領域内庇護宣言・・・・・・・・・・・・・・・・・・・・・・・・79
領　海・・・・・・・・・・・・・・・・・・・・・・・・・・・・・・・152
領　空・・・・・・・・・・・・・・・・・・・・・・・・・・・・・・・153
領空主権・・・・・・・・・・・・・・・・・・・・・・・・・・・・・・17
領　事・・・・・・・・・・・・・・・・・・・・・・・・・・・・・・・117
　――の特権免除・・・・・・・・・・・・・・・・・・・・131
領事官・・・・・・・・・・・・・・・・・・・・・・・・・・・・・・・123
領事機関構成員・・・・・・・・・・・・・・・・・・・・・・・133
領　水・・・・・・・・・・・・・・・・・・・・・・・・・・・・・・・152
領　土・・・・・・・・・・・・・・・・・・・・・・・・・・・・・・・152
領土保全の原則・・・・・・・・・・・・・・・・・・・・・・・・54
両立性の基準・・・・・・・・・・・・・・・・・・・・・・・・・103
隣接性の原則・・・・・・・・・・・・・・・・・・・・・・・・・156

る

ルソー・・・・・・・・・・・・・・・・・・・・・・・・・・・・・・・・・9
ルワンダ国際刑事裁判所・・・・・・・・8, 89, 91, 310

れ

ロータパクト・・・・・・・・・・・・・・・・・・・・・・・・・・・6
連盟規約・・・・・・・・・・・・・・・・・・・・・・・・・・・・・・30

わ

枠組み条約・・・・・・・・・・・・・・・・・・・・・・・・・・・・37
枠組み条約方式・・・・・・・・・・・・・・・・・208, 211
ワルシャワ条約機構（WTO）・・・・・・・285, 304
湾岸戦争・・・・・・・・・・・・・・・・・・・・・・・・・・・・・285

事件・事例索引

I. C. J.；International Court of Justice
P. C. I. J.；Permanent Court of International Justice
仲裁判決；仲裁裁判所判決　　　　その他の判決

あ行

アイスランドとヤンマイエンとの間の大陸棚区域境界画定事件（報告書，1981年）…………190
アイルランド漁業管轄権事件（I. C. J.，1974年）……………………………………………179
アキレ・ラウロ号事件（1985年）………………………………………………………………175
アブダビ事件（仲裁判決，1951年）……………………………………………………………178
アミノイル事件（仲裁判決，1982年）……………………………………………………………68
アモコ国際金融会社対イラン事件（イラン・アメリカ請求権裁判所判決，1987年）…………68
アヤトリ事件（1964年）…………………………………………………………………………128
アラバマ号事件（仲裁判決，1872年）………………………………………………203, 263, 270
アングロ・イラニアン石油会社事件（判決，I. C. J.，1952年）………………67, 228, 253, 276
アングロ・イラニアン石油会社事件（仮保全措置命令，I. C. J.，1951年）…………………276
アンデレ事件（国籍確認請求事件，最判平7・1・27）…………………………………59, 60
イギリス・ノルウェー漁業事件（I. C. J.，1951年）………………………………27, 165, 190
インターハンデル事件（先決的抗弁，I. C. J.，1957年）………………………………………276
インド領通行権事件（先決の抗弁，I. C. J.，1957年）……………………………………272, 274
インド領通行権事件（本案，I. C. J.，1960年）…………………………………………………25
英仏大陸棚事件（仲裁判決，1977年）……………………………………………………105, 190
エーゲ海大陸棚事件（I. C. J.，1976年）………………………………………………………259
エンテベ空港事件（1976年）……………………………………………………………………301
オスカー・チン事件（P. C. I. J.，1934年）……………………………………………………228
オーデル河国際委員会事件（P. C. I. J.，1929年）……………………………………………158

か行

核実験事件（本案，I. C. J.，1974年）……………………………………………………149, 276
核兵器使用の合法性に関する事件（勧告的意見，I. C. J.，1996年）…………………200, 256
カナダ・スペイン漁業事件（I. C. J.，1998年）………………………………………………254
ガブチコボ・ナジュマロス計画事件（本案，I. C. J.，1997年）………………………11, 114, 200
貨幣用金事件（先決的問題判決，I. C. J.，1954年）…………………………………………275
カメルーン・ナイジェリアの領土国境紛争事件（先験的抗弁，I. C. J.，1996年）…………276
カメルーン・ナイジェリアの領土国境紛争事件（仮保全処置命令，I. C. J.，1998年）……272
カロライン号事件（1837年）…………………………………………………………………298, 301

管理職選考受験資格確認等請求控訴事件（最判平9・11・26）……………………64
ギニア・ビサウ大陸棚事件（仲裁判決，1985年）……………………………………190
漁業管轄権事件（管轄権，I.C.J.，1973年）…………………………………………116
キンドラー対カナダ事件（自由権規約人権委員会見解，1993年）…………………72
クリッパートン島事件（仲裁判決，1931年）…………………………………………154
グリーンランド・ヤンマイエン海洋境界事件（I.C.J.，1993年）……………………191
光華寮事件（大阪高判昭62・2・26）…………………………………………………46
国際連合本部協定に基づく仲裁裁判義務事件（勧告的意見，I.C.J.，1988年）……10,60
国連経費事件（勧告的意見，I.C.J.，1962年）………………………………………293
国境紛争事件（仮保全措置命令，小法廷，1985年）………………………………276
コルフ海峡事件（本案，I.C.J.，1949年）………………………………49,168,190,199

さ行

サイガ号事件（国際海洋法裁判所判決，1997年）…………………………………192
在テヘラン米国大使館員等人質事件（本案，I.C.J.，1980年）……………130,260,261
ジェノサイド条約留保事件（勧告的意見，I.C.J.，1951年）………………………103,106
シシリー電子工業会社事件（本案，I.C.J.，1988年）………………………………109
シベリア抑留捕虜補償請求事件（最判平9・3・13）…………………………………14
下田事件（東京地判昭38・12・7）……………………………………………………311
自由地帯事件（判決，1932年）………………………………………………………116,228
上部サヴォアとジェグスの自由地帯事件（P.C.I.J.，1932年）………………………116
上部シレジアのドイツ人の利益に関する事件（本案，P.C.I.J.，1926年）…………10,66
スクーナー船イクスチェンジ号事件（米国連邦最高裁判決，1812年）……………54
スペイン対カナダ漁業管轄事件（1998年）…………………………………………255
ゼーリング事件（欧州人権裁判所判決，1989年）……………………………………72
選挙人名簿不登録処分異議申出却下決定取消請求事件（最判平7・2・28）………64
損害賠償請求事件（最判平5・2・26）…………………………………………………64

た行

退去強制執行停止申立事件（大阪地判平5・4・1）…………………………………75
第五福竜丸被爆事件（1954年）………………………………………………………145
ダンチッヒ裁判所の管轄事件（勧告的意見，P.C.I.J.，1928年）……………………87
ダンチッヒにおけるポーランド系住民の待遇に関する事件（勧告的意見，P.C.I.J.，1932年）……………………………………………………………………………………10
仲裁判決事件（本案，I.C.J.，1991年）………………………………………………272
チュニジア・リビア大陸棚事件（I.C.J.，1982年）…………………………………190
チュニスとモロッコの国籍法令事件（勧告的意見，P.C.I.J.，1923年）……………49,57
張振海事件（東京高決平2・4・20）…………………………………………………70,75

テキサコ・カルアジアティック対リビア事件（仲裁判決，1977年） ……………………67
同時多発テロ事件（2001年） ………………………………………………………………300
東部カレリア事件（勧告的意見，P.C.I.J., 1923年） ………………………………………277
東部グリーンランドの法的地位に関する事件（P.C.I.J., 1933年） ……………………20, 154
逃亡犯罪人引渡審査請求事件（東京高決平6・7・27） …………………………………70
ドッガー・バンク事件（国際審査委員会，報告書，1904年） ……………………256, 262
トプコ対リビア事件（仲裁判決，1977年） ………………………………………………67
トリー・キャニオン号事件（1967年） ………………………………………………186, 189
トレイル熔鉱所事件（仲裁判決，1941年） ……………………………………152, 198, 266

な行

ナミビア事件（勧告的意見，I.C.J., 1971年） …………………………………33, 53, 114
南西アフリカ事件（第二段階，I.C.J., 1966年） ………………………………124, 149, 255
ニカラグアに対する軍事的活動事件（本案，I.C.J., 1986年） ……26, 49, 261, 283, 299, 303, 311
西サハラ事件（勧告的意見，I.C.J., 1975年） ……………………………………………53, 156
ノッテボーム事件（第二段階，I.C.J., 1955年） …………………………………………58, 147
ノルウェー漁業事件（1951年） ……………………………………………………………27
ノルウェー公債事件（先決的抗弁，I.C.J., 1957年） ……………………………………274

は行

パケット・ハバナ事件（米連邦最高裁判決，1900年） …………………………………13, 19
バルセロナ・トラクション電力会社事件（第二段階，I.C.J., 1970年） ……62, 139, 148, 228, 229
パルマス島事件（仲裁判決，1928年） ………………………………………………155, 156
東チモール事件（I.C.J., 1995年） …………………………………………………………53
庇護事件（I.C.J., 1950年） ……………………………………………………………23, 25, 78
ピノチェト事件（英国高等法院，1998年） ………………………………………………130
フィラルティガ事件（米連邦控訴裁判所判決，1980年） ………………………………81
フェニックス号事件（長崎地判昭45・4・30） …………………………………………174
フォークランド紛争（1982年） ……………………………………………………………299
フォスター対ネイルソン事件（米連邦最高裁判決，1829年） …………………………12
藤井事件（カリフォルニア州最高裁判決，1952年） ……………………………………80
武力紛争時における国家の核兵器使用の合法性事件（勧告的意見，I.C.J., 1996年） ………265
プレア・ビヘア寺院事件（本案，I.C.J., 1962年） ………………………………………112
ベーリング海オットセイ漁業事件（仲裁判決，1893年） ……………………………190, 265
法人税等課税処分取消請求事件（オデコ・ニホンS.A.事件）（東京高判昭59・3・14）） …13
北海大陸棚事件（I.C.J., 1969年） ……………………………………………23, 178, 190, 256
ポーランド系住民の待遇に関する事件（勧告的意見，P.C.I.J., 1932年） ………………10
ホルジョウ工場事件（本案，P.C.I.J., 1928年） …………………………………………144

ホンジュラスとニカラグアの国境の武力行動事件（管轄権および受理可能性, P.C.I.J., 1988年）……………………………………………………………………………109

ま行

マスカット・ダウズ事件（仲裁判決, 1905年）……………………………………190
マブロマチス・パレスタイン特許事件（権利協定）（管轄権, P.C.I.J., 1924年）………109, 252
マンキエ・エクレオ諸島事件（I.C.J., 1953年）……………………………………155
ミナミマグロ事件（仲裁判決, 2000年）……………………………………………192
ミール落下事件（2001年）……………………………………………………………164

や行

約束手形金請求為替訴訟事件（大決昭3・12・28）…………………………………55
尹秀吉（ユン・スーギル）（最判昭51・1・26）………………………………70, 79

ら行

ラグラント事件（I.C.J., 2001年）……………………………………………123, 277
ラヌー湖事件（仲裁判決, 1957年）………………………………158, 199, 208, 255
リアムコ事件（仲裁判決, 1977年）……………………………………………………66
リビア・マルタ大陸棚事件（I.C.J., 1985年）……………………………………191
領土・島・海洋境界事件（本案, I.C.J., 1992年）………………………………191
レインボー・ウォーリヤー号事件（仲裁判決, 1990年）…………………………145
レッド・クルセーダー号事件（国際審査委員会, 報告書, 1962年）……………190
ローチュス号事件（P.C.I.J., 1927年）……………………………………………173
ロッカビー航空機事故事件（仮保全措置命令, I.C.J., 1992年）……………30, 286

条約・その他索引

あ行

アパルトヘイト犯罪の抑圧及び処罰に関する国際条約（アパルトヘイト条約）（1973年）
………………………………………………………………………………………89, 91
油による汚染損害についての民事責任に関する国際条約（私法条約）（ブリュッセル条約）
（1969年）………………………………………………………………………186, 189
油による汚染損害の補償のための国際基金の設立に関する国際条約（基金条約）（1971年）
………………………………………………………………………………………187
油による汚染を伴う事故の場合における公海上の措置に関する国際条約（公法条約）
（1969年）………………………………………………………………………186, 190
油による海水の汚濁の防止のための国際条約（海水油濁防止条約）（1954年）………186
アフリカにおける難民問題を律する条約（アフリカ難民条約）（1969年）……………76
イーレン宣言………………………………………………………………………………20
ウィーン会議最終議定書（諸国を貫流する河川の航行規則）（1815年）………………157
宇宙空間に打ち上げられた物体の登録に関する条約（宇宙物体登録条約）（1974年）……163
宇宙空間の探査及び利用における国家活動を律する法的原則の宣言（宇宙法原則宣言）
（1963年）………………………………………………………………25, 35, 36, 162
宇宙飛行士の救済及び送還並びに宇宙空間に打ち上げられた物体の返還に関する協定（宇
宙救助返還協定）（1967年）………………………………………………………163
宇宙物体により引き起こされる損害についての国際的責任に関する条約（宇宙損害責任条
約）（1971年）………………………………………………………………………163
英米犯罪人引渡条約（1931年）…………………………………………………………72
英米友好通商航海条約（ジェイ条約）（1794年）……………………………………264
越境環境影響評価条約（1991年）………………………………………………………210
欧州共同体条約……………………………………………………………………………7
欧州共同体を設立する条約（欧州経済共同体条約）（1957年）……………………7, 64
欧州人権条約→人権及び基本的自由保護のための条約（ヨーロッパ人権条約）
欧州国家免除条約（1972年）…………………………………………………………55, 56
欧州犯罪人引渡条約（1957年）…………………………………………………………71
オゾン層の保護のためのウィーン条約（オゾン層保護条約）（1985年）
………………………………………………………………104, 207, 208, 212, 213, 257
オゾン層を破壊する物質に関するモントリオール議定書（オゾン層保護に関するモントリ
オール議定書）（1987年）……………………………………………208, 214, 215, 218

か行

外交関係に関するウィーン条約（外交関係条約）(1961年) ……………40, 95, 118, 123, 126
海上航行の安全に対する不法な行為の防止に関する条約（ローマ条約）(1988年) ……175
海底電線保護万国連合条約 (1884年)………………………………………………………177
海洋法に関する国際連合条約（国連海洋法条約）(1982年)
　……………………………4, 104, 153, 166, 176, 187, 191, 192, 204, 207, 209, 230, 257, 266
カイロ宣言 (1943年)…………………………………………………………………………94
核物質の防護に関する条約 (1980年)………………………………………………………88
核兵器の不拡散に関する条約 (1968年)……………………………………………………256
環境と開発に関するリオ宣言（リオ宣言）(1992年)………………………200, 206, 211
環境保護に関する南極条約議定書（南極環境保護議定書）(1991年) ………162, 207, 210, 215
関税及び貿易に関する一般協定（GATT）(1947年) ……………………………183, 226
気候変動に関する国際連合枠組条約（気候変動枠組み条約）(1992年) ……207, 208, 211, 214
気候変動に関する国際連合枠組条約京都議定書（京都議定書）(1997年) ……………217
北太平洋の公海漁業に関する国際条約（日米加漁業条約，1952年)……………………184
漁業及び公海の生物資源の保存に関する条約（公海生物資源保存条約）(1958年) ……184
経済的，社会的及び文化的権利に関する国際規約（社会権規約，国際人権規約A規約）
　(1966年)……………………………………………………………………53, 81, 105, 214
原子力事故に関する早期通報条約（原子力事故早期通報条約）(1986年) ……………212
原子力事故又は放射線緊急事態の場合における援助に関する条約（原子力緊急事態おける
　援助条約）(1986年) ………………………………………………………………………212
航空機の不法な奪取の防止に関する条約（ハーグ条約）（航空機不法奪取防止条約）(1970
　年)……………………………………………………………………………………………88
航空の規制に関する国際条約（パリ国際航空条約）(1919年)……………………………153
国際関係を有する可航水路の制度に関する条約（バルセロナ条約）(1921年) …………158
国際原子力機関憲章（IAEA 憲章，1956年) ……………………………………………95
国際水路の非航行的利用に関する条約 (1997年)…………………………………………159
国際的に保護される者（外交官を含む。）に対する犯罪の防止及び処罰に関する条約（外
　交官等保護条約）(1973年)…………………………………………………………………88
国際紛争平和的処理条約 (1899年，1907年改正)…………………………………256, 267
国際紛争平和的処理に対処に関する一般議定書 (1928年，49年改正)…………………257
国際貿易機構（ハバナ憲章）(1948年)……………………………………………………226
国際捕鯨取締条約 (1946年)…………………………………………………………………184
国際民間航空条約（シカゴ条約）(1944年) ………………………………………………153
国際連合憲章（国連憲章）(1945年)………………………………………………5, 30, 80
国際連合人間環境会議の宣言（ストックホルム人間環境宣言）(1972年) ……187, 195, 205
国際連合の特権及び免除に関する条約（国連特権免除条約）(1946年) …………6, 134

国際連盟規約（1919年）……………………………………………………30, 150, 269
国家管轄権の範囲を超える海底及びその下を律する原則宣言（深海底原則宣言）（1970年）
　………………………………………………………………………………181, 182
国家と国際機構又は国際機構相互間で締結された条約に関するウィーン条約（国際機構条
　約法条約）（1986年）……………………………………………………………22, 96
国家の経済的権利義務憲章（1974年）………………………………………………33, 48
国家の権利の義務に関する宣言案（国連国際法委員会，1949年）……………………48
国家の財産，公文書及び債権についての国家承継に関する条約（国家財産等承継条約）
　（1983年）（1970年）………………………………………………………………44, 45
国連憲章に従った諸国間の友好関係及び協力につての国際法の諸原則に関する宣言（友好
　関係原則宣言）（1970年）……………………………………………26, 48, 53, 95, 253
国連公海漁業実施協定（1995年）……………………………………………185, 193, 211
コペンハーゲン条約（1857年）………………………………………………………169

さ行

在住する国の国民でない個人の人権に関する宣言（外国人人権宣言）（1985年）……63
在日米軍の地位に関する協定（1960年）……………………………………………135
サンジェルマン条約（1919年）………………………………………………………229
サントドミンゴ宣言（1972年）………………………………………………………179
自然と天然資源の保存に関するアセアン協定（1985年）……………………………209
児童の権利に関する条約（児童の権利条約）（1989年）………………………………60
市民的及び政治的権利に関する国際規約（自由権規約，国際人権規約B規約）（1966年）
　…………………………………………………………………………53, 60, 63, 81
集団殺害罪の防止及び処罰に関する条約（ジェノサイド条約）（1948年）
　……………………………………………………………7, 71, 87, 89, 91, 92, 106, 278
ジュネーブ諸（四）条約（1949年）……………………………………192, 306, 310
ジュネーブ諸条約追加第一議定書（1977年）………………………………306, 307, 310
ジュネーブ諸条約追加第二議定書（1977年）………………………………306, 307, 310
衝突又は他の航海事故についての刑事裁判権に関する若干の規則の統一のための国際条約
　（衝突事故等の刑事裁判権に関するブリュッセル条約）（1952年）………………173
条約締結時における軍事的，政治的又は経済的強制の禁止に関する宣言（1969年）…113
条約についての国家承継に関するウィーン条約（条約国家承継条約）（1978年）………44
条約法に関するウィーン条約（条約法条約）（1969年）………10, 20, 31, 95, 110, 257
植民地諸国，諸人民に対する独立付与に関する宣言（植民地独立付与宣言）（1960年）
　……………………………………………………………………………33, 34, 36, 52
諸国家の経済的権利義務に関する憲章（経済的権利義務憲章）（1974年）……67, 95, 247
人権及び基本的自由保護のための条約（ヨーロッパ人権条約）（1950年）
　……………………………………………………………………7, 12, 72, 86, 130, 278

新国際経済秩序樹立宣言（1974年）··248
スエズ運河の自由航行に関する条約（1888年）··159
生物の多様性に関する条約（生物多様性条約）（1992年）····················196, 211, 214
世界人権宣言（1948年）··32, 68, 78, 80
1982年12月10日の海洋法に関する国際連合条約第11部の規定の実施に関する協定（実施協
　　定）（1994年）··99, 182, 231
戦争犯罪及び人道に対する罪に対する時効不適用条約（時効不適用条約）（1968年）···········91
戦争抛棄ニ関スル条約（不戦条約）（1928年）··281, 298
セント・ペテルスブルグ協定（1868年）··263
船舶による汚染の防止のための国際条約（MARPOL条約）（1973/78年）·····················186
船舶の登録要件に関する国際条約（1986年）··172
専門機関の特権免除条約（1947年）··6

た行

大陸棚に関する条約（大陸棚条約）（1958年）··105, 178
大陸棚の地下及び海底の天然資源に関するアメリカ合衆国の政策宣言（トルーマン宣言）
　　（1945年）···95, 177
中央ベーリング海におけるすけとうだら資源の保存及び管理に関する条約（1994年）·········185
中米司法裁判所設置条約（1907年）··6
長距離越境大気汚染条約（1979年）······································207, 208, 209
月その他の天体における国家の活動を律する協定（月協定）（1979年）·····················163
月その他の天体を含む宇宙空間の探査及び利用における国家活動を律する原則に関する条
　　約（宇宙条約）（1967年）···153, 162
ティモール・ギャップ条約（1989年）··53
天然資源に対する永久的主権に関する決議（1962年）····················33, 46, 66, 248

な行

南極アザラシ保存条約（1972年）··161
南極鉱物資源活動規制条約（1988年）··162
南極条約（1959年）··161
南極の海洋生物資源の保存に関する条約（南極海洋生物資源保存条約）（1980年）·········161
難民の地位に関する議定書（難民議定書）（1967年）··76
難民の地位に関する条約（難民条約）（1951年）································63, 75, 76
日英領事条約（1964年）···118
日米安全保障条約（1960年）··304
日米領事条約（1963年）··118
日本国とアメリカ合衆国との間の犯罪人引渡に関する条約（日米犯罪人引渡条約）（1978
　　年）··69, 70

日本国とアメリカ合衆国との間の友好通商航海条約（日米友好通商航海条約）（1953年）
....55, 64, 68, 232
日本国とソヴィエト社会主義共和国連邦との間の通商に関する条約（日ソ通商条約）
（1957年）..55
日本国とソヴィエト社会主義共和国連邦との共同宣言（日ソ共同宣言）（1956年）............95
日本国と大韓民国との間の基本関係に関する条約（日韓基本関係条約）（1965年）......101, 109
日本国と中華人民共和国との間の平和友好条約（日中平和友好条約）（1978年）............101
日本国と中華民国との間の平和条約（日華平和条約）（1952年）................................47
日本国との平和条約（対日平和条約，サンフランシスコ平和条約）（1951年）................95
ニュルンベルク裁判所条件及び当該裁判所の判決によって承認された国際法の諸原則
（ニュルンベルク法原則宣言）（1946年）..32, 36, 91

は行

バイオンヌ条約（1866年）..208
廃棄物その他の物の投棄による海洋汚染の防止に関する条約（海洋投棄規制条約）（1972
年）..187
発展の権利に関する宣言（1986年）..250
パナマ運河条約（1977年）..159
パナマ運河の永久中立と運営に関する条約（1977年）..159
人質をとる行為に関する国際条約（人質禁止条約）（1979年）..88
ブエノスアイレス条約（1881年）..169
不戦条約（1928年）..282
紛争の平和的処理に関するヨーロッパ条約（1957年）..257
ヘイ・ヴァリア条約（1903年）..50
米伊友好通商航海条約（1948年）..109
米加犯罪人引渡条約（1971年）..72
米州機構憲章（1948年）..48
米州人権条約（1969年）..110
平和的処理に関する米州条約（1948年）..257
ベルゲン宣言（1990年）..211
ベルサイユ講和条約（ベルサイユ条約）（1919年）..6, 151, 157
ヘルシンキ宣言（全欧州安全保障協力会議最終議定書）（1975年）..20, 37, 53
北欧環境保護条約（1974年）..209, 210
北西大西洋漁業国際条約（1949年）..184
北西大西洋の漁業についての今後の多数国間の協力に関する条約（1978年）..185
北西太平洋の公海における漁業に関する日本国とソヴィエト社会主義共和国連邦との間の
条約（日ソ漁業条約）（1956年）..184
北東大西洋漁業条約（1959年）..184

捕虜の待遇に関する1949年8月12日のジュネーブ条約（捕虜待遇条約）(1949年)…14,306,310

ま行

マーストリヒト条約（1992年）……………………………………………………………64
麻薬及び向精神薬の不正取引の防止に関する国際連合条約（麻薬及び向精神薬の不正取引防止条約）(1988年)………………………………………………………………176
民間航空の安全に対する不法な行為の防止に関する条約（モントリオール条約）(1971年)………………………………………………………………………………30,88
無国籍者の地位に関する条約（1954年）………………………………………………59
無国籍の削減に関する条約（無国籍条約）(1961年)…………………………………59
モンテビデオ宣言（1970年）……………………………………………………………179
モントルー条約（1936年）………………………………………………………………169

や行

有害廃棄物の越境移動とその処分の規制に関するバーゼル条約（バーゼル条約）(1989年)……………………………………………………………………………207,215

ら行

陸戦ノ法規慣例ニ関スル条約（ハーグ陸戦法規慣例条約）(1907年)…………307,310
リマ宣言（1970年）………………………………………………………………………179
領域内庇護宣言（1967年）…………………………………………………………………79
領海及び接続水域に関する条約（領海条約）(1958年)……………153,158,165,168
領事関係に関するウィーン条約（領事関係条約）(1963年)…………………118,128
ロンドン海洋投棄防止条約………………………………………………………………211

わ行

ワシントン条約（1871年）………………………………………………………………263

ファンダメンタル法学講座
国　際　法

2002年4月26日　第1版第1刷発行

Ⓒ 著者　水上千之　臼杵知史
　　　　吉井　淳　加藤信行
　　　　高田　映　山本　良
　　　　池島大策　高村ゆかり
　　　　熊谷　卓　吉田　脩

発行　不磨書房
〒113-0033　東京都文京区本郷6-2-9-302
TEL 03-3813-7199／FAX 03-3813-7104

発売　㈱信山社
〒113-0033　東京都文京区本郷6-2-9-102
TEL 03-3818-1019／FAX 03-3818-0344

制作／編集工房INABA　　印刷・製本／松澤印刷
2002, Printed in Japan

ISBN4-7972-9257-1　C3332

ファンダメンタル　法学講座

民　　法　〈民法 全5巻 刊行予定〉

1　総則　　9242-3　　　　定価：本体 2,800 円（税別）
草野元己（三重大学）／岸上晴志（中京大学）／中山知己（桐蔭横浜大学）
清原泰司（桃山学院大学）／鹿野菜穂子（立命館大学）

2　物権　清原泰司／岸上晴志／中山知己／鹿野菜穂子／草野元己／鶴井俊吉（駒沢大学）

商　　法　〈商法 全3巻 刊行予定〉

1　総則・商行為法　9234-2　　定価：本体 2,800 円（税別）
今泉邦子（南山大学）／受川環大（国士舘大学）／酒巻俊之（奈良産業大学）／永田均（青森中央学院大学）
中村信男（早稲田大学）／増尾均（松商学園短期大学）／松岡啓祐（専修大学）

2　手形・小切手法　9239-3　　**3　会社法**　9240-7

民事訴訟法　9249-0　　近刊　予価：本体 2,800 円（税別）
中山幸二（神奈川大学）／小松良正（国士舘大学）／近藤隆司（白鷗大学）／山本研（国士舘大学）

国　際　法　9257-1　　定価：本体 2,800 円（税別）
水上千之（広島大学）／臼杵知史（明治学院大学）／吉井淳（明治学院大学）編
山本良（埼玉大学）／吉田脩（筑波大学）／高村ゆかり（静岡大学）／高田映（東海大学）
加藤信行（北海学園大学）／池島大策（同志社女子大学）／熊谷卓（新潟情報大学）

◆市民カレッジ◆

1　知っておきたい　市民社会の法　9230-X　■ 2,400 円（税別）
金子晃（会計検査院長）編／山口由紀子（相模女子大学）／石岡克俊（慶應義塾大学産業研究所）

2　知っておきたい　市民社会における　紛争解決と法
宗田親彦（弁護士）編　　9270-9　■ 2,500 円（税別）

3　知っておきたい　市民社会における　行政と法
園部逸夫（弁護士）編　　9271-7　■ 2,400 円（税別）
渡井理佳子（防衛大学校）／早坂禧子（桐蔭横浜大学）／塩入みほも（駒澤大学）

不磨書房